재미란
무엇인가?

재미란

일상에서의 일탈,
짜릿함,
즐거움,
흥분을 주는
재미의 사회학

"재미있지 않는 것은 독이다!"

무엇인가?

팬덤북스

목차

5. 직장에서의 재미

6. 현상학적 재미란 무엇인가?

7. 재미와 회상

8. 에필로그

옮긴이의 말

참고문헌

1

프롤로그

재미란 무엇인가?

재미의 사회학을 향하여

우리는 '재미'라는 말을 너무 당연하게 여긴다. 무엇을 '재미있다'라고 얘기할 때 남들이 그 말의 의미를 당연히 알고 있을 거라 간주해 버린다. 의구심조차 가지지 않는다. 게다가 사전적 정의를 제외하면, '재미'를 정의하거나 다른 사회적 경험과의 차이점을 설명한 글은 없다시피 하다. 따져보면, 우리는 때때로 재미가 있거나 재미가 없다는 것을 빼고는 재미에 대해 아는 것이 별로 없다. 무엇이 재미가 있고 없는지에 대해 말들도 많고, 과도한 주장이 눈살을 찌푸리게 하는 경우도 있다. 심지어 이 책의 참고문헌들조차 재미를 단순히 재미있다고 인식되는 행위와 동일하게 규정하고 있다. 가령, '캠핑과 물놀이 활동'을 "흔히 하는 것이고 또 재미있다."(Churchill et al.

2007: 282)[1]고 묘사한다.

또는 재미를 놀이(Yee 2006: Churchill et al. 2007, Kelty et al. 2008), 행복 (Cameron 1972: Jackson 2000: Sumnall et al. 2010), 레저(Scanlan & Simons 1992: Bengoechea et al. 2004: MacPhail et al. 2008) 혹은 일탈(Riemer 1981: Redmon 2003: Keppens & Spruyt 2015) 등 다른 개념과 동일시하여 설명하기도 한다. 이런 것들이 우리가 흔히 설명하는 재미의 요소를 포함할 수는 있겠다. 그러나 이것들로 재미가 무엇인지 이론화하거나 설명하기에는 많이 미흡하다.

이처럼 재미는 일상의 다양한 영역들과 관련을 맺고 있지만, 딱히 정의하기가 까다롭다. 최근 이슈가 된 행복과 웰빙 논의가 바로 그런 예다. 학문적 배경을 망라하고 행복에 대한 온갖 견해와 방대한 전문지식이 쏟아져 나왔다. 심리학, 정신의학, 경제학, 사회정책, 건강연구, 철학, 지리학, 청년 연구 등이 망라되며 무엇이 행복을 구성하는지, 웰빙과의 관계는 어떠한지, 어떻게 측정할 수 있으며 개인과 집단이 이러한 느낌을 갖게 할 수 있는 방법은 무엇인지 등의 문제를 연구했다(Rodriguez et al. 2011: Bok 2010: Benhoveen 2009: Waite et al. 2009: Diener & Biswas-Diener 2008).

2008년, 2009년 전 세계의 경기침체는 몇몇 국가의 정부가 국민 행복의 측정에 관심을 갖는 계기가 되었다. 영국은 2011년 정부 통계청 주관으로 영국인들이 얼마나 '행복'한지를 측정하기로 결

•••

1   명백하게도, 캠핑을 싫어하는 이들에게는 일고의 가치도 없는 정의라 하겠다.

정했다(Directgov 2010). 이 행복에 관한 공식적인 조사는 정부가 사회 정책에 반영하기 위한 목적으로 시행되었다(Stratton 2010). 영국과 같은 시기에 프랑스와 캐나다 정부도 국가행복도 조사를 시행하였다 (Stratton 2010). 행복과 웰빙의 논의는 일반적으로 부와 수입, 직업 만족도, 공동체에 대한 감정, 친구와 가족과의 관계, 환경, 문화 활동, 건강과 교육과 같은 핵심 주제 몇 가지로 집중된다(Directgov 2010).

한 인간의 삶을 어떤 측면을 기준으로 성공과 실패, 성취와 미성취로 규정할 수 있다면, 행복의 정도도 마찬가지로 규정이 가능하지 않겠느냐는 것이 이들의 생각이었다. 행복의 정도와 같이 주관적인 것을 정의하고 측정하는 과정의 명백한 어려움이나, 행복에 관한 조사를 시도할 가치가 있는지와 같은 문제는 이 책의 관심사가 아니다. 중요한 것은 거의 모든 논의에서 인간을 진정 행복하게 만드는 것에 대한 중요한 논의가 외면되어 왔다는 점이다. 그것은 바로 '재미'이다. '재미'가 외면된 것은 행복과 웰빙 개념이 뒤섞이면서 신체적 건강이나 경제적 안정과 같은 더 무거운 주제들이 부각되었고, 재미의 중요성은 뒷전으로 밀렸기 때문으로 볼 수 있다. 그러나 행복과의 관계를 생각해보면, 재미가 외면된 것은 여전히 이해할 수 없는 일이다.

나는 비공식 노동시장, 정신 건강과 일과의 관계 등 두 건의 연구과제에 참여한 적이 있는데, 그 과정에서 인간에게 있어서 재미의 중요성을 알게 되었다. 특히 일과 관련해서 무엇이 자신을 행복하게 만든다고 생각하는가에 대한 인터뷰를 시행해보니, 많은 참가자들이 '재미'를 행복의 근본적인 이유로 꼽았던 것이다. 도널드 로이 Donald Roy가 논문 〈바나나 타임Banana Time〉에서 다룬 1950년대의 논의에서 보듯, 재미의 발견은 새로운 것이 아니었다. 워커와 게스트 Walker & Guest는 조립라인 부서에서 근무하는 인터뷰 대상자들이 "우리는 늘 재미있게 떠들어요. 말도 못하고 익살도 없다면 아마 미쳐 버리고 말걸요."라고 응답한다는 점에 주목했다(Roy 1959: 158). 재미가 우리가 처한 상황을 최소한 견딜 만하게, 적극적으로는 즐겁게 만드는 것임은 분명하다. 재미를 진지한 연구대상에서 제외시키는 것은 이해하기 어렵다. 재미를 행복의 중심으로 보고자 하는 관심이 전반적으로 부재하며, 재미를 우리를 행복하게 느끼게 해주는 활동에 따라오는 부산물쯤으로 여기고 있다. 그래서 이 책은 무엇보다 우리의 삶에서 재미가 핵심 역할을 한다는 사실과 재미에 대한 사회학적 접근을 심화하고자 한다.

재미의 사회학에 대한 설명에 앞서, 이 장은 책에서 펼쳐질 논의에 대한 범위를 규정하고자 한다. 먼저 상당히 폭넓긴 하겠지만, 재미의 사회학적 정의에 대한 윤곽을 제시하겠다. 역사적으로 학계에서 재미가 어떤 설명으로 개념화되었는지를, 특히 1950년대 '재미 도덕률' 관련 문헌 검토를 통해 살펴보겠다. 사회학 이외의 분야에 사례들이 넘치는데, 이들 중 상당수를 후속 장에서 다루도록 하겠다. 사회학적 정의에서 중요한 점은 재미가 일, 가족, 교육, 레저, 등 다양한 맥락에서 서로 다른 기능을 수행한다는 데 있다. 이 맥락적인 면들을 조명해보았다. 사회적 기능을 수행하는 재미의 독특한 특징이 권력과의 관계와 함께 소개될 것이다.

역사적 고찰과 함께, 추가적인 논쟁들도 검토되었다. 이 책은 재미에 대한 언급들을 '당연하게 여기는' 천성에 의문을 제기하고 있다. 사람들은 재미를 말할 때 모두가 같은 의미로 재미를 말하고 있는 걸까? 왜 어떤 사람의 재미에 대한 생각이 다른 사람의 그것과 다른 걸까? 재미, 행복, 웰빙의 관계는 어떤 것일까? 이 책은 '재미의 사회학'을 명시적으로 밝힌 첫 번째 책으로서, 일상생활에서 재미의 특징과, 사회학적 분석의 변별적 방법을 통해 재미에 대한 서로 다른 방식을 탐험하고 있다.

재미는 왜 중요한가?

재미에 대한 연구의 시도는 2010년과 2011년 사이에 등장했다. 칼 워커Carl Walker와 내가 《영국에서의 일과 정신 건강 위기Work and the Mental Health Crisis in Britain》(Waler and Fincham, 2011)를 막 출간했을 즈음이다. 당시 캐머런David Cameron 총리의 영국 정부는 국가 웰빙 프로그램을 개발하고 있었다. 이 시도는 초기의 뜨거운 관심이 지나자 곧 일반인의 관심에서 사라져 버리긴 했으나, 영국통계청은 '국민 웰빙에 대한 받아들일 수 있고 신뢰할 만한 측정 자료 생산'을 목표로 내

걸었다(영국통계청 2011). 이들은 웰빙을 광범위하게 정의하는 한편, 그 것을 추구하고 측정하는 일의 중요성을 설명했다.

> 웰빙은 간단히 말해 우리가 개인, 공동체, 국민으로서 '얼마나 잘 지내 는가'를 의미하며, 이것이 미래에 얼마나 지속 가능한가를 포함한다. 국 민웰빙조사는 'GDP 너머'를 지향하는 것이다(영국통계청 2011).

여기서 나는 영국 정부가 1930년대 이래 최악의 경제침체 수 렁에서 웰빙 조사에 관심을 가지게 되었다는 점을 주목한다. 냉소적 인 사람들은 경제가 최악으로 치닫는 상황에서 GDP가 사회의 성공 정도를 보여주는 최선의 지표가 아니라는 것을 주장하고 싶어 하는 정부의 의도라고 치부할 수 있다. 경제가 회복되자 정부의 웰빙 지 수 측정에 대한 관심이 사라져버렸다는 점에서 이런 시각은 폄하되 기 힘들다. 그러나 나의 관심과 불만은 정신 건강과 일의 관계 연구 와 웰빙 지수 조사에 대한 부재에서 비롯된다. 일, 고용, 정신적 웰빙 에 대한 근로자의 의견을 다룬 연구에서, 재미에 대한 생각과 관련 인터뷰에서 흥미로운 이분법이 나타났다.

한편, 인터뷰 대상자들은 일에서 재미가 얼마나 중요한지를 이 야기하면서, 동료들과의 좋은 관계의 신호가 될 뿐만 아니라 업무 의 몰입을 지속시키는 핵심 요인이라고, 말했던 것이다. 또 다른 한 편에서는 재미의 사례를 설명하면서 응답자들은 업무과정에서 재 미는 다른 요인들에 비해서 사소하거나 중요하지 않다고 한 것이다. 이러한 이야기하는 것에 좀 수치스러워 하는 듯 보이기도 했다 (Walker & Fincham 2011). 사람들이 일상에서 재미를 규정하는 방식은 이 것이 행복과 연관은 있지만, 행복과는 별개로 취급하고 있음이 분명 했다.

영국 통계청 '행복지수' 조사에서 재미에 대한 언급이 전혀 없 었다. 웰빙에 대한 사람들의 의식에서 재미가 수행하는 역할에 대해 평가하고자 하는 어떤 시도도 없었다. 실제 그 당시 발표되었던 많 은 웰빙 지수들 중 재미에 대해 이렇다 할 언급을 전혀 찾을 수 없었 다(캐나다 웰빙 지수 2015; 영국통계청 2015; OECD 2015; The State of the USA 2015). 이 말은 즉 웰빙이 우리 삶에서 명확히 자리한 개념인 것과 달리, 재 미는 그렇지 못하다는 것을 의미한다.

이런 두 갈래의 사고는 심각하면서도 간단한 존재론적 의문을 제기한다. 재미가 없는 삶이란 도대체 어떠할까? 질문 자체만으로 도 심각하게 암울한 시나리오가 그려질 것이다. 재미의 부재가 이토 록 심각하다면, 그것은 중요한 것임에 틀림없다. 이 질문의 의미와 재미의 부재가 영향을 미치는 범위를 잘 생각해보면 그것은 정확하 게 행복과 웰빙의 영역 안에 있다. 그러니 우리에게 재미가 없다는 것은 정말 심각한 일이다.

웰빙과 행복의 의미에서 보아도, 인간은 다른 무엇보다도 재미 있을 때 더 행복해질 것이다.

재미가 복잡하다는 것은 오래전부터 명백한 것이었다. 이는 다 면적이고 다기능적인 사회현상이다. 때론 경험을 정의하기도 하고,

인간에게 성격을 부여하기도 하고, 기억을 미화하기도 한다. 순간을 긍정으로 가득 채우기도 하고, 좋은 관계를 위한 조건을 만들기도 한다. 좋은 시간과 나쁜 시간의 경계를 긋는 역할을 하고, 인생을 풍부하게 한다. 반면 엄청나게 모호하기도 하다. 재미있었던 순간이었다는 것은 알지만, 그것을 정의하려 하면 애를 먹게 되는 것이다.

재미가 무엇인지 알고는 있는가?

옥스퍼드 영어사전은 재미를 '기분전환, 오락, 스포츠, 또한 활기 넘치는 익살 혹은 유쾌함, 해학. 이와 함께 오락이나 즐거움의 원천이나 원인이 되는 것'diversion, amusement, sport; also, boisterous jocularity or gaiety, drollery. Also, source or cause of amusement or pleasure(온라인 옥스퍼드 영어사전 2011)이라고 설명한다. 이 정의는 명백하게도 재미에 대한 우리의 경험을 모두 아우르지 못한다. 경험을 의미론적으로 제시하는 것은 어렵기도 하거니와, 사전적 정의는 항상 원론적이다. 재미와 같이 심오하고 중요한 단어를 정의한 옥스퍼드 영어사전은 어쩔 수 없이 그 깊이가 결여될 수밖에 없다.

　내가 이 정의를 거론할 수밖에 이유는 '재미'라는 단어의 어원과 관련이 있기 때문이다. 그 의미는 수세기 동안 다양하게 변해왔다. 부정행위를 지칭했던 17세기부터 저급한 위트나 조소의 경멸적인 표현으로 사용된 19세기를 거쳐 현대적 의미에 이르기까지, 재미는 '흥분되는 일이 벌어지는 것'과 결부되어 왔다(Blythe and Hassenzahl 2004: 92). '재미' 단어의 역사는 사회 계급, 심판, 위반과 같은 의미로 덮여 있다. 블라이드와 하센잘Blythe and Hassenzahl은 오늘날 재미의 의미를 구축하는 데 있어, 산업혁명의 역할을 분명하고 간결하게 설명했다. 업무의 규칙화와 기계화는 업무와 여가혹은 일하지 않는 상태의 경계를 분명하게 했다. 더 중요하게는, 업무에서의 합리화 과정은 재미를 판에 박힌 일상과 규격화에 저항하는 방식이 되게 만들었다. 중산층과 상류층의 교양에서는 재미를 찾아볼 수 없는 것과 맞물리며, 이는 노동자 계층만의 행위가 되었다.

오줌 갈기다taking the piss, 웃다having a laugh와 같은 표현들헛소리, 헛짓거리, 농담, 장난의 뜻으로 쓰이는 관용어(역주)처럼 오늘날에도 이런 모습을 찾아볼 수 있다. 우리가 재미를 추구하는 방식은 대게 이처럼 전복적이고 기존 관습에 반항적인 요소들이 있으며, 교양과 거리가 멀다. 이처럼 과거의 심한 기복은 현대의 상황에도 영향을 미치고 있으며, 오늘날 '재미'의 규정에 반영된다. 과거의 영향을 언급하는 것은 재미의 구성 요소로 작용하는 외부적인, 혹은 기존 관습에 반항적인 요인들이 타당하다는 의미이지, 산업화나 계급 등이 구체적으로 언급되어야 하는 것은 아니다. 다시 이야기하지만, 좋은 기분이 대단히 중요함에도 불구하고, 재미가 하찮게 여겨지고 외면된 것은, 우리가 상상하는 것보다 사회적 통제와 생산성 등과 훨씬 밀접한 관련이 있다.

다양한 맥락에서 재미에 대한 간헐적인 관심은 있었지만, 재미가 진정 무엇인지를 규정하고자 하는 지속적인 노력은 없었다. 그 이유가 무엇인지 추측할 만한 자료들이 있는데, 가령 고프만Erving Goffman은 《조우Encounter》에서 다음과 같이 논한다.

> 진지한 행위는 그것을 합리화할 필요가 없는 데 비해, 재미는 종종 그 래야만 해서, 우리는 재미에 대한 분석적인 시각을 발전시키려 하지 않았고, 가벼운 재미에 대한 인식은 일상적인 소통행위로 여겨졌다 (Goffman 1961:17).

블라이드와 하센잘(2004)처럼 재미의 이론화 방안을 체계적으로 언급한 시도는 드문 경우다. 재미에 대한 언급은 여러 곳에서 찾을 수 있지만, 그 현상이 실제 무엇인지 설명하고자 한 사례는 드물다. 오히려 독자나 청자에게 재미가 무엇인지 빈칸을 채우며 추론하도록 행복, 웃음과 같은 다른 재료들이 주어진다. 그래서 많은 사람들이 재미를 언급하면서도 그것이 무엇인지, 즉 참가자나 정보 제공자가 재미를 이야기할 때 그것을 무엇이라고 여기는지에 대해 규정한 사례는 극히 드물다. 결국 그들이 재미에 대해 말을 할 때, 그 재미가 무엇을 의미하는지는 연구서 작성자가 제시한 참조 사례들을 통해서 유추해야만 했다.

여가, 문화와 소비의 관계는 여가 공간/활동과 여가 산업 발전의 자본주의적 공급을 통한 재미의 헤게모니적 구성에 대한 실마리를 제공한다. 재미를 직접 언급하지 않더라도 그들은 종종 특정한 여가 활동이나 혹은 레저 상품을 소비하기 위한 동기부여를 재미라고 부른다. 스포츠 활동과 재미의 관계에 대한 언급은 특히 젊은이들의 참여를 독려하고자 하는 경우에 지배적이었다(Fine 1989; Seefeldt et al 1993; Siegenthalter & Gonalez 1997; Jackson 2000; Strean & Holt 2000; Bengoechea et al 2004; Macphail et al 2008). 일반적으로 '재미'라는 용어는 무분별하게 쓰이고 있다. 사람에 따라 재미를 서로 다른 의미로 사용하고 있다고 인정하면서도, 우리 모두가 그것이 무엇인지 알고 있다는 전제에서 사용된다. 벵고에챠 등(Bengoechea et al 2004)은 재미가 시각과 맥락에 따라 서로 다른 의미로 쓰인다고 지적했다. 청소년기 스포츠 활동에 대한 연구논문에서, 이들은 재미와 즐거움이 관련은 있으나 그 둘은 구분되는 것(Bengoechea et al 2004: 198)이라고 쓴 후, 바로 이어서 연구목적에서는 재미와 즐거움을 동의어로 보아야 한다고 주장한다. 아이들은 일반적으로 재미를 즐거운 경험을 설명하는 용어로 사용하기 때문(198)이라는 게 그 이유다.

같은 논문에서 한 부분을 할애해 '재미의 다른 의미들'을 짚어본다(204). 스포츠 코치들의 진술에서 나타나는 차이는 '재미있는 경험의 성취와 비성취 국면'으로 귀결된다. 전자는 이기거나 승리를 쟁취하는 것과 재미를 연계하는 것을 강조하는 것이고, 후자는 '쾌락을 추구하고 고통을 회피하는' 의미에 집중한다(206). 여기서 흥미로운 것은 저자의 어려움이다. 그들에게 보고된 현상의 구성 요소들은 구분하기가 어렵게 되어 있다. 먼저, 피면담자는 모두 어린이가 아닌 성인 코치들이어서, 재미와 즐거움을 모호하게 사용하였다. 저자들이 성인이라면 두 용어를 바꿔 써도 된다고 상상한 것이 아니라면, 이 점은 이상한 것이다. 이 연구는 재미를 시간을 낭비하는 무기력한 행위로 판단하면서도, 많은 사람들이 재미를 원한다는 것을 충분히 이해하고 있다.

14세에서 18세 소년, 소녀들의 조정 노젓기 코치인 칼라의 인터뷰는 재미에 대한 근본적으로 부정적인 함의를 잘 보여준다. 성취도 없고, 스포츠의 비수행적 국면이라는 것이다. "전 '재미'라는 말을 좋아하지 않는 것 같아요. 왜냐하면 그건, 아시다시피, 빈둥거리거나, 산만하거나, 집중하지 않거나 하는 그런 걸 의미하잖아요." 스캔론과 동료 연구자들은 (Scanlon and Simons 1992; Scanlon et al. 1993) 재미에 대한 생각이 가볍게 까부는 것이나 소위 '피자집 현상'으로 불리는 것과 같은 고정관념 때문에 고통 받게 된다고 보고했다(Bengoechea et al 2004: 205).

스포츠에서 재미와 즐거움이 혼재되어 있는 연구는 흔하다 (MacPhail et al. 2008; Bengoechea et al 2004; Scanlon and Simons 1992). 재미에 대한 관찰에서도 그러한데, 재미가 독특하고 종종 집중이 안 되는 것으로 묘사된다. 스트린Strean과 홀트Holt는 재미를 향유의 '부분 집합'으로 보아야 한다고 주장한다. 누군가 즐거움을 경험하고 있으면서 그것을 재미있다고 표현하지 않을 때도, 재미는 항상 즐거운 것이다. 그들의 결론은 스포츠 연구에서 '긍정적 정서'의 항구적인 관념이 작용한다는 것이다(Strean & Holt 2000: 85). 재미가 항상 즐거운 것이라는 간단한 주장은 부인하기 어렵다. 그러나 나중에 살펴보게 될 것이지만, 재미의 많은 국면에서 이것은 간단한 문제가 아니다.

리차드 벗시는 《재미와 이윤을 위하여》에서 여가 연구의 핵심 논점을 정리하고 있다. 여기서 흥미로운 것은 '노동 계급'에 공식적으로 허가된 여가 활동공원, 극장, 바 등의 제공을 사회 통제로 보았던 사람들과, 그 활동과 그 공간을 제공받게 되는 사람들에 의해 전복된 방식에 주목하는 사람들 사이의 논쟁이다(Butsh 1990: 6-7). 저항의 형식으로서의 재미가 다시 화두에 떠오른 것이다. 양성적이고 즐거운 무언가가 되어 활동적이고, 전복적이면서도 유쾌하게 되기보다는, 타인의 재미를 통제하려는 시도는 계급투쟁의 장으로 변질된다.[2] 재미와 관련된 이런 분열적이고 불편한 국면은 부분적으로는 진지한 고려가 부재한 것에 따른다. 계급전쟁의 의미에서 보면, 마르크스주의자들이 집중해온 수많은 다른 저항의 요소들이 있다. 그것들 중 어느 것 하나도 그리 재미있지는 않다. 나는 갈등 모델이 명백히 무해해보이는 재미와 같은 것이, 저항에 관한 표현의 일부가 된다는 개념을 대신하지 않는다고 생각한다. 흥미롭게도 이는 상징적 상호

•••

2 이 대목은 영국의 '실정의 군주Lored of misrule' 전통과 같은 일들의 반향일 수 있다. 1541년 헨리8세는 이 놀이를 금지하고자 했지만, 완전히 성공하지는 못했다.
   역자주 : 실정의 군주 놀이는 중세 영국의 크리스마스 시즌에 흥청망청한 술자리 파티의 사회자를 제비뽑기로 뽑아 '분위기 메이커'를 시키던 전통이다. 대게 소작농이나 부집사 등 하층민에게 맡겼다.

주의학파에서 온 것으로, 산업 체제에서 재미의 전복적인 특성이 가장 명확하게 기술된 것이다(Roy 1959).

사실 재미와 관련된 논의에만 개념적인 혼재가 있는 것은 아니다. 행복과 웰빙에 대한 선행연구에서도 마찬가지로 이 두 단어는 마치 같은 것처럼 번갈아 사용되기도 한다(Veenhoven 1991; Graham 2012; Brülde, 2015). 이는 물론 적절한 사례는 아니다. 예컨대, 웰빙과 육체적 건강이라든지, 웰빙과 경제적 안정과의 관계와 같이, 이 용어는 본래 다양한 면을 가지고 있다. 더욱이, 영국 웰빙 지표가 말해주듯, 웰빙은 행복보다 더 많은 의미를 담고 있다. 일반적인 웰빙의 수준이 낮은 것으로 여겨지는 사람이 상대적으로 행복하다고 느낄 수도 있다. 이러한 행복의 상대적인 측면은 그것을 측정하고자 하는 시도에 문제를 야기하며, 웰빙이 얼마나 필수적인가를 밝히는 것도 어렵게 만든다.

우선순위를 무엇에 두는가의 문제 정도로도 볼 수 있다. 어떤 사람은 육체적 건강과 양호한 재정상태가 최소한 행복의 감정그것이 무엇을 의미하건 간에 만큼 중요하거나, 이러한 조건들이 잘 갖춰지지 않으면 행복도 없다고 여길 수 있다. 또 다른 이들은 행복은 상황적으로 얽히고설킨 것이어서 전반적으로 웰빙이라는 틀에 딱 맞추는 것이 불가능하며, 수입이나 육체적 건강과 같은 삶의 통계적 수치에 종속되지 않는 것으로 여길 수 있다. 행복과 웰빙 개념의 혼재는 재미를 사회적 삶의 중요한 요소로 생각하는 것을 더 배재하게 한다. 단지 행복과 웰빙 같은 더 중요한 것들의 긍정적인 부산물 정도로 여긴다. 사람들이 웰빙을 이야기할 때, 재미는 이미 행복의 한 부속물로 한정되어 버렸고, 사회적 삶을 이루는 독립된 요소로는 생각되지 않는다.

✺

재미, 도덕성, 그리고 정체성

재미는 실제로 경험되는 어떤 것이긴 하지만, 또한 사회적 맥락에서 이해되기도 한다. 단어의 어원 연구가 나타내듯이, 재미는 계급적인 면이 있으며, 어리석음, 무책임함과 관련이 있기도 하다. 오늘날에는 시간을 허비하거나 진지하고 중요한 일을 하지 않는다는 의미도 가지고 있다. 동시에 재미는 우리가 갈망하고 관계하기를 원하는 그 어떤 것이기도 하다. '재미 도덕률'라는 마사 울펜슈타인(Wolfenstein, 1951)의 개념은 재미에 대한 나의 사고에 매우 중요한 역할을 해왔다. 재미에 대한 태도는 제2차 세계대전과 놀이의 변화로 큰 폭으로 변했다. 울펜슈타인에 따르면, 전쟁 전에는 놀이와 재미는 둘 다 부정적인 함의를 가졌다. 재미는 경솔하고 저급하고 단순하고 상스러운 것이었고, 놀이는 '건강을 해치는 흥분과 신경 쇠약'과 연계되었다. 1940년대 들어 미국에서 재미와 놀이의 의미는 재고되었다. 전후 세대 청소년들에게 놀이는 '근육발달, 필수 운동, 강인함과 통제'

로 의미가 변화되었다(Wolfenstein, 1951, 20). 비로소 재미는 회피해야 할 무언가에서 의무적인 것으로 변하게 되었다. 재미는 가져야만 하고 놀이와 결합되어 과시되어어야 했다.

> 어머니가 모든 활동에서 놀이가 많아야 한 것을 강요받자, 놀이는 새로운 의무적인 특징으로 여겨지게 되었다. 따라서 이제 어머니가 아이를 위해 필요한 루틴을 효율적으로 하는 것은 적합하지 않게 되었다. 어머니는 또한 이것이 자녀와 자신 모두에게 재미있다는 것을 알아야 했다. 놀이는 나쁜 것이라는 인식에서 벗어나 오히려 무해하고 좋은 것으로서, 이제는 의무가 되었다(Wolfenstein, 1951, 20).

울펜슈타인에 따르면, 놀이와 재미의 변신은 미국인들의 인식에 큰 변화를 가져왔다. 재미를 표출하는 것이 대인관계에서 서로를 인식하는 판단의 필수불가결한 요소가 되었다. 성공에 대한 포부를 가졌건, 압박을 받는 삶을 살고 있건, 여하간 재미있는 사람으로 알려져야 했다. 이렇게 되면 재미는 잘사는 인생의 표본이 된 것이다. 이것은 어린아이들을 가진 어머니들이 정확하게 느끼는 것과 유사했다. 그런 점에서 울펜슈타인이 강조한 재미의 도덕성은 지속적인 주제가 되었다.

내가 재미있는 온라인 아이디 표현에 대해 생각하기 시작한 것은 학부 강의를 하던 중이었다. 아이디 관리와 온라인에서의 표현 관리 실패의 결과가 야기한 이슈가 발표되었고(Thomas 2007; Young

2013), 나는 재미와 관련된 특정한 표현이 강한 소셜 미디어에서 유사한 아이디 관리 프로세스가 진행 중임을 깨닫게 되었다. 특히 젊은이를 비롯한 사람들은 자신의 이미지를 포스팅할 때, 휴가지에서, 바에서, 해변에서 재미있었던 장면을 올리는 경향이 있었다. 친구들과 있건, 혼자이건 뭔가 재미있는 장면을 올린다. 쇼핑하면서, 혹은 카페에서, 모든 곳에서 재미있는 장면을 포스팅하려 한다. 1950년대 울펜슈타인이 묘사했던 것과 같은 압박이 21세기에 되살아난 것이다. 누구도 그렇게까지 재미있지는 않았을 것 같지만, 온라인에서 스스로를 재현할 때, 재미있지 않거나, 더 나쁘게는 재미없는 사람으로 묘사되는 것은 위험한 전략이 돼버렸다.

동료들, 친구들과의 대화에서는 크게 재미있는 것으로 보이지 않으려는 함의가 있다는 것은 분명해졌다. 사실, 탐신 힌튼스미스 Tamsin Hinton-Smith와 나는 연구를 진행하면서, '그다지 재미있지 않은' 정체성은 특정한 고용 분야의 커리어 상승에 심각한 결과를 초래한다고 제안했다. 특히 여성의 경우가 그러했다(Hinton-Smith and Fincham 2016).

재미와 권력

유머에 대한 연구에서 상당히 잘 검토된 분야는 권력의 문제다. 재미와 권력은 관련이 있다. 이와 관련하여 설문조사 응답자들이 유머의 순간들이나 지속적인 유머를 인용해 준 사례는 상당수에 달했다. 그러나 마이클 빌릭Michael Billig이 강조한 유머에서 권력의 중요성은 거의 재미를 중요하게 다루지 않는다(Billig 2005). 빌릭에 따르면, 유머는 권력 불균형의 지속에 기인한다. 특히 잔인성과의 관련에서 그러하다. 이는 포딜착의 재미와 관련된 연구 결과와도 차이가 난다. 그는 특별한 활동이 아니라 사람들 간의 관계에서 재미있는 것으로 나타나는 선명한 사례들을 제시했다. 그는 재미가 실제로는 긍정적 정서의 포지션을 선택하는 자유와 선택에서 발생하는 사회적 조건의 실체화라고 주장한다. 그는 '재미라는 것은 특정한 행위라기보다, 한 종류의 관계만들기로 수립되는 것'이라고 주장한다. 더 나아가 그는 이렇게 주장한다.

재미는 상호작용하는 사람들이 사회적 배경을 받아들였을 때 정서적 보상이 생산되는 의식적인 조화이지, 엄밀히 말해서 놀기 위한 목적이 아니다. 의도는 구체화되어야 하는데, 그 규범적인 틀은 상호작용하는 구성원들의 평등이다(Podilchak 1991: 136).

그에게 재미는 권력 차이나 계급 차이가 무시되거나 드러나지 않을 경우에만 나타나는 것이다.

재미라는 감정은 이러한 사회적 연대 속에서만 나타난다. 구성원들 간의 평등한 조건이 요구된다. 나는 상호작용하는 구성원들에게 일시적으로 개인적, 사회적 불평등을 파괴하라고 제안한다. 재미가 퍼져나가는 공유된 우정이 형성되었음이 밝혀진다. 재미는 이러한 불평등과 권력 차이가 없을 때만 존속할 수 있다. 재미는 덜 진지한 것으로 여겨지는데, '인간 구성원' 내의 불평등 메커니즘이 차별화된 계층적 사회 조건을 지지하는 이념적 정당화에 도전하기 때문이다(Podilchak 1991: 145).

포딜착은 한편으로 주관적인 재미의 경험과 다른 한편으로 계층적인 결정에 대한 항구적인 이슈를 조명한다. 그가 말한 계층이란 구조적이고 인위적인 산물로서, 개개인의 전기에 나타나는 것이다. 그에게 재미를 위한 조건은 전기적이고 사회적인 불평등이 평등하게 될 때만 나타날 수 있다. 이는 권력 편차가 지속되거나 두드러질 경우 나타나는 유머의 특성과 반대다. 권력은 명백하게도 사회적 맥락의 이해에 중요하며, 재미는 맥락 속의 관계에서 태어난 현상이다. 포딜착이 말하는 것처럼 재미에서 권력의 역할이 얼마나 절대적인지 알 수 있는지는 논쟁의 여지가 있다. 단순히 불평등의 반대가 아니라, 권력 차등의 유지나 권력이 재미를 활용하기 때문에 재미가 묘사된 상황도 있다. 이것은 권력 양도에 의해 도드라진 흥분된 상황에서 재미가 더욱 종속적인 형태로 사용된 경우다.

재미의 맥락

또 하나의 주제는 재미가 맥락적이라는 것이다. 사회적 환경은 우리가 가진 재미의 종류를 만들거나 발생시키거나 창조한다. 이러한 맥락은 구조적으로 또 문화적으로 묶여 있다. 설사 그것이 가장 친밀하고 개인적인 종류의 재미라 하더라도 말이다. 경험의 지향성은 경험 이전에 형성된다. 이런 의미에서, 경험에 대한 반응은 우리가 가진 문화적·사회적인 기대를 지지하거나 틀렸음을 입증한다. 베커의 《마리화나 사용자 되기》(Becker 1963)에 따르면, "마약은 나쁘다. 그러나 놀랍게도 나는 당신이 나에게 준 그 'E'[3]를 정말 즐겼다", "마약은 나쁘다. 그리고 당신은 내 저녁을 망쳐버린 그놈의 'E'를 내게 주려고 했다", "마약은 나쁘다. 나는 그 'E'를 가지고 있었고, 그냥 걱정만 하다가 밤을 세웠다", "마약은 좋은 거다. 그리고 당신에 내게 중 그

...

---

3 사제 변종 마약 엑스터시.

'E'는 효과가 정말 끝내줬다"(《아웃사이더》[Becker 1963]).

사실 우리는 일상생활 속에서의 재미에 대한 자세한 설명을 찾아보기는 힘들다. 그러나 사회생활 속에서 일어나는 많은 일의 상황에서 재미라는 것은 대단히 중요하다. 이 책은 재미가 사회생활 속에서 중요한 요소로 작용하는 몇 가지 분명한 사례들을 다루겠다. 이러한 내용들은 늘 외면되어 온 경향이 있다. 재미와 관련하여 소개하고자 하는 사회생활 영역의 고려는 재미있는 질문들을 불러일으킨다.

일과 재미의 관계

최근 고용주들이 일터에서의 재미와 관련해 의미 있는 시도를 하고는 있지만, 대부분 사람들은 일과 재미를 연결시키지는 않는다. 사실은 오랫동안 일은 재미에 대한 평형추로 상징되었다. '생활'은 재미있다, 라고 칭하는 것과는 다른 영역의 활동에 속한다는 뜻이다. 일과 생활의 균형담론은 일을 즐거운 경험에서 격리된 위치의 성격으로 넘어간다. 사실 이런 일은 다른 장소에서 벌어지기도 한다. 많은 이들이 일터에서의 경험을 정확하게 묘사하지 못한 것뿐만 아니라, '일' 하면 기대하게 되는 것이 '아, 짜증!'이라는 식으로 느낀다. 이는 곧 현실이 된다. '일터에서의 재미'를 고양하고자 하는 고용주들에게 당면한 문제는, 재미라는 것이 다른 이들이 재미있으라는 말로 자극될 수 있는 것이 아니라는 점이다. 비슷한 사람들에 의해 비슷한 방식으로 경험되는 것처럼 보이지만, 재미는 개인에 의해 소유되는 것이다.

　내 경우, 수습기간에 매니저가 와서 함께 일하는 것보다 더 짜증나는 일도 없었다. 이는 나를 회사 분위기로 끌어들여 내 생각을 공유할 수 있는 재미있는 사내 활동이나 이벤트가 기획될 것임을 시사하기도 한다. 조직된 재미가 예상되면 내 마음은 어느 정도 가라앉는다. 실제 무슨 일이 일어났느냐 하면, 내가 하기로 한 일을 하지 않음으로써 나는 재미를 느꼈다. 유치해지거나 약간은 반항적이 된 것이다. 여기서 요점은 언제 어떻게 재미를 추구할 것인지와 우리가 결정하지 않으면 재미라는 것이 생겨나지 않는다는 데 있다.

　재미는 수도꼭지처럼 쉽게 껐다 켰다 할 수 있는 것이 아니다. 많은 이들에게 업무시간은 다른 이들의 스케줄에 따라 짜인다. 우리들 대부분은 월급 주는 사람들의 요구에 따를 뿐, 자기 마음대로 시간을 쓰지 못한다. 일반적으로 가장 짓궂고 반항적인 표현방법을 찾게 되는 것이 바로 이러한 공동체 시간과 업무이다. 일에서 재미라는 것이 고용인의 입장에서 그대로 진척되지 않는다. 물론 이것은 그저 직장에서 재미의 일부분일 뿐이며 과장되기 쉽다. 일터에서 재미의 가장 강력한 원천은, 어디에서나 그러하듯, 역시 다른 사람들과의 관계에서다. 대부분 직장인들은 타인들과 어우러져 일을 하며, 이러한 관계 속에서 재미도 창조되는 것이다.

재미와 가족

　이상적인 가족은 구성원을 위한 사랑과 관심에 기반을 둔 안정된 관계에서 이루어진다. 각 가족은 구성원이 성장함에 따라 진화하며, 이러한 진화에서 행동방식이 전통과 기대의 형태로 만들어진다. 여기서 가장 놀라운 한 가지는 이런 이상적인 가정에서 출신한 사람들 수가 많다는 점이다. 익숙한 관계는 재미를 만드는 맥락이 되었는데, 특히 어린이들이 그러했다. 많은 이들에게 그리 놀랍지 않겠지만, 나는 사실 동료나 친구 들과는 달리, 가족에서 재미를 느끼는 데 장애가 될 수 있다는 데이터를 더 많이 예상하고 있었다. 가령, 형제자매들이 서로를 방해한다거나, 부모가 자녀들이 원하는 것을 하지 못하게 한다거나 하는 것들.

그런 방향으로 인터뷰를 유도했다면 틀림없이 누구나 그러한 사례들을 나열했을 것이다. 그러나 가장 중요한 주제는 가족이 재미를 일으키는 상황이 된다는 사실이다. 데이터에서는 휴일이 특별히 두드러졌으며, 비정상적이거나 일상적이지 않은 일들이 재미와 연계된 경우가 분명했다. 가족은 일터와 마찬가지로 구조적인 사회현상으로서, 모든 다양한 방식으로 구성원들이 경험할 수 있는 맥락을 제공한다. 한편 일터와 마찬가지로 일어날 일에 대한 우리의 기대는 반드시 실제로 일어나리라는 법은 없다.

재미와 교육

다수의 사람들이 시간을 보내는 가장 구조적으로 결속된 공간은 아마도 학교일 것이다. 학교라는 곳은 완전히 규칙 그 자체이며, 규칙 준수 강요는 우리의 전 교육과정을 통해 점점 강화된다. 영국의 유아교육에서 놀이와 재미는 교육방식의 핵심 수단으로 강조된다. 그도 그럴 것이, 어린아이들은 활동적이고 재미있는 교육방법을 통해 가장 잘 배우는 법이다. 교육과정을 통해 어린아이들이 성장하면서, 강조점은 재미에서 가차 없이 진지한 공부로 이동한다. 이는 의아한 일이다. 아직도 뇌가 말랑말랑하고 훈련을 통해 만들어져 가는 단계인 유아들에게는 놀이와 재미가 학습을 위한 핵심 수단이라는 것을 인정하면서도, 학교에 입학하면 16세가 될 때까지 재미를 격리시키거나 제외시켜 버려서, 재미라는 것은 교실에서 있어서는 안 될 것이 되어버린다는 것이다.

시간표에 맞춰 생활하고 직장에서 훈련을 받는 과정을 거치게 되면, 우리는 언제 어떻게 전복적인 재미를 가질 수 있는지를 은밀하게 배우게 된다. 유아들은 억제되지 않은 재미를 추구하지만 그리 반항적인 것은 아니다. 그러나 10대가 되면 확실히 그렇게 된다. 넓은 의미에서 보자면 이는 규칙 때문이다. 규칙은 우리가 늘 따르도록 되어 있고, 끊임없이 우리를 옥죈다. 어린 시절에는 으레 할 수 있는 많은 일들이 나이가 들면 절대 용납되지 않는 법이다. 사람들이 모인 곳에서 고함을 지르거나 크게 노래를 부른다거나, 장소를 가리지 않고 내키는 대로 홀떡 옷을 벗는다거나, 게임을 한다거나, 주변을 엉망으로 만들어놓고, 까불어대고 하는 것이 모두 어린아이 시절에는 통하지만 살아가면서 점차 규제를 받는 그런 일들이다. 학교 어디를 가도 재미를 접할 기회는 점점 줄어든다. 규칙을 슬쩍 어기는 일이 많은 학생들에게 점점 더 큰 즐거움의 원천이 된다. 게다가 학교는 우정 어린 행동이 형성되는 곳이기도 하다. 그런데 이런 우정이야 거의 매일 뒤바뀌는 경향이 있다. 이러한 일상적 반복은 젊은이들의 일상적 대화에서 채워져 있음을 알 수 있다. 그러므로 반복과 진지함의 결여가 학교에서 급우 사이의 상호작용에서 대단히 중요하다는 것은 이상한 일이 아니다.

우리가 인간관계를 맺어가는 방식이 우리가 가진 재미를 이해하는 열쇠가 된다. 따라서 현재 교육체제에서 우리는 제도적인 구조를 발견할 수 있는데, 우리가 성인의 입장에서 어떻게 재미를 바라보는지의 본보기를 제공해준다. 제도를 위해서 재미는 지정된 시간인 놀이시간에만 일어나야 할 일이 되었고, 교실은 무언가 진지하고 중요한 것을 추구하는 곳으로 정해졌다. 교실은 하루를 어떻게 보내야 하는지를 규정해 놓은 시간표에 의해 통제된다. 권위는 배려가 집행될 때나 그렇지 않을 때나 상관없이 존중되어야 한다. 그러나 학교 교육에 참여하는 사람들에게 재미는 권위를 전복하고 드러내고 경멸하는 역할이기도 하다. 놀이와 점심시간은 차치하고서라도 재미는 종종 하지 말아야 하는 시간에 불쑥 튀어나오기 마련이다. 수업시간이나 교실에서 노닥거리는 중에 재미있는 일이 벌어진다. 이것은 모든 학생들에게 해당된다.

재미와 여가

베블린Veblin의 〈유한계급에 대한 이론〉(1899)은 여가에 대한 이야기를 들려준다. '여가와 일'이라는 명시적인 이분법 관계는 재미에 대한 기대를 가져도 좋다는 의미다. 현대적 개념에서 여가는 노동이나 집안일, 격식을 차려야 하는 상황에서 벗어나 시간을 보내는 것을 의미한다. 즐기고 휴식하고 재미난 일도 만들어 내는 그런 시간이다. 다 좋지만, 휴식은 결코 쉽지 않은 일이다. 또 즐기기 위해 시간을 투자하는 것 자체가 노력이다. 전적으로 내가 인생을 효율적으로 관리하지 못해서 이렇게 되었다고 인정한다. 하지만 재미는 휴식이나 즐길거리를 추구하는 시간에 크게 의존하지 않는다.

재미와 여가의 내재적 관계는 일반의 기대만큼 그리 안정적이지 않다. 사람들이 여가시간을 잘 즐기지 못한다거나 여가시간에 재미를 느끼지 못한다는 것이 아니라, 그게 자동적으로 이루어지지는 않는다는 의미다. '현상적 재미phenomenal fun'라 할 수 있는 구체적인 사례가 있다. 우리가 재미있다고 생각하는 어떤 일을 할 때, 진짜 재미있어서가 아니라 사회적으로 그것이 재미있는 것으로 인식되어 있기 때문에 그렇게 생각하는 경우가 있다. 그런 경우, 본인이 경험하고 있는 것을 적절하게 표현해보라고 질문을 하면 '재미'는 즉각적으로 마음에 떠올리는 단어가 아닐 수 있다.

아마도 섹스가 좋은 사례가 될 것이다. 넓은 의미에서 섹스는 재미에 포함되기도 한다. 그러나 성범죄 현장을 목격했던 사람들에게 무슨 일이 있었던 거냐고 묻는다면, 온갖 얘기들이 다 나와도 '재미'라는 단어가 과연 나올 수 있을지 의문이다. 여가를 즐기는 시간에도 책임을 다하고, 학습하고, 헌신하고, 발전하고, 불만을 토로하는 등 많은 일들이 벌어질 수 있다. 이런 일들은 최소한 블라이드와 하센잘이 논의한 재미와는 반대편에 있다고 봐야 한다. 나는 재미의 모형을 제시할 텐데, 블라이드와 하센잘이 제시한 것보다 재미라는 경험에 대해 좀 더 유연한 해석이 가능할 것으로 생각된다. 하지만 재미의 모델을 고찰하기 위한 출발점으로서 이들의 선행연구는 나에게 너무나 값진 것이었음을 밝힌다.

재미와 배경

재미의 맥락을 만드는 일, 가족, 교육, 여가 등의 요소들을 열거하며, 이들이 일반적인 사회적 맥락임을 살펴보았다. 문화적·사회적으로 내재되어 있기 때문에, 이런 요소들은 재미가 나타나는 특정한 경우의 풍경을 보여준다. 이들은 재미의 주관적인 경험으로서, 특정 개인에게는 고유한 것이다. 그러나 이런 미시적 맥락들은 그 자체로 재미가 벌어지는 시간과 순간의 배경이 되기도 한다. 이런 경우를 묘사하기 위해서 다양한 연령대가 재미있다고 느끼는 이야기들을 사용하기도 한다. 이런 이야기를 글로 쓸 경우, 개인에게 고유한 경험들의 보편화된 성질들이 선명하게 드러난다. 재미를 느끼게 하는 경험에 대한 해묵은 이분법이 있다. 어떤 개인에게 완전히 고유한 것으로서 그가 재미있었다는 것과, 그 재미를 타인이 경험할 수 있게 공감시키고 재연하는 것은 다르다.

나는 내 인생에서 특정하게 재미있었던 순간들을 제시할 수 있다. 이는 대체로 재미를 느꼈던 그 장소와 관련된 맥락 속에 놓여 있다. 나는 산문작가는 아니지만, 내 전 생애에서 서로 다른 세 개의 연령대 이야기를 해보려 한다.

할머니 댁이 있던 콘월 해변에서 형과 놀던 어린 시절은 내가 재미있었던 일이 벌어졌던 것을 이해하는 배경을 제공하게 된다. 이에 따라 나는 재미를 느꼈던 장소에서 구체적인 사례들을 취합할 수 있게 된다. 열 살쯤 되었을 때, 할머니는 부모님, 형, 나를 콘월 서해안 케네기 샌즈 옆의 위험하기 짝이 없는 깎아지른 바위로 데려간 적이 있었다. 아름답고 화창한 날이었다. 우리 가족이 마침내 그 곳에 다다랐을 때, 바위는 손대기에 뜨거울 정도로 달궈져 있었다. 바다는 지중해빛 푸른 빛깔이었고, 그 전엔 늘 약간은 위협적으로 보였던 물결 아래 해조류들은 그날따라 신비로우면서도 친근하게 느껴졌다. 우리가 자리를 잡고 앉은 바위에는 굉장히 넓고 깊은 틈이 있어서, 그 천연 플랫폼에서 틈새로 몸을 던져 넓은 바다로 다이빙을 했다. 할머니와 어머니는 우리가 자그마한 만 너머까지 헤엄치도록 하셨다. 나는 그렇게까지 깊은 물에서 헤엄을 친 적이 없었다. 스릴도 있었지만, 조금 무서웠다. 하지만 가족들이 옆에 있었다. 뒤돌아보니, 풍경이 놀라웠다. 우리는 매라지온에서 린지 헤드를 지나 포드레벤까지 볼 수 있었다. 바위 기지 근처로 헤엄쳐오자, 절벽이 우리 머리 위로 어른거렸다. 나는 나가는 길에는 그걸 보지 못했다. 내 등 뒤에 있었던 것이다. 물 밖으로 나와서는 따뜻한 바위 위에 누웠다. 금세 몸이 말랐다. 나는 워크맨을 꺼내 고모의 남자친구가 녹음해준 카세트를 틀었다. 대단히 구체적인 또 다른 배경은 십 대 후반에 내가 몸담았던 밴드다. 친구인 카알과 줄리언, 미키, 조니와 함께였다. 주로 칼의 증조할머니의 방갈로 방에서 연습을 하곤 했다. 증조할머니가 안 계실 때였다. 한번은, 연습을 하다가 대낮부터 술을 마시고는 리허설 내내 웃고 또 웃어대며 몇 달간 연습했던 노래들을 완전히 망쳤던 적이 있다. 한바탕 흥분 끝에 마음을 좀 가라앉히려고 하는데 조니가 한 사람을 완전히 취해서 엉망이 될 때까지 만들었다. 지금 생각하면 별로 재미있지 않은 이야기인데, 그 순간 나는 내 인생에서 가장 재미있는 일이라고 생각했었다.

비교적 최근에 우리 아이들인 낸시와 조슈아가 재미있는 일이 벌어진 장소에서 원인을 제공했다. 파트너인 브리와 아이들, 그리고 나는 음악페스티벌에 갔는데, 조슈아가 기억하기로는 처음이었다. 아이들 둘 다 '공공서비스방송'이라는 이름의 밴드를 좋아했고, 출연진에 그들의 이름이 있었다. 페스티벌에서 꽤 긴 시간을 보내다 보니, 아이들 뿐 아니라 모두 상당히 지치게 되었다. 뭘 좀 먹고 다른 쇼 두어 개를 보고 '공공서비스방송' 밴드가 공연할 스테이지로 돌아왔다. 밴드가 무대에 올랐다. 그 순간, 아이들이 CD에서 실제 사람이 튀어나왔음을 깨닫기 시작했다. 아이들이 밴드의 노래를 알아듣자, 함께 춤을 추던 나는 어깨 위로 애들을 올려 목청 높여 소리를 지르도록 했다. 입이 귀에 걸리도록 활짝 웃는 아이들은 엄청나게 재미있어하고 있었다.

수백 가지 이유와 수천 가지 사례가 더 있으며, 모두 내가 재미를 경험하는 방식에 수렴된다. 이들은 과거의 추억과 이야기 속에서 재생되고, 또 현재의 나에게 그것을 경험하거나 금방이라도 경험하게 될 것처럼 만든다. 이러다 보니, 우리는 재미가 온전히 주관적인 경험이라고 상상하는 경향이 있다. 어떤 한 사람이 재미있다고 생각한 것이 다른 이들에게도 유효한 것은 아니라고 여기는 것이 일반적이다. 우리가 경험한 재미와 그 추억은 완전히 사적인 것이다.

그러나 이 책의 중요한 주제는 재미라는 경험이 우리가 상상하는 것보다 훨씬 보편적이라는 것이다. 모든 이들의 느낌이 같다는 것이 아니라, 재미가 문화적이고 사회적으로 매개된다는 의미다. 다시 말해, 재미가 사회적인 현상이라는 것이다. 다른 사람들과 함께 경험한 것일 수도 있고, 타인과의 관계 속에서 나온 것일 수도 있다. 그것은 다른 사람들에게 의미가 있는 방식으로 전달되며, 우리 스스로가 우리를 어떻게 규정하는가, 남들은 우리를 어떻게 규정하는가와 같은 사회적 정체성과 밀접하게 관련이 있다. 나는 재미에 관한 내 이야기가 독자들에게 재미있게 들렸기를 기대한다. 독자들은 이런 경험들을 인지했을 것이고, 독자 자신의 과거 경험과 연계시킬 것이다. 세부적인 것이야 다르겠지만, 전반적인 주제들은 비슷할 것이다.

책의 집필을 위해 재미에 관한 다양한 내용으로 구성된 설문 조사를 실시했다. 무엇보다 유년기의 추억, 재미있었던 최근의 사례, 젠더에 관한 질문, 재미와 행복의 구분을 포함했다. 설문조사는 2014년 4월부터 10월까지 진행되었으며, BOS(브리스톨 온라인 설문조사) 서비스를 사용했다. 응답자는 편리한 시간에 설문에 링크해서 안내에 따라 완성하는 구조였다. 링크는 소셜 네트워크와 입소문을 통해 확산되었다. 결과적으로 표본은 유의미한 대표성이 없었다. 그러나 조사는 기본적으로 정성적 연구로 진행된 것이어서 대표성 확보는 방법론적 지향점이 아니었다.

　　설문조사는 세 개의 부분으로 구성되었다. 첫 번째 질문은 연령, 성별, 주거지, 가족의 수와 직업 등과 같은 일반적 인구통계학 질문들이었다. 두 번째는 재미의 경험에 관한 질문들이었다. '어린 시절 기억나는 재미의 경험에 대해 기술하여 주십시오. 청소년의 경우, 지금보다 어릴 때 경험을 써 주세요', '최근 재미있었던 일을 기술하여 주십시오.', '귀하는 소년들과 소녀들이 같은 방식으로 재미를 경험한다고 생각하십니까?', '귀하는 여성과 남성이 재미를 다른 방식으로 경험한다고 생각하십니까?', '정규직, 아르바이트 모두 포함 직업이 있으신 경우, 일터에서 어떻게 재미를 추구하십니까?'와 같은 질문들이 포함되었다. 세 번째 섹션은 재미의 정의에 관한 것이었다. '재미있다having fun라는 것은 어떤 느낌일까요? 가능한 데까지 기술하여 주시기 바랍니다.', '따라서 재미란 무엇일까요? 행복이나 즐거움과 어떻게 다른 걸까요?' 등이 제시되었다.

조사 기간이 만료되자 201개의 답변이 수집되었다. 응답자의 79%가 20세에서 50세 사이였다. 68%가 여성, 31%가 남성, 1%가 트랜스젠더, 2%가 '기타'라고 답했다. 인구통계학 부문의 가장 큰 특징은 직업 조사였다. 조사방법은 첫 번째 대상자를 무작위로 선정하고 이후 소개가 꼬리를 물며 대상을 늘려가는 스노볼snowball 샘플링이었으며, 본질적으로 우발적 방식이었다. 진행을 해보니 표집 대상자들은 중산층 직업에 크게 편향되어 있었다. 이 책에서 사회적 계층과 재미의 관계는 직접 제시되어 있지는 않으나, 후속 연구 주제로서 가치가 있다고 본다.

데이터 분석을 위한 코딩 과정에 나는 좀 창의적이고 광범위한 코드를 만들고자 했다. 201개 응답에 대한 첫 번째 순서 코딩 이후 나는 100개가 넘는 규칙을 얻을 수 있었다. 두 번째 세부 실행에서 규칙은 증가했다. 그러나 규칙을 주제별로 항목화하는 작업은 예상보다 쉬웠다. 물론, 더 넓은 범주에 맞지 않는 몇 가지 규칙이 있었다. 이것은 여러 의미에서 굉장히 재미있는 이야기다. 재미의 설문조사에서 주제들 간에 겹치는 부분들이 있었다. 재미가 관계적인 것이다 보니, 사람들이 재미에 관해서 이야기할 때는 관계적이고, 상대적이고, 상호보완적으로 이야기하게 된다고 예상해볼 수 있었다. 자신의 사례가 똑 떨어지는 범주 혹은 조사방법론 용어의 부호에 속한다는 응답은 몇 개 되지 않았다.

응답자들의 진술에서 문화적으로 중요한 것으로 여겨지는 하나의 지표는 문화적 어휘를 사용하는데, 응답자들이 다른 이들과 지속적으로 공명하고 있었다는 점이다. 다시 말해, 같은 장소와 같은 시간대에서 성장한 응답자들의 추억담들이 많을수록 더 잘 인지하고, 즐기고, 생각을 공유할 수 있었다.

설문은 일회성 조사 방식이었으며, 부가적인 질문은 하지 않았다. 따라서 부가설명이나 조사된 이야기에 개인정보가 덧붙여질 가능성은 없었다. 어린이들의 답변과 구분되는 어른들의 답변은 최근 재미있었던 사례와 어린 시절 재미있었던 추억에 대한 것이었다. 왜 이러한 명백한 균일성이 나타났는지에 대해서 뒤에 설명하도록 하겠다. 이 결과가 흥미로운 한 가지 이유는 사람들이 묘사해놓은 재미가 구분하기 굉장히 쉽다는 점이다. 덧붙여 이야기들을 엮는 접착제는 근본적으로 재미가 사회적이라는 점이다.

이 책의 구성은

재미에 대한 흥미를 책으로 엮어내는 과정은 예상보다 훨씬 힘들었다. 재미의 요소를 구분지어 분별 있는 묶음이나 조사한 내용의 생략도 필요했다. 이 책은 전체적으로 탐구적인 성격이다. 재미를 체계적으로 연구문제로 설정할 방법이 마땅치 않았기 때문에특히 사회학적으로, 나는 이 책이 재미에 대한 고찰에 있어 비판과 강화의 플랫폼을 지향혹은 희망했다. 따라서 이 책에서 주장한 내용이 절대적이라고 결코 생각하지 않는다. 오히려 사람들이 이 책에서 제기된 이슈들에 대해 토론하기를 바란다. 특히 다른 이들에게 재미를 주는 능력을 함양하는 마음에서 더욱 그러하다.

이 책은 여덟 개의 장으로 구성되어 있다. 프롤로그, 재미의 이론화, 재미와 유년에 관한 내용, 성인들의 재미, 직장에서의 재미, 재미의 느낌, 재미와 기억에 관한 장, 그리고 마지막에 에필로그결론를 마련하였다.

다음 장에서는 유년기의 재미를 주제로 논의를 풀어보자. 재미를 프레임화하는 세대 간 차이에 대해 빅토리아 시대부터 현대에 이르기까지 역사적 접근으로 시작하겠다. 교육의 수단으로서 재미를 고려했던 시기부터 어린이들의 재미 추구를 규제했던 시기까지, 그리고 기능으로서의 재미와 관습에 반하는 재미의 특성간의 복잡한 관계를 논의하겠다. 다채롭게 수집된 실증적 데이터들을 통해 영유아기 시기부터 유년기를 거쳐 청소년기에 이르는 경계가 뚜렷이 밝혀진다.

유년기와 청소년기 재미에 대한 논의를 거쳐 제3장에서는 성인기에서 재미의 역할을 알아보겠다. 여가 개념과의 연관성은 종종 웰빙 관련 정책 입안에 사용되기도 한다. 이 연관성이 재미의 경험이 가지는 의미를 설명하고, 이전 장에서 제기된 재미에 대한 제재 문제와 반관습적 특성을 논하면서 명시적인 관계성을 그려보도록 하겠다. 이 논의에서 재미는 '행복', '웰빙'과 같이 기존 학계에서 전통적으로 재미와 관련지어 주로 다루었던 유사 개념들과는 확연히 다른 그 무엇으로 제시된다. 성인들이 가지는 재미의 이분법적 관계도 논의된다. 한편으로는 하찮고 순간적인 것으로 묘사하면서, 또 한편으로는 높은 삶의 질을 만드는 데 필수적인 것으로 여기기도 한다.

제4장은 직장에서의 재미를 다룬다. '일터에서의 재미'를 다루는 이 분야는 미국을 중심으로 연구가 점점 늘어나고 있다. 기본 가정은 업무시간을 재미있는 시간으로 만드는 환경을 조성하는 데 집중함으로써 생산성이 향상될 수 있다. 이 장은 이러한 접근의 효능을 밝히고, 재미의 제도화가 근로자들에게 주는 함의를 논의하는 것으로 시작된다. 근로자가 재미를 어떻게 경험하고, '일터에서의 재미'를 극대화하고자 하는 회사의 메커니즘과 관계를 갖는지를 탐색한다.

그 다음 장은 재미로 느껴진 감각의 반응을 살펴본다. 이 장은 즐거움과 재미의 관계에 대한 논의로 시작해서 둘의 차이를 드러내게 된다. 사회적이고 물질적 환경에서 체화된 반응을 다룬 현상학적인 체험 관련 선행연구를 검토하고, 재미에 대한 연구의 일환으로 수행된 설문조사에서 얻은 두 개의 데이터를 논의하게 된다. 이 데이터는 감각적이고 체화된 반응으로 수행되는 활동과 관련하여 자주 참조되는 '재미'요소와 연관되어 논의된다.

제6장은 재미가 경험되는 지점에 대한 질문을 던진다. 이 장은 과거를 재구성하는 과정에서 기억의 역할에 대한 논의로 시작된다.

이 논의는 제7장에서 사후 현상post hoc phenomenon으로서 재미의 구성을 위한 탐색에 이용된다. 연구에 등장한 많은 사건과 경험들이 재미로서 재론된다. 재미가 인지되는 지점에 대한 질문을 던진다. 시간성의 문제는 이야기가 한 가지이거나 혹은 경험을 다른 것으로 이해하는 것으로 제공하지만, 종종 사건이 벌어진 사후에 인지된다는 생각과 함께 탐구된다.

결론인 에필로그는 앞선 장들에서 조명된 핵심 주제들을 종합한다. 웰빙이나 항목과의 재미의 변별성이 재검토되고, 재미를 찰나적이고 하찮은 것으로 여기게 만드는 시간성의 역할에 대해 세부적으로 논의된다. 이는 재미가 인생을 충만하게 만들기 위해 필수적인 것이라는 사고와 함께 거론된다. 이 이분법은 이 책의 핵심이기도 하며, 명백한 모순이기도 하다. 재미를 사회학의 연구대상이 될 수 없도록 만들어 온 것으로 주장되는 것이기도 하다. 재미에 대한 연구의 상대주의적 성격을 논의된다. 이 책은 보편적 원칙으로서 관습을 거스르는 재미의 위반적 성질에 대한 사유로 마무리된다. 문화권을 초월하여 재미를 이해하는 다양한 변주들은 진실로 서로 다른 사상의 변주곡이나 다름없다.

재미의 사회학

이 책의 많은 핵심 주제들은 사회학의 주요 논제들이다. 문화와 사회적 상호작용의 역할이라던가, 사유와 행위와 경험과 우리의 관계라던가, 규칙의 역할 등이 모두 오랜 세월 사회학자들이 연구해 오던 이슈들이다. 이런 의미에서 이 책이 새로운 분야를 개척한 것은 전혀 아니며, 다만 이 학문영역이 재미라는 주제에 관심을 갖도록 했다는 데에 의의가 있다. 실제 학문영역에서 상대적으로 다루어지지 않은 주제를 찾는 것은 흔하지 않다. 재미처럼 중요한 주제가 그동안 간과되어왔다는 것을 알고서 흥분한 이유이다. 연구를 위한 시간과 자료들이 주어진 것은 특권이기도 했고, 한편으로 버거운 경험이기도 했다. 연구에 착수하면서 나는 나중에 확보한 것보다 훨씬 더 많은 양의 재미 관련 선행연구을 찾을 수 있을 것이라고 생각했다.

결과적으로 선행연구의 중요성은 점점 줄어들었고, 오히려 연구수행의 일환으로 진행했던 설문조사 데이터와 3~4년간 재미에 대해 사람들과 나누었던 대화나, 그들이 재미를 이해하는 방식과 같은 내용에 의존하게 되었다. 이 책을 출간한 팰그레이브Palgrave 출판사가 초고를 검토위원들에게 보냈을 때, 유용한 내용의 리뷰가 답신으로 돌아오긴 했으나, 이런저런 부분에서 초점을 바꿔야 한다는 제안은 드물었다. 다만, 공격적 비판은 아니었지만 사뭇 단호한 제안이 하나 있었는데, 이런 성격의 책이 어떻게 유용하거나 흥미로울 수 있겠는지를 묻는 내용이었다. 이 검토자는 사람들이 재미를 어떻게 이해하고 있는가와 같은 주제에 별 관심이 없다고 생각했다. 재미가 한편으로는 행복과 관계되면서, 다른 한편으로는 권력과 관계를 맺고 있다는 내용에도 별 관심이 없었다. 다만, 사람들이 무엇에서 재미를 찾을 수 있고, 어떻게 하면 재미있을 수 있으며, 그들에게 재미란 어떤 의미인지를 알고 싶어 했다. 이 책은 바로 이런 정신에서 쓰였다. 따라서 이런 정신 안에서 읽혀지게 될 것이다.

2

재미를 이론화하기

사회학에서 재미를 이론화하려는 시도는 드물었다. 학계의 다른 분과에서도 구체적인 사례를 찾기 힘들다. 재미를 느끼는 것과 이론화의 필요성이나 가능성을 상상하는 것이 너무 상반되게 느껴지기 때문일지 모르겠다. 우리는 재미를 그저 단순한 해프닝 정도로 간주하는 상당히 자연주의적 시각을 가지는 경향이 있다. 특히 재미를 상대적으로 이론화가 가능한 행복이나 웰빙의 부산물 정도로 취급해 왔다. 그러나 재미는 사회적 행위나 상황과 함께하기 때문에, 긍정적·감성적 현상의 것들과 구분하기 위해서 이론의 대상으로 인정하는 것은 중요하다.

사회학에서 이 책은 이러한 분야의 첫 시도이다. 다른 학제에서는 잘 알려진 노력들이 있었다. 심리학의 올펜슈타인, 여가연구의 포딜착, 인간-컴퓨터 상호작용HCI 연구 분야의 블라이드와 하센잘과 같은 이들이 두드러진 사람들이다. 이 책은 사회적 환경에서 정서적·감성적 도구로서 재미를 논의하고 있다. 이는 사람들의 일상적 경험으로서의 재미를 탐색할 수 있는 근거를 제공한다. 이런 관점에서, 완전히 직접적이지 않더라도 제도적 관계와 관련하여 재미를 연구하는 방법을 제시하겠다.

재미의 이론화하기 : 그림자 쫓기

나는 많은 사람들에게 '재미란 무엇인가요?' 라는 질문을 했다. 이는 연구를 위한 설문조사의 질문이기도 하다. 질문이 곤혹스러웠는지, 소수의 사람들만이 정확하게 자신이 지금 무엇을 기술하고 있는지, 재미가 행복, 즐거움, 기쁨과 어떻게 구분되는지 등을 큰 불편 없이 알아차렸다. 그럼에도 우리는 언제나 이 단어를 사용하며, 그 단어에 덧씌워진 현상과 복잡하지 않은 관계를 맺고 있음을 알고 있다.

이 장은 사회적 현상으로서의 재미를 이해하는 방식의 본보기나 모델을 제시한다. 이는 재미가 무엇을 수반하는 것이며, 어떻게 재미의 경험을 가장 잘 느끼고, 즐기고, 보존하는지에 대한 이야기의 출발점이다. 물론 이론화 과정은 환원주의적으로 느껴지기 쉽다. 특히 인간의 행위나 정서를 생각할 때 더욱 그렇다. 내 의도는 최종적인 모델을 만드는 것이 아니다. 그런 점에서 이 장에서 제시되는 모델은 상당한 모호하기도 하다. 우리가 재미를 느꼈을 때 그것을 알아차릴 수 있다는 블라이드와 하셴잘의 주장에 기반으로 하여, 재미에 대해 무언가 변별되는 이야기를 해볼 수 있다는 것이 이 장의 목적이다. 절대적인 최종 결론을 내리기 위한 노력의 부족은 약점이 아니라 오히려 강점이다. 사회학의 핵심적인 속성은 같은 공간에 내재된 모호함과 명백하게 모순적인 내용을 받아들이거나 드러내고, 삶의 모순적 복잡성에 열린 자세를 갖는 학문적 역량에 있다.

재미를 이해함에 있어서, 재미를 감정적이거나 사회적인 다른 행위나 경험의 부산물로 보는 견해가 있어왔다. 일반적으로, 재미를 언급한 문헌들은 행복(Cameron 1972; Jackson 2000; Sumnall 외. 2010)이나 일탈(Riemer 1981; Redmon 2003; Keppens and Spruyt 2015)의 사례와 함께 논의될 것이다. 연구자들은 재미를 언급은 해왔으나, 일반적으로 가장 흔하게는 향유나 행복처럼 다른 개념들과 관계해서 언급하거나, 분리해서 논하더라도 재미가 무엇인지에 대한 설명에는 실패해왔다. '재미의 당연시'와 함께, 재미를 논할 때 그것을 이미 서로가 알고 있다는 기대가 있다. 그럼에도 재미를 고찰하고자 하는 시도가 있어왔다. 마샤 울펜슈타인과 도널드 로이의 초기 연구와 포딜착의 여가 연구를 차례대로 검토하고, 블라이드와 하셴잘의 연구결과에 대해서도 생각해보겠다. 사회학이 재미 연구에 있어서 어떤 움직임을 가져야 할지 제언하도록 하겠다.

울펜슈타인과 로이

우리가 아는 '재미'는 상대적으로 최근의 의미론적 현상이다. 이를 고려하면 학자들에게 유용한 재미 관련 자료는 확실히 현대에 들어 생산된 것들이다. 울펜슈타인이 제시하듯, 현대적 감성의 재미는 대체로 제2차 세계대전 직후에 형성된 것이다. 현대적 의미의 재미가 세계대전 이전에 쓰였던 재미의 영향을 크게 받지 않았다는 말은 아니다. 영국에서 도덕적인 것과 비도덕적인 것을 구분하고자 했던 시도에서 사회계급의 역할에 대한 논란을 생각하면 이것은 사실이다. 그러나 여가의 발달, 소득의 상승, 청년문화의 시장화와 더불어 재미는 1945년 이전보다 더욱 사회적으로 중요해졌다.

재미의 정의에 대해 혼란스러운 시각을 가지게 만든 담론이 있어왔다. 특히 재미가 '좋은 것', '나쁜 것'의 논쟁이나 권장과 제재의 판단 대상이 되었을 때 그러했다. 이런 담론은 재미뿐만 아니라 행복과 즐거움에 대한 다양한 학제와 시각들이 담고 있는 사고방식들과 관련이 있다. 우리는 빅토리아 시대 심리학과 초기 인류학에게서 즐거움을 얻기 위한 일탈의 역할을 이해할 수 있었다. 이는 나중에 범죄학과 사회학에서 말하는 쾌락적 일탈과 규칙 파괴 개념으로 강조된다. 또한 여가에서 우리 자신의 행복을 키우고 즐거움을 얻기 위한 방법에 있어 정체성, 권력, 불평등의 중요성이 커져가는 것을 알 수 있다. 재미를 유사 개념에서 독립시킨다는 관점에서, 1950년 대에 실제로 일부 학자들이 전보다 체계적인 방법으로 행복의 구성요소를 연구하고 나서, 재미에 대해서도 알아본 바가 있다(Wolfenstein 1951; Goldings 1954; Fellows 1956).

　재미 연구에서 세계대전 이후 시기는 매우 중요하다. 삶에 대한 전반적인 태도에 지각변동이 있었기 때문이다. 전쟁의 트라우마는 삶의 가치에 대한 재평가를 요구했다. 보다 무겁고 진지한 것에서 벗어나 기분전환의 생각이 약화되더니, 사회계층을 막론하고 얼마나 재미있게 사는지를 나타내는 것이 중요한 정도가 되었다. 울펜슈타인에 의하면, 이런 전환은 매우 빨라서 전쟁 이전에 자신을 자제력 있고 금욕주의적으로 표현하는 것이 요구되었던 시절보다 다른 압박을 가져왔다.

　금기까지는 아니더라도 의심의 대상이 되었던 재미는, 이제 필수적인 것이 되었다. 너무 재미를 느끼면 죄의식을 가져야 했던 데서, 이제는 충분히 재미있지 않으면 부끄러워해야 하는 상황에 내몰렸다. 일과 놀이 사이의 선명한 경계가 무너져버렸다. 작업 공간에는 유희가 침투했고, 놀이에 있어서 성과에 대한 자기평가가 도드라지게 되었다 (Wolfenstein 1951: 16).

　반세기 전의 연구이긴 하지만, 위 글은 페이스북이나 인스타그

램 같은 소셜 미디어를 떠올리게 만든다. 사용자가 그들의 일상이나 정체성을 사진으로 재현하고 편집하고, 그러한 방식으로 자신의 일상을 세상에 드러내는 일이 바람직한 일로 여겨지게 되었다. 그저 재미를 경험하는 것과 반대로, 재미있었던 일을 재현하는 데 상당한 에너지가 들어간다. 삶을 점점 더 렌즈를 통해 살아가게 된다는 불평은 흔하다. 많은 이들이 이렇게 사는 것에 죄책감을 느끼기도 한다. 소셜 미디어 게시물들은 마치 그것이 끊임없이 영속된다는 듯이 지나치게 재미를 강조하는 경향이 있다(Strachan 2015). 사람들은 휴가 중에, 혹은 주말에, 파티에서, 집 안에서 행복했던 사례들과 신나고 흥분되었던 시간들을 포스트하고, 재현하고, 관리하는 경향이 있다. 이런 미디어에 지루한 일상을 재현하는 것은 매우 어렵거나, 일상의 삶을 정교하게 재현해야만 하는 것은 핵심이 아니다. 1951년 울펜슈타인이 기술했던 시나리오와 유사하게, 우리가 얼마나 재미있는 사람들이며, 우리가 얼마나 재미있게 사는가를 표현하기 위해 미디어에 의지해왔던 것이다.

울펜슈타인이 재미의 재현에 대해 밝히고, 특히 어머니들의 책임감과 연계해서 설명했던 때와 거의 같은 시기에, 일과 고용을 연구했던 학자들은 노사관계에서 기분전환의 역할에 주목했다. 재미를 그저 부가적인 덤이나 하찮은 시간 낭비로 보는 시각대신에, 워커, 게스트, 로이 같은 학자들은 재미를 생존전략이자 현장 노동자 간의 유대 메커니즘으로 생각했다. 〈바나나 타임〉에서 로이는 '단조로움이라는 괴물'을 이겨내야 하는 필요성에 대해 쓰고 있다. 그에게 '잡담, 재미, 장난은 '심리적 생존'을 위한 근본적인 문제의 해결책'이었다(Roy 1959: 158). 이 두 영역에서 우리는 지난 2, 3백년 간 재미에 대한 개념과 동반되었던 긴장을 알 수 있다. 재미는 삶을 충족시키는 데 필수적인 것이고, 하찮은 시간낭비이고, 생산되고 소비되는 상품이고, 심리적 웰빙을 위해 중요한 것이고, 실제로는 적든 많든 보이고 드러내야 할 어떤 것이다. 재미에 대한 태도와 가치를 보여주는 1950년대 자료들은 귀중하다. 그러나 재미가 무엇이고 우리는 그것을 어떻게 알 수 있는가를 이해하기 위한 혼신의 노력은 없었다.

포딜착

놀이와 향유를 다룬 심리학계의 문헌은 있으나, 재미에 대해 저자들이 무엇을 말하고 있는지를 알기 힘들다는 문제는 여전히 남았다. 재미를 여러 용어로 번갈아가며 사용했다던가, 재미를 당연하게 여겨 설명조차 없는 경우도 많았다. 여가 연구에서 재미를 향유와 관련하여 이론화하려는 시도가 있었다. 1980년대와 1990년대 초반 월터 포딜착은 여가의 구성 요소로서 재미와 즐거움의 차이에 대해 알고자 했다. 포딜착의 연구에서 가장 유용한 것은 재미 연구에서 권력을 거론한 부분이다. 그는 '재미는 사회적 위계 형성과 사회의 불평등에 명시적 도전으로 비치기 때문에 이론화가 되지 못했다'고 말한다(Podilchak 1991: 134).

포딜착에게 재미의 핵심 속성은 불평등의 수준을 평탄하게 만든다는 것이다. 이는 쾌락이나 즐거움이 사회적 위계를 유지하는 것과 반대되는 지점이다. 올펜슈타인과 같이, 포딜착은 여가라는 개념은 재미를 '음주, 격식 없는 모임, 아무것도 하지 않는 것, 빈둥대는 것이나 혹은 성적인 행위와 같이 사회적·도덕적으로 열등한 형태의 자유 시간에 따른 상호작용'으로 치부해버린다(134). 따라서 재미의 이론화에서 시작점은 재미가 쾌락, 행복, 즐거움과 서로 관계는 있되, 열등한 현상으로 여겨지고 있다는 데 있다. 재미는 권력과 위계와 관계가 있거나, 혹은 둘 중 하나가 부재하다고 본다. 또한 재미는 비현실적인 어떤 것이라기보다 순간의 경험과 관련이 있으며, 격식의 부재라는 특징을 갖는다.

재미라는 정의

시작 단계에서 이 연구의 방향성을 잡아갈 때, 특히 재미에 대한 문헌의 부재에 놀랐다. 1991년 월터 포딜착도 재미에 대한 연구를 시작할 때 특히 사회과학 분야에서 이런 문헌이 없다는 데 놀랐다고 한다. 포딜착의 관찰에도 불구하고, 재미를 이해하는 데 제한적인 숫자의 학술연구만이 수행되었다. 이 절에서 재미에 대한 여러 의견들을 밝히고 나서, 블라이드와 하센잘의 재미에 대한 사유의 세부적인 것을 상당히 심도 있게 다루도록 하겠다. 블라이드는 다른 이들과 함께《재미학Funology》내가 아니라 그들이 만든 용어이다에 대한 저서를 펴내기도 했는데, 나에게 특히 유용했다.

다양한 자료들에서 재미에 대한 짧은 글들은 찾아볼 수 있다. 그러나 상당히 학술적이라고 할 참고도서들을 보자면, 재미는 전반적으로 미개척 분야다. 울펜슈타인은 이에 대해 '만족감, 깊고, 강렬하며, 산발적인'이라고 쓰고 있다. 나는 이 표현을 좋아한다. 의미 있지만, 제한적이고, 일시적이고, 내재적인 어떤 것에 대한 주관적인 경험을 요약하고 있어서다. 1962년 드 그라지아De Grazia는 '재미와 자유는 거의 동의어인 것처럼 보일 때가 많다. 인간은 재미있는 순간 자유로우며, 자유로울 때만 재미있을 수 있다'(De Grazia 1962: 423)고 주장했다. 재미가 도덕이나 정치 관념과 무관한 것으로 여겨지는 반면, 이 문구는 자유시간은 도덕적이고 사회적으로 억눌러진 것으로 표현되고 있다.

드 그라지아는 울펜슈타인의 매우 개인적이고 내면적인 설명으로 나아가, 재미가 사회적으로 처해 있는 상황의 구속성을 조명한다. 재미가 자유시간이라는 위치에서 일어나는 현상이라는 사실과 함께, 다시 재미의 표면적인 모순이 흥미롭다. 1950년대와 1960

년대 제기된 이러한 정의들은 많은 가능성을 내포하는 듯 보이지만, 실제로는 적절하게 활용되지 못했다. 1991년 포딜착이 제시했듯, 재미는 여전히 이론화되지 못했다. 1980년대에 들어 재미에 대한 창의적인 고찰은 모두 사라져버렸다. 포딜착은 켈리가 재미에 대해 '무엇인가를 행함으로써' 얻어지는 '즉각적인 즐거움의 경험'이라고 단순히 정의했다고 보고했다. 다른 많은 언급에서도 켈리는 재미가 무엇인지에 대해 논하지는 않고, 재미가 일어날 수 있는 조건에 대해서만 기술한다.

그들에게 재미는 상호작용에서 일어나는 놀이의 한 사례로서, 사회학의 연구대상이라기 보다 현상학적인 것이다. '한 개인은 새롭고 잠재적인 감정적 정체성을 자유롭게 선택해서 창조할 수 있다. 그러나 이것은 어디까지나 지향하는 바일뿐이다. 이 지향성이 현실화되기 위한 사회적 조건들이 재미로 확인된다'(Podilchak 1991: 135). 이 논의의 재미가 발생하는 시점에 대한 이해에서 중요한 것은 사회적 조건들의 관계적인 면이다. 재미는 딱 맞아 떨어지는 사회적 조건을 인식해 독립적으로 구별할 수 있는 그러한 것이 아니다. 포딜착이 켈리의 논의를 빌어 밝혔듯, '재미는 특정한 행위라기보다, 명백하게도 사회적 관계구성의 한 유형으로서 성립된다'(Podilchak 1991: 135). 만약 조건이 맞아떨어지지 않는다면, 재미라는 것은 일어나지 않는다. 그러나 흥미롭게도 질문을 받은 사람이 재미가 단순히 사회적 조건과 관계보다 더 구체적인 어떤 것으로 생각할 수도 있다는 것이다.

다음 장의 자료는 우리가 재미를 느끼는 방법에 대한 것뿐만 아니라 재미있기 위해 어떤 행위를 해야 하는가에 대한 상당히 선명한 매개변수를 가지고 있다는 것을 보여준다. 이는 재미가 사람들 간의 유대를 맥락화한다는 것을 말해준다. 함께 재미를 즐기는 사람들은 특정한 타입의 관계를 위한 조건을 창조하는 것이다. 우리는 우정을 사람들 사이에서 일어나는 일의 유형으로 범주화하는 데 익숙하다. 재미를 함께하는 것이 그들 사이에서 상당히 중요한 경험이 되는 사람들일 경우, 때로는 우정이 개인적으로 속 깊은 이야기를 나누는 사람들, 즉 좀 더 고백적 경향을 띄는 사람들에 비해 덜 중요한 것으로 그려지기도 한다. 이것이 우정의 도드라진 특징이다. 사람들 간 유대의 맥락화에도 불구하고, 유쾌했던 일의 이야기를 통해 한 개인이 지나치게 강조되면 사회적인 것의 역할이 약화되고, 이윽고 사회 맥락적 경험인 재미는 관심에서 멀어지게 된다. 이러한 한 개인에 대한 강조와 유쾌함은 개인에게 좀 더 중요한 즐거움/유쾌함 프로젝트 속에서 재미를 하찮은 요인 정도로 격하시킨다. 포딜착에게 재미는 '상호작용중인 사람들에 의해 사회적 환경을 의식적으로 재구조화하고 그것을 받아들이는 것으로, 이를 통해 정서적인 보상을 생산하는 것이다. 이때, 반드시 유희를 지향하는 것은 아니다.'(Podilchak 1991: 136) 또한 이것은 한 개인의 계획에 포커스가 맞춰지는 것도 아니다.

물론 이것은 재미, 쾌락과 즐거움이 서로 관련이 없다는 말이 아니다. 또한 재미와 즐거움 양쪽이 모두 타인/자신 지향적인 상호작용의 과정으로 이해되지만, 다른 일부에게는 그것이 다른 것이기도 하다. 예컨대 포딜착은 재미와 즐거움 모두 정서가 공통의 양상이지만, 재미는 즐거움의 질적 완성화라고 할 수 있다. 즐거움이 내면 지향적인 것에 반해, 재미는 외향적인 것이다. 바로 이 외향적 표명이 관계적이고 맥락적인 재미의 성질을 도드라지게 만드는 것이다. 포딜착은 다음과 같이 주장한다.

> 상호 관계 중인 사람들이 재미를 공유하고 있다면, 그들은 그들의 '바깥에' 나와 있는 것이다. 그러면서도 함께 있는 다른 이들과 상호적으로 연결되어 있는 것이다. 재미의 감정은 이와 같은 사회적 유대 속에서만 형성되며, 구성원들 간의 평등한 조건을 필요로 한다(Podilchak 1991: 145).

재미는 유지되거나 심지어 퍼져나간다. 조건은 '상호 관계 중인 사람들이 그들의 신체적·사회적 불평등을 해체'하는 것이다. 그래서 '재미는 이러한 불평등과 권력의 차이를 무력화시킬 때만 유지되며 중략 재미있는 상황 속에서 타인들의 존재를 느낄 수 있게 된다(Podilchak 1991: 145). 재미는 덜 진지한 것으로 여겨지는데, 동등한 인간이라는 평등 원리가 차이가 나는 사회 질서의 이념적 합리화에 도전하기 때문이다. 궁극적으로, 이 이론적 틀에 있어서, 즐거움의 진지함은 재미를 충만하게 만든다.

포딜착의 논의는 특히 재미의 사회적 본성을 조명한다는 의미에서 도움이 된다. 우리는 종종 재미가 깊숙이 개인적인 것이어서 일반화하기 힘든 것으로 여긴다. 사람들이 저마다 다른 것에서 재미를 발견하기 때문이다. 그러나 포딜착이 확실히 밝혔듯, 재미있는 경험을 일반화하는 것이 아니라 우리가 재미를 가장 잘 이해할 수 있는 메커니즘을 일반화하는 것이다. 우리 모두가 유사한 재미를 발견한다는 것이 아니라, 그 형식이 무엇이든 재미에 접근하는 방식이 유사하다는 것이다. 포딜착에게 재미는 사람들 간의 권력 차이와 위계를 균등하게 만드는 것과 결부되며, 타인과 관련을 맺는 상호작용적 현상이다. 포딜착은 유용하게 배경에 대해 설명했다. 그러나 나는 주체가 포딜착이 제시한 것보다 더욱 도드라진 역할을 한다고 주장한다. 재미있기 위해 위계의 평준화가 꼭 필요한 것은 아니다. 우리는 흔히 알려진 것보다도 훨씬 권력 관계를 조롱한다. 이 책의 후반부에 다룰 것이지만, 재미에는 권력차를 예상할 수 있는 대리경험과 같은 어떤 것이 있다.

블라이드와 하센잘

재미를 이해하는 데 시간을 투자했던 사람들 중에는 컴퓨터 프로그래머들과, 특히 컴퓨터 게임 제작자들이 있다. 무엇이 플레이어들에게 게임을 매력적으로 느끼게 하는 걸까. 경제적 긴요함이 재미에 흥미를 갖게 했다. 재미가 무엇인지 규정할 수 있다면, 그 재미의 핵심 요소을 게임 안에 체계적으로 장착할 수 있을 터였다. 그러나 블라이드 등(2004)에 따르면, 재미는 쉽게 생산해서 병에다 담을 수 있는 것이 아니었다. 사실은 게임 안에서의 경험이 재미있는가의 문제는 논쟁의 대상이다. 솔직히 컴퓨터 게임을 하는 어린아이들을 관찰해보면 진짜 재미가 있는지 전혀 확신이 서지 않는다. 상당히 집중하는 외중에, 좌절하고 화를 내고, 아드레날린과 분노가 솟구친다. 게임의 진행은 목표에 강하게 초점이 맞춰지는 것이지, 그리 큰 재미는 없어 보인다.

내 주관적인 재미의 경험이 내 아이들의 경험과 다르게 보일 수 있지만, 외계인을 폭파시켜 버리고 도시 주변 거리를 스포츠카가 질주할 때의 결과는 다른 무엇인가를 제시한다. 아마도 게임 기획개발자들은 일찍이 재미로는 충분하지 않다는 것과, 유닛을 움직이는 데 충분한 흥분과 자극에 대해 알아차린 듯하다. 이는 아마도 재미가 무엇인가에 집중적으로 관심을 가졌던 시기가 상대적으로 짧았던 이유를 설명해준다. 재미에 대해 자연주의적 접근에 안주하는 경향이 있다. 지배적인 감정은 '우린 재미가 무엇인지는 모르겠지만, 어떻게 하면 재미있을지는 알고 있어'라는 식이다.

《재미학》(Blythe 외, 2004)에서 블라이드와 하센잘은 '즐거운 경험'(Blythe and Hassenzahl 2004: 91)과 재미로의 집중 사이의 차이에 주목한다. 오늘날 재미의 의미를 종합적으로 분석하려는 시도에서 블라이드와 하센잘(2004)은 쾌락, 즐거움과 재미의 명백한 차이를 밝히려고 시도한다. 이 연구는 쾌락의 맥락 경향성을 지적한다.

쾌락과 연관된 활동들을 생각해보자: 섹스, 춤, 운전, 수영, 마약, 게임, 농담, 시시덕거리기, 글쓰기, 음악감상, 회화감상, 독서, 연극, 영화 혹은 기타 엔터테인먼트 감상. 각각의 활동들은 쾌감이 드는 것들일수도, 혹은 아닐 수도 있다. 각각의 활동들이 처해진 상황에 따라 달라진다. 각각의 상황은 당시의 목적, 사전 지식이나 경험, 행위 영역, 적용 가능한 사회적 규준 등 그 사람만의 고유한 특성을 반영한다. 롤러코스터 타기는 쾌감이 들 수 있다. 그러나 저녁 만찬에 과식을 하고서는 그렇지 않을 것이다(Blythe and Hassenzahl 2004: 94).

쾌락의 맥락 경향성은 경험의 주관적이고 정서적인 요소을 드러낸다. 즐거움과 함께 개인화된 현상적 경험은 쾌락을 해석하는 데 중요하다. 반면, 재미는 쾌락이나 즐거움에 비해 덜 비현실적인 영역에 속해 있다. 재미는 '상당히 구체적이고 차별화된 일상적 의미를 가지진다'(Blythe and Hassenzahl 2004: 95).

재미 vs 즐거움 : 기분전환 vs 몰두

많은 일이 즐거운 것으로 해석될 수 있을지 모르나, 재미로 묘사되지는 않을 수 있다. 재미와 즐거움의 차이는 기분전환과 몰두의 차이와 비슷하다. 블라이드와 하센잘은 이것을 설명하는 하나의 모델을 제시했다. 여기에는 모호한 주의사항이 담겨 있는데, 양자가 이분법적으로 딱 나누어져 있지 않으며 그 경험은 유동적이다. 이 모델을 담은 〈재미와 즐거움의 경험적이고 문화적인 함의〉(Blythe and Hassenzahl 2004: 95)에서 블라이드와 하센잘은 이분법 분류를 4개 항목으로 배열했다. 한 쪽의 끝에는 재미와 기분전환을, 다른 쪽에는 즐거움과 몰두를 배치했다. '재미/기분전환' 항목은 '지엽적인 것'으로 특징이 지워졌고, '즐거움/몰두' 항목은 '주제 적합성'으로 특징이 지워졌다. 재미 항목에는 '반복'이, 그 반대편에 즐거움에는 '진전'이 '심미' 항목에는 '스펙터클'이, '헌신'에는 '위반'이 배치되었다.

이들은 즐거움과 재미의 근본적인 차이를 설명해주고 있다. 넓게는 쾌락 역시 그렇다.

잠깐이나마 특별한 목적 없이 재미를 경험하고 있는 순간에 우리는 원래의 자기 자신으로부터 이완된다. 우리의 자기규정과 관심사, 문제들은 더 이상 초점의 대상이 되지 못한다. 내면적인 대화의 끊임없는 떠들썩함에서 우리 자신을 이완시키게 되는 것이다. 이것이 재미가 덜 중요하다거나 어떠한 의미에서라도 '나쁜 것'을 의미하는 것은 아니다. 이완을 통해 잠깐이나마 살아있음과 피상성을 느끼는 것은 중요한 심리학적 요구를 충족시켜 준다(Blythe and Hassenzahl 2004: 95).

지엽적인 것과 주제 적합성

블라이드와 하센잘은 재미가 '진지함의 반대말'이며, 종종 과학이나 예술과 같이 진지한 추구를 위한 부속물이라 제안했다. 특히 젊은이들에게 더욱 어필되는 것으로, 노력의 진지함에서 이완하는 것이다. 무엇인가가 재미있기 위해서는 진지함의 부재가 필요하며, 그런 의미에서 재미있는 활동은 지엽적인 것으로 표현된다. '몰두' 행위는 개인에게는 더욱 의미가 있을 수 있다. 블라이드와 하센잘에 따르면, 이는 '주제에 적합한' 행위다. 주제 적합성은 행위, 경험, 혹은 목표와 기대에 붙여진 의미로서, 한 개인의 성장, 기억, 그리고 곧 일어날 행위에 대한 '환상'의 기회를 제공하며 즐거움의 원천이 된다. 이 3가지 영역에서 재미는 행위 혹은 목표나 몰두에서 하찮은 것으로 주변화된다. 여기에 블라이드와 하센잘은 무엇이 재미인지를 들어낸다. 정신 이완하기, 진지하지 않은 것, 자신에 대해 무엇인가 들어내려 하지 않는 것 등이다.

스펙터클과 심미

블라이드와 하센잘에 의하면, 감각은 소위 볼거리에 의한 자극을 필요로 한다. 즐거움과 상반되게 주의라는 것은 '부여잡는' 것이다(99). 두 학자는 즐거움의 심미성에서 질서와 압축성이 중요한 반면, 재미는 현란함, 색조, 야생성을 강조한다. 따라서 즐거움과 재미의 차이는 이렇게 설명된다. '볼거리의 재미는 지각적인 자극의 강도의 결과다. 반면 심미적 가치는 지각의 질로 가늠된다'(99).

반복과 진전

재미와 다른 즐거운 경험의 구분은 반복과 진보에 관한 것이다. 블라이드와 하센잘에게 진보라는 개념은 즐거움의 형식에 내재된 것으로 재미의 형식에는 없는 것이다. 이들은 대중문화가 '동일한 사이클과 자기복제 속에서의 끊임없는 변주로 여긴다.'며, 재미가 바로 이와 같다고 제안한다. 재미에는 특별히 전진하는 운동성이나 도전성이 없다. 다른 형태의 즐거움에는 이러한 것이 있다. 게임의 재미가 그 사례로 되풀이되는 행위를 통한 즐거움이다.

위반과 헌신

이 차이는 아마도 가장 널리 이해되고 알려진 것이다. 위반이라는 개념은 규칙을 깨는 것으로서, 재미를 설명할 때 자주 인용된다. 블라이드와 하센잘은 재미의 개념을 어떤 필연적 결과로 탐색한다. '위반이 재미가 될 수는 있지만, 헌신은 즐거움으로 여긴다.'(99) 행위에 몰두하고 헌신하는 것은 그 행위를 둘러싼 기본적인 전제와 규칙을 수용하겠다는 것이다. 사례가 등장하는데, 두 명의 플레이어가 게임을 서로 다른 목적의 규칙으로 진행했다. 하나는 규칙을 잘 지키면서 정상적으로 게임을 즐겼다. 다른 하나는 지루함을 느끼며 게임을 재미있게 하기 위해서 규칙에 어긋나는 행위를 시도했다. 하나는 헌신, 다른 하나는 위반이라는 서로 다른 방식으로 둘 다 게임을 즐겼다.

블라이드와 하센잘은 재미와 다른 긍정적인 감정상태의 관계는 완전히 분리되지 않는다고 밝히고 있다. 행복, 즐거움, 재미, 쾌락 사이에는 겹치는 부분이 많다. 이런 겹치는 부분들이 이들 현상을 변별하기 어렵게 만든다. 마찬가지로 연구자들은 모델을 창안할 때 이분법들을 완전히 엄격하게 수립하지는 않았다. 제시된 경험은 위반과 헌신 같이 큰 폭을 가로질렀다. 재미 담론의 주변화와 더불어, 이러한 구분의 결핍이야 말로 재미 연구에 방해물이 된다.

재미의 도식

2013년 여름, 나는 서섹스 대학의 학부 교과목인 '재미의 사회학'의 마지막 해를 진행하고 있었다. 이 교과목은 20명의 학생과 내가 일주일에 3시간씩 4개월에 걸쳐 재미란 무엇인지, 그것은 어떻게 경험되는지를 탐구하는 것이었다. 우리는 많은 문헌들을 읽고, 이야기를 공유하고, 사람들을 인터뷰하고, 토론하고, 토론하고, 또 토론했다. 교수로서 나의 경험 중에서 가장 유익한 수업이었다. 학생들은 열린 마음과 학문적 모험을 감행한다는 자세로 과제를 수행했다. 재미에 대한 기존 연구가 많지 않다는 사실과, 특히 사회학적 접근은 거의 전무하다는 것을 시작 단계부터 분명히 알게 되었다. 결과적으로, 교육과정의 목표 중 하나는 재미의 사회학을 쓰기 시작하는 것이었다. 초기 논의는 재미를 이론화하는 최상의 방법론에 관한 것이었다. 특히 《재미학》에 수록된 블라이드와 하센잘의 견해를 우리의 출발점으로 이용했고, 과제 수행 내내 중요한 잣대가 되었다.

블라이드와 하센잘의 〈재미와 즐거움의 경험적이고 문화적인 함의〉를 자주 논쟁으로 삼았으며, 우리는 재미의 이론화 방법에서 우리가 생각하는 것이 더 미묘한 해석에 가깝다는 것을 알게 되었다. 어떤 도식에 대입하게 되었다. 도표라는 것이 그러하듯, 그것은 더 손을 대볼 수 없을 정도로 환원주의적이었다, 나는 사람들이 어떤 경험을 엄밀하게 진술하기 위해 사용한 설명에서 틈새를 발견할 수 있을 것이라 확신했다. 그것이 재미인가, 아닌가? 그러나 각각 요소에 대한 기술에는 의도적인 모호함이 있었고, 나는 재미의 구성과 정의에 대한 설명을 내놓기 위해 우리 의견을 비판해 가면서 발전하고 명료화하고, 혹은 반박할 수 있으리라 기대했다.

블라이드와 하센잘과 달리, 도식은 연속된 항목에 따라 양극단에 이분법을 배치하지 않았다. 오히려 도식에 제시된 상호의존적인 항목들의 관계를 기술했다. 혹은 이 항목들의 조합이 결과적으로 재미라고 기술되는 경험이나 감각이 된다는 것을 제시한다. 강조할 만한 또 다른 사항은, 우리가 재미를 경험하는 방법에서 절대적인 어떤 것이 있다고 주장하는 것은 아니라는 점이다. 모델에 제시된 모든 요소에 반하는 어떤 행위를 했다고 가정하자. 그것이 곧 재미없음을 의미하지는 않는다. 제시되어 있는 것도 있고, 빠진 것도 있을 것이다. 다만, 재미, 행복, 즐거움에 대한 선행연구에 기반으로 해서 우리 연구자 21명이 몇 달 동안 연구한 결과를 종합하면, 아래와 같은 결과를 제시할 수 있다.

재미 도식

- 일시성
- 규준에서의 일탈 —————— 위반
- 헌신과의 관계 ————┐
- 책임과의 관계 ————┼———— 일시적 완화
- 예측과의 관계 ————┘———— 예측과 회고
                    ————————— 경험 —————————
- 상호작용과의 관계 ———————— 존재하는 현존과 부재하는 현존
- (정체성) ————— 선택의 재현 ┬ 재미가 당신에 대해 무엇이라 말하는가?
                          └ 당신은 가능한가?
- 기분전환–몰두 ———————— 행위/경험에 초점을 맞춤 주의집중

일시성

이것은 블라이드와 하센잘이 제시한 요소에서 찾아볼 수 없는 것이다. 재미의 경험은 행복이나 즐거움과 달리, 그때 잠시만 머무르는 것이다. 재미는 시작과 끝이 분명한 경우가 많고, 우리는 꽤 정확하게 그게 언제인지 때가 되면 분별할 수 있다. 행복이나 즐거움은 공감대를 형성하면서 퍼져나간다. 재미는 그렇지 않다. 때와 장소의 문제는 앞으로 재미가 무엇인지 밝히는 데 중요하다. 무엇인가 시작되면 재미도 시작된다. 무엇인가가 멈추면 재미도 멈춘다. 재미를 표현할 때, 아이들은 종종 놀이와 뒤섞어서 말을 한다. 이것이 행복이나 즐거움과 다르게 갑작스레 시작되었다가 갑자기 끝나버리

는 어떤 것처럼 말이다. 이렇게 재미는 엄밀하게 말해서 여정의 중요한 걸음에 비유된다.

규범에서의 일탈

규범에서의 일탈은 일반적으로 일상적인 것에서 벗어난 어떤 것에 해당된다. 이는 블라이드와 하센잘이 말하듯 '신나는 일이 벌어지는 것'(2004: 92)을 포함할 수도 있다. 평범한 일이나 경험의 연쇄 작용과 연관되지 않을 수도 있다. 재미는 반복되는 일상을 갑자기 중단시키는 경향이 있다. 재미가 그 자체의 일상적 반복을 형성하는 경우라 할지라도 말이다. 결정적으로 규범에서의 일탈은 위반을 야기할 수 있다. 이는 베커가 말한 일탈의 정의와 유사하다. '어떤 합의된 규칙 일부를 위반'하는 것이다(Becker 1963: 8). 위반은 거창한 성명을 필요로 하지 않는다. 우리가 해야 하는 일이나 평소라면 하던 것을 하지 않는 것을 의미한다. 일을 할 때 재미는 업무에서 멀어지는 것이 되고, 귀가 후에는 집안일에서 멀어지게 되는 것이다. 또한 정상으로 돌아오면 비정상의 기간이 된다.

헌신과의 관계 : 일시적 완화

여기서 헌신은 블라이드와 하센잘의 연구를 이용해 정의할 수 있는데, '행위에 몰두하거나 헌신하는 행위'로서 '그 행위를 둘러싼 전제와 규칙을 수용하는 것을 포함'한다. 블라이드와 하센잘과 달리, 나는 헌신이 표에서 위반 항목의 반대 극단에 배치된다고 생각하지 않는다. 오히려 우리가 한창 재미있을 때는 업무나 경험의 지향이 일시적으로 유예되는 것으로 여겨진다.

책임과의 관계 : 일시적 완화

재미의 중요한 측면은 당면한 걱정이나 불안에서 탈출하는 것이다. 재미있는 동안에 의식은 짧은 기간이나마 책임에서 보다 느긋한 태도를 갖게 된다. 재미가 무책임으로 규정된다는 것을 의미하는 것이 아니라, 재미있는 동안은 책임이 고려의 대상이 되지 않는다는 의미다.

예측과의 관계 : 경험에서의 예측과 회상

예측은 재미에서 다양한 방법으로 작용한다. 재미의 순간에, 다음에는 무슨 일이 일어날 것인가, 어떤 일이 일어나야 하는가에 대한 예측은 유예된다. 이 상황이 얼마나 '정상적'인가 하는 가정은 존재하지 않는다. 그러나 재미로 경험되어 온 상황은 다시 재미있을 것이라는 가정이 자주 있다. 우리는 그 상황이나, 심지어 느낌까지도 인지할 수 있다. 그런 후에 그것이 재미있을 것이라 예측한다. 무엇이 일어날 것인가를 예견하기 때문이 아니라 이미 일어났었던 어떤 일들, 즉 과거의 재미있었던 경험들을 구분할 수 있기 때문이다. 이런 방법으로, 예측과 함께 회상은 상황을 재미있게 만들기 위해 개방성을 창조한다.

상호작용과의 관계 : 존재하는 현존과 부재하는 현존

재미는 남들과 함께 즐기는 것에서 온다. 대부분 재미는 타인들과의 경험을 긍정적으로 공유하거나 소통하는 것이다. 많은 이들이 혼자서도 재미있을 수 있다고 주장하지만, 그것은 부재하는 현존을 말하는 것이다. 어떤 사람이 남들과 함께 흔히 하거나 해왔던 어떤 것, 혹은 어떤 일의 사후에 타인들과 그 일에 관해 소통하는 것을 즐기는 것 등을 말한다. 혼자 재미있다라는 것은 재미, 행복, 즐거움, 만족 등 서로 다른 용어와 겹치면서 훨씬 복잡하게 된다. 그러나 사람들이 재미를 완전히 유아론唯我論적으로 경험하게 된다는 것은 아니다.

정체성 : 재현과 선택

정체성은 재미를 어떻게 경험하며, 재미를 무엇이라 생각하는가의 문제에 있어서 중요한 요소로 작용한다. 재미는 그저 현상적으로 경험되는 그 무엇이 아니다. 재미에는 사회적 공명이 있다. 재미를 발견한 어떤 이는 재미를 이야기하게 되어 있다. 재미는 젠더로 나눠지고, 계급화되고, 문화적으로 매개되고, 국민 정체성으로 나타나고, 하위문화적으로 표현되고, 다른 일들 가운데서 주관적으로 경험된다. 우리가 찾는 재미보다 결정적으로 우리가 찾았다고 주장하는 재미에는 정체성이 공명한다. 다트 게임은 영국인들에게 특정한 의미를 지니고 있다. 이는 다트가 재미있는 어떤 것이라는 함의를 품고 있다는 뜻이다. 우리가 다른 어떤 것을 즐기건, 어떤 이들과 어울리건, 다른 어떤 것을 재미있다고 여기건 간에 말이다. 다트는 어린 시절 침실에서도 즐길 수 있는 게임이며, 어른이 되어서는 맥주집에서 편안하게 즐길 수 있는 재미가 될 수 있다. 맥주집에서 무언가 다른 놀이를 할 수도 있을 것이다. 혹은 다트 게임을 굉장히 진지하게 대할 수도 있겠다.

만약 그렇다면, 이 행위가 재미있는가 하는 정도의 문제는 상황에 달려 있다. 긴장이 감도는 리그 경기에서 졌다면, 게다가 경기내용 자체도 좋지 않았다면, 그것은 별로 재미가 없을 것이다. 중산층들에게 다트는 아이러니하게도 위반적인 재미의 원천이며, 이런 사람들이 늘어나고 있다. '우리 같은 사람들은 이런 종류의 것을 흔히 즐기지 못해요.' 맥주집이 중요한 지역 출신에서 다트가 재미의 정체성을 형성한 가정에서 자란 많은 수의 사람들은 그 의미가 남다르다. 무엇이 재미있다고 공표할 때의 선택은 다른 이들에게 당신이 어떤 사람인가를 나타내는 것이며, 무엇이 재미있다고 주장한 것을 바탕으로 타인에 대한 판단과 태도를 허용하는 것이다. 축구경기 관중의 폭력사태에 엮인 일을 너무 재미있었다고 떠들어대는 인간들이 있다면, 그 언행 자체가 당신이 알아야 그들에 대한 모든 것을 말해준다.

기분전환 : 행위/경험에 초점을 맞춘 주의집중

일상적이고 평범한 경험에서 기분전환을 하면 우리는 그 활동이나 경험에 몰두하게 된다. 몰두해 들어가면서 우리는 주변의 관심사에 대한 집중을 멈춘다. 이것은 다음과 같은 사고방식을 잘 설명해준다. 첫째, 행위에 몰입해간다는 것. 둘째, 재미를 느끼는 순간에도 재미가 어떤 느낌인지 설명하기가 힘들다. 재미를 경험할 때, 우리는 더 이상 할 수 없을 수준까지 몰두하게 되고, 그 다음 정교하게 그 느낌이 어떠한지 반응하게 된다. 재미를 경험할 때 재미를 생각하기 시작하면 당신은 무언가 다른 것을 다시 시작하고 만다. 재미를 경험하는 것이 아니라 재미를 생각하는 것이다. 누군가와 춤을 출 때 느끼는 희열감을 공유하는 것과 같은 사례가 언급되는데, 춤을 추면서 재미를 경험하는 순간이 인지되면서, 이런 인지가 재미의 한 부분이 된다.

결론

이론은 사회적 현상의 이해를 구조화하는 데 매우 중요하다. 이론을 통해서 사물은 규정되거나 서로 어우러져 함께 해석되며, 이 과정에서 유사성과 차이는 도드라진다. 울펜슈타인, 포딜착과 블라이드, 하센잘의 이론을 이용해서 발전시킨 재미의 모델은 재미의 다양한 요인들을 재현하려고 했다. 이들의 이론에 대한 나의 비판은 너무 느슨하다는 것이다. 다른 한편으로 너무 제한적이라는 점도 있다. 사물의 관계를 논하는 데 있어서 결국에는 그 관계가 경로나 강도를 정의할 수 없는 어떤 것이 되고 만다.

이처럼 모든 사회적 행위와 경험에 내재한 것들은 모호기만 하다. 이 모호함은 막스 베버(Weber, 1904, 1971: 63-7)가 이념형ideal types이라는 개념을 통해 주장한 사회과학적 설명의 본연적 모호함과 맞닿아 있다. 또한 개인의 경험이나 관점을 일반화할 때 흔히 따르는 모호함을 의미하기도 한다. 한편, 나는 제시된 모델이 너무 제한적이라고 지적하기도 했다. 너무 많은 재미의 경험들이 모델을 벗어나거나, 상당수의 재미 사례가 모델의 어느 한 요건만을 충족했다. 이에 나는 이 관찰을 되풀이했는데, 사회적인 것을 묘사하고자 하는 모든 모델은 환원주의적일 수밖에 없으며, 비판에 열려 있어야 한다. 그러나 재미의 스키마는 총체적으로 언급할 수 있는 것이 아니다. 그것은 관계를 인지하는 것으로, 재미를 다른 사회적 현상과 구분하는 데 도움을 줄지 모른다.

울펜슈타인, 포딜착, 블라이드, 하센잘 모두는 재미의 이론적 논의에 대한 중요성을 강조했다. 울펜슈타인은 우리가 재미를 논할 때 도덕성과 의무라는 주제에 노출된다고 주장한다. 사실, 이 두 가지는 보통 재미와 연관되지 않는다. 나는 울펜슈타인이 페미니스트인지 혹은 드 보바리를 읽었는지 모른다. 그러나 젠더와 재미가 어떻게 어머니의 의무와 관계되는지에 대한 그의 해석은, 우리가 어떻게 재미를 경험하고 제공하고 구성하는 사회적 역할을 강조한다는 점에서 의미가 있다고 본다.

포딜착의 논의에서, 재미를 권력과 계급의 관계에 편입하여 논의한 것을 발견한다. 그의 아이디어는 권력의 균등분배와 계급의 평등화가 재미를 느낄 때 이루어진다. 이것은 주관적 경험을 명백히 구조적으로 논의한 것이다. 블라이드와 하센잘은 우리가 재미를 경험하는 방식에 대해 체계적인 해석을 내놓는다. 즐거움, 향유, 행복의 경험과 비교해서 재미가 어떻게 다른지에 대해 더 복잡한 추론을 만들기 시작한다. 이것 모두는 재미를 더 깊이 이해하는 데 중요한 이론적 관찰이 된다. 현상의 맥락적 천성이 사회적 국면을 조명한다는 사실도 언급할 가치가 있다. 특히 사회성과 상호작용성, 일시성, 위반, 헌신에서의 일시적 완화, 책임감과 예측, 정체성과 기분전환, 이들을 밝혀내는 것이 이론적 반영의 결과다. 재미에 대한 시각은, 설사 긍정적이지 않더라도, 관계된 사회생활의 모든 요소들의 미끼임이 분명하다.

3

재미와 놀이

재미는 현대 아동기의 중요한 요소로 종종 일컫는다. 재미는 아이들에게 빼앗을 수 없는 권리로 나타난다. 어린 시절에 느끼는 재미의 정도는 삶에서 이 단계와 다른 단계들의 구분을 결정한다. 아동기에 재미로 이해되는 방식의 범위는 넓고 종종 모순된다. 우리가 아는 통념은 재미가 중요한 교수법의 도구라는 점이다. 재미있게 놀이를 즐기는 것은 학습을 더욱 효율적으로 강화하는 경향이 있다는 것이다. 다른 한편의 양극단은 재미는 통제할 필요가 있는 무언가를 뜻하기도 한다. 재미는 종종 공간에 의해 규제되기도 한다. 어떤 사람들은 재미있게 보내는 것은 실내가 적절하다고 하고, 다른 이들은 그렇지 않다고 말들 한다. 또 시간에 의해서도 규제되며,—재미있게 보내기에 적당한 시간과 적당치 않은 시간이 있다—혹은 다른 사람들에 의해 규제되기도 한다. 아이들이 어른들의 방해 없이 재미있게 보내려면, 재미의 규칙을 익혀야 한다.

　이 훈련 과정은 전혀 학교교육처럼 명확하지 않다. 1960년대 이후 어린아이들의 교육은 재미와 발견을 핵심적인 교수 원칙으로 하여 발전되었다. 뇌가 가장 활동적이고 능력이 있을 때 ―아동기―, 재미가 학습 저장과 '행동을 통한 학습'을 장려하는 데 매우 효과적인 방법이다. 아이들의 마음속에서 놀이와 재미는 종종 성인과는 전혀 다른 방식으로 아주 밀접한 관계를 갖는다. 그러나 학교라는 단계를 거치면서, 재미는 소외되고 구별되게 된다. 놀이와 마찬가지로. 재미는 진지한 것들을 위해 자리를 내어 주어야 한다. 하지만 그 진지한 것은 학습의 내용이 아니라 학습의 스타일이다. 같은 것을 배우는 데에는 많은 방식이 있다. 학교생활을 거치면서 재미는 하루의 많은 부분을 차지하지 않으며, 집중이 훨씬 더 중요하다고 강요받는다. 누군가는 이것이 학교교육에 대한 지나치게 비판적인 설명이라고 생각할지 모르겠으나, 사실인 것은 부정할 수 없다.

재미에 대한 나의 생각을 강연하는 동안에, 자신들의 경험은 이와는 근본적으로 다르다, 라고 주장한 사람은 없었다. 이것은 우리는 당연히 행복하지 않을 수밖에 없다는 말을 하고자 하는 것은 아니다 단지 그런 일이 일어난다는 것이 흥미롭다는 점이다. 이반 일리치(Ivan Illich, 1971)는 젊은 세대들에게 전통적인 생산적 노동력, 통제 그리고 복종의 가치를 부여하고, 그들 모두가 사회를 지배하는 힘과 특권을 침해하지 않도록 스스로를 단련하도록 훈련시키는 것이 사회가 부과하는 일례라고 주장했다. 이 과정은 자각이나 판단이 가능한 우리 개개인이 설계하거나 유지하는 것이 아니라, 우리가 하는 일의 방식이 된다. 이는 노베르트 엘리아스(Norbert Elias, 1939)가 '문명화 과정civilizing process'에서 설명한 방식과 같다.

나이가 들면서 우리에게 재미를 느끼도록 허용되는 장소와 공간은 점점 줄어 든다. 우리는 재미가 갖는 나이의 적절성에 매우 신경을 쓰며, 그에 적절하도록 우리의 행동을 규제한다. 한 젊은 여성은 자신이 13살이었을 때의 이야기를 들려주었는데, 그녀는 같은 나이 또래의 다른 아이들이 그녀를 비웃고 있다는 것을 눈치 챌 때까지 트램폴린 위에서 너무나 재미있게 놀고 있었다. 알고 보니 그들이 낄낄거린 것은 트램폴린 위에서 튀어 오르는 것은 더 어린아이들이나 하는 것이었기 때문이었다. 그녀는 그 후로 다시는 트램폴린에 오르지 않았다, 고 한다.

나이가 들면서 갖게 되는 재미와의 혼란스러운 관계는 가치 있고 조기 교육의 한 예로 장려되는 반면에, 환영받지 못하는 방해물은 학교교육에서 통제되어야 하는 사례로 이해되는 방식으로 나타난다. 재미에 대한 제도화된 반응은 기능적이며 위반하기 쉽다는 데 있다. 그러나 흥미로운 부분은, 사람들을 재미있게 하는 것이 재미의 실제적인 이유가 아니라는 점이다. 그것은 재미의 결과일 수 있고, 혹은 재미가 그것들의 결과일 수도 있다. 그러나 재미의 원동력은 아니다. 심지어 제도 위반의 사례에서도 재미를 갖는 동기가 흥분이나 아드레날린의 분출일 수 있다. 특정한 규칙을 어기는 것은 사실 그 무엇도 아니며, 감각을 추구하는 것이다. 예를 들어, 창문을 부수고 도망치는 일이 일어난다. 이런 행위는 감각을 자극할 수 있다.

재미와 어린 시절을 고려할 때, 놀이에 대한 견해가 학술적인 글을 지배한다. 비록 직접적으로 재미를 다루지는 않지만, '왜 노는가?'의 질문은 어린이들이 어떻게 재미를 경험하는지를 파악하고자 할 때 적절하다. 놀이와 재미 사이의 연관성은 어린이들의 재미를 체계화하고 규정하려는 성인들에게 중요하다. 학교에서의 '재미 학습'이 바로 그것이다. 지난 40년에 걸쳐 발전해온 덜 강압적인 암기학습과 더 많은 즐거움과 경험을 통한 학습은 환영받을 만한 것이다. 하지만 놀이와 재미 사이의 관계가 우리가 짐작하는 것만큼 당연하다는 생각에는 여전히 의심의 여지가 있다. 재미와 놀이의 관계는 즐거움, 행복과 재미의 관계처럼 서로 관련은 있지만, 엄연히 구별되는 지점도 존재한다. 교육학에서는 학습목표를 수립하기 위한 노력이 항상 있어왔다. 어른들이 아이들이 성취해야 한다고 생각하는 것들, 어린이들이 참여하고 싶어 하는 것들이 울펜슈타인이 1951년에 사례로 든 것과 비슷하다.

최근 10살짜리 소년이 나에게 그의 학교 교과서 중 하나를 보여주었다. 그것은 '방목장 기수들'이라는 제목이었고, 질주하는 말 위에 카우보이가 등장했다. 부제는 '수많은 모험'이었다. 그것은 산수책이었다. 문제는 카우보이, 말 등에 관련된 것이었다. 전통적인 미국 남학생의 이미지는 커다란 교과서를 앞에 놓고 앉아 있는 것이었다. 도망가고 싶은 마음이 드는 따분한 내용이 담긴 책 말이다. 그리고 교과서 속에는 야생의 서부 이야기, 탐정 이야기, 또는 이와 비슷한 아이가 열광적으로 읽을 만한 것들을 숨겨 놓곤 했었다. 지금은 이 두 권의 책이 하나로 합

쳐져 있었다. 나는 이것이 산수를 더욱 흥미롭게 하는 데 성공할지는 모르겠지만 카우보이들을 덜 흥미롭게 만들 것이라는 것은 확신한다 (Wolfenstein 1951: 23-4).

울펜슈타인에 의해 표현된 이 보상은 놀이와 재미가 무언가를 위한 것이라는 믿음에서 시작된다. 이 경우는 바로 학습이다. 종종 재미로서의 놀이 사이에는 긴장감이 있다. 절대적으로 그 자체로 끝을 맺는다.

이 장에서는 놀이를 둘러싼 몇 가지 이슈를 다룰 것이다. 또한 이 프로젝트의 과정 중에 수집된 자료를 활용할 것이다. 참가자들에게 어린 시절의 재미에 관한 사례를 기억해내도록 요청했다. 그리고 이것은 최근 재미있는 사례들을 기억해낼 수 있는 어린이들과, 이 인터뷰를 진행한 사람들의 삶에 재미가 나타나는 방식을 세분화하는 데 중요한 역할을 할 것이다. 여기서 강조되는 경험들은 우리가 재미있게 노는 방법일 뿐만 아니라, 재미와 사회적 기대를 이야기하는 방식이 우리의 경험을 조정하는 데 어떠한 역할을 하는지도 말해준다. 하지만 삶에서의 중요한 단계인 아동기에 다룬 논의와 담론—책임과 근심걱정에서의 자유, 그리고 소중한 시간—에 주목할 필요가 있다.

아동기의 발달

프랑스의 역사학자 필립 아리에스Phillippe Aries는 누구보다도 아동기의 문화적 상황에 대한 질문을 강조했다. 그는 아동기가 역사적으로나 지리적으로 안정적이지 않은 현상이라고 지적한다. 아리에스는 우리가 알고 있는 청소년과 성인 들 간의 구분은 아무리 빨라도 17세기 이후에야 나타났다고 했다(Aries 1962). 이 시기가 유럽의 경제적·사회적 변화가 아동기를 인식가능한 삶의 단계로서 구분할 수 있는 의식을 가져왔기 때문이다.

마치 역사의 모든 시기에서 특권을 갖는 나이와 삶의 특정 부분에는 일치점이 있었던 것과 같다 : '청년기'는 17세기에 특권을 갖던 연령대이고, 19세기의 유년기, 20세기의 청소년기가 그러했다(Aries 1962:29).

아리에스에 의하면, 어린이에 대한 중세적 개념은 작은 성인이었다. 아이가 어머니에게 의존을 하지 않게 되자마자, 생산성이라는 성인기와 유사한 의미를 갖는 삶의 단계로 들어갔다. 그러나 17세기부터 프랑스에서는 어린이의 개념이 구분되었다. 하나는 가정 내에서 어린이의 행동이 부모의 대리적인 즐거움과 오락 원천으로 구분되기 시작했다는 것이다. 다른 하나는 가정 밖의 어린이는—커닝햄 Cunningham이 설명하는 바와 같이—도덕주의에게서 보호받고 개선되어야 할 하나님의 연약한 피조물이다. 여기서 어린이들은 얼마나 나약한 존재인가가 강조된다(Cunningham 2005:6).

아리에스는 교육을 아동기 태도 변화의 주요한 힘으로 꼽았다. 어린이들의 학교교육에 관한 합의는 어른들과의 분명한 구분을 짓게 했다. 학교교육이 확대되고, 한 개인이 학교에 남아 있는 시간이 길어짐에 따라, 어린이로 간주되는 시기도 길어지게 되었다. 그래서 오늘날의 아동기는 학교교육 기간만큼 길어졌으며 이것은 17세기보다 훨씬 더 길어졌다. 그러나 아이들을 위한 학교교육이 갖는 특수성에 대한 생각의 발전과 함께 또 다른 엄격한 사람들의 강박관념—개선과 처벌—이 동시에 있었다. 가족의 개념 내에서 어린이가 소중한 존재로 그려진 반면, 가족 밖의 아이들은 '질서와 규율'이 필요한 개체가 되어 버렸다. 이것은 어린 세대에게 구타의 형태인 신체적 학대로 옮겨지게 되었다.

따라서 아리에스에 의하면, 생물학적 단순한 관찰이 아닌 구조에 의해 조정된 것은 경험에 의해서가 아니라, 세대에서 세대를 거치며 해석되고 재해석된 것이 아동기라는 사실이다.《아동기의 수세기Centuries of Childhood》를 출판한 이래, 아리에스를 향한 많은 비판이 있었는데, 어떤 사람들은 그의 분석방법론에 대한 취약점을 꼬집었고(Forsyth 1976; Steinberg 1983), 또 다른 사람들은 중세시대 사회생활의 특정한 양식에 대한 그의 의견을 비판했다(De Mause 1974; Shorter

1976). 여기서 가장 논란이 많았던 '중세 사회에서는 아동기라는 관념이 존재하지 않았다(in medieval society the idea of childhood did not exist'(Aries 1962)라는 아리에스의 주장은 지속적인 공격을 받았다(Pollack 1983; Wrightson 1982).

아동기에 대한 아리에스의 주장은 역사학자와 사회과학자 들 사이에서 큰 논쟁을 초래했다 산업혁명이 아동과 성인의 관계를 얼마만큼 변화시키는가? 아이들에 대한 태도와 행동을 결정하는 데 있어 사회계급은 어떤 역할을 하는가? 아동과 성인의 관계에서 부모의 사랑은 해를 거듭하며 어떻게 나타나는가? 그러나 일반적으로 삶의 단계에서 순응성은 논쟁의 여지가 없다. 사회역사학적 전후 상황이 아동에 대한 시각에 미치는 정도는 논쟁에 있지만, 그것이 영향력을 크다고 생각하지 않을 수 있다. 상황에 따라 아동기가 바뀌어왔음을 받아들임에도 불구하고, 아직도 아동기를 어떻게 이해하고 있는지에 대한 명확한 생물학적 결정론이 지배한다. 아동기에 대한 생물학적·사회적 관찰이 존재하는 지점은 어느 정도 재미와 밀접한 관계를 갖는 바로 놀이이다.

놀이

놀이에는 많은 학문 분야의 학자들에게 흥미를 갖게 하고 또 당혹스럽게 하는 본질적인 모호함이 있다.

> 유명한 동물 이론가인 로버트 페이건Robert Fagen이 말하기를 '놀이의 가장 짜증스러운 특징'은 보통 말하는 지각적인 모순이 아니라, 놀이가 접근하기 어려움으로 우리를 갖고 논다는 것이다. 무언가가 그 뒤에 있다는 것을 느끼지만, 그것이 무엇인지 모르거나, 혹은 그것을 보는 방법을 잊어버렸다 (Sutton-Smith 1997:2).

페이건에 의하면 놀이의 신비성은 우리가 무언가를 남겨 놓았을지도 모른다는 것이다. 우리가 놀이를 보는 감각을 잊어버렸다는 그의 생각은 아이들에게서 밝혀진 신비성이고, 나이가 들면서 우리는 그것을 잊어버린다.

1962년 장 피아제Jean Piaget는 《놀이, 꿈, 그리고 모방Play, Dream and Imitation》을 출판하였고, 이와 함께 비고츠키Lev Vygotsky는 아동기 놀이의 경험과 유용성에 대한 복잡한 관계를 규명했다. 재미와 유사한 방식으로 피아제는 놀이를 행동 그 자체나, 행동은 아니지만 행동으로 향하는 일련의 방향성이라고 주장했다.

> 놀이는, 현실에서의 활동 양상의 하나인. 어린이들 사이에서의 놀이
> 의 성행은 그러므로 놀이 영역의 어떤 특별한 원인들로 설명되는 것이
> 아니라, 모든 행동과 생각들이, 물론 당연하겠지만, 성인 단계보다 정
> 신 발달의 초기 단계에서 균형이 덜 잡혀 있다는 사실로 설명된다(Piaget
> 1962:147).

그는 놀이의 전제 조건에 이의를 제기하고, 사람이 놀이를 할
때 충족되는 조건을 만든다, 고 주장했다. 우선, 놀이의 목적으로 가
장 유용한 것은, 놀이가 그 자체로서 끝이 난다는 점이다. 이것이 놀
이와 일 사이의 가장 중요한 구별이다. 반면에 일은 활동의 끝을 포
함하지 않는다. 여기에 추가 조건이 있다. 1)놀이는 자발적인 반면,
일은 강요를 수반한다. 2)놀이는 즐거움을 목적으로 한 활동인 반면,
일은 그렇지 않다. 3)놀이는 조직의 부재를 수반하는 반면, 일은 매
우 조직적이고 체계적으로 구성된다. 피아제는 놀이에 자유의 충돌
위험이 따른다고 주장한다. 반면, 놀이에 참여하는 아이들은 일상생
활의 갈등을 초월하고 물질적 제약이나 불안감이 더 이상 존재하
지 않는 시나리오를 상상한다. 그는 다음과 같이 결론을 맺는다.

> 분명한 것은 재미를 재미있지 않은자발적이지 않거나, 즐겁지 않은 활동의 결
> 과와의 관계로 정의하기 위해 제안된 모든 기준은, 둘 사이의 구별을

확연히 하는 것이 아니라, 활동 전체가 특정한 지향성을 가지고 있기 때문에 즐겁다는 사실을 강조하는 것이다(Piaget 1962: 150).

피아제가 활동과 상호작용으로 놀이를 특징화하고자 한 것은 흥미롭다. 이것은 놀이가 활동의 방향임을 언급했음에도 불구하고 그러하다. 이 혼란은 재미를 생각할 때도 일어난다.

1950년대와 1960년대에 놀이를 설명하기 위한 심리학자들의 시도는 초기 개척자들의 이론적인 틀에 대한 불일치를 설명할 수 없었다. 스미스와 코위Smith and Cowie는 놀이를 항목화하고자 할 때 항상 주의사항들이 나타난다고 지적한다.

> 놀이는 종종 '활동적인' 행동으로 묘사된다. 모든 놀이가 신체적으로 활동적인 것은 아님에도 그것은 유아기와 아동기의 특징으로 묘사된다. 성인들도 놀이를 한다. 종종 어린이들과 같이라도. 그리고 배고픔, 공포, 불안, 호기심, 피로와 같은 다른 동기들로 인해 쉽게 억압되는 행동. 이것이 놀이의 기능적인 정의를 끌어냈으며, 그 행동은 즉각적인 이익이나 목표를 갖지 않는다는 것이다(Smith and Cowie 1991:170).

놀이에 대한 생각에서 효용성의 역할은 중요하다. 특히 놀이를 정의하고자 할 때 그것의 명확성이 부족하다는 문제를 생각하면 말이다. 놀이에 대한 심리적이고 교육적인 글에서 계속되는 주제는 그것이 실질적인 발달 기능을 제공한다는 데 있다. 이 발달 기능은 피아제의 놀이 조건 중 하나와 어울리지 못한다. 그것은 놀이가 그 자체로 중요하다는 점이다. 만일 놀이가 그 자체로 중요하다면 이 자립적인 요소들이 발달에 어떤 도움이 되는지 이해하기 어렵다. 종종 운동 능력이나 손과 눈의 협응력에 대한 이야기가 있지만, 이러한 기술들은 다양한 설정과 상황에서 획득된다.

스미스와 코위는 놀이를 집중의 부족으로 특징짓지만, 놀이 연구에 대한 진화론적 관점은 우리가 어떻게, 그리고 왜 놀이를 하는가에 대한 것보다 놀이의 기능성과 생물학적인 설명으로 향한다. 수잔 아이삭스Susan Isaacs는 놀이가 인지적·정서적 성장 모두를 위해 필수적이라고 말한다, 이러한 그녀의 진화적인 관점은 더 많이 학습하고 더 많이 노는 동물들을 관찰하면서 나온 것이다. 생물학적이고 진화론적인 설명들은 피아제의 놀이 조건에 어느 정도의 이해를 제공하는 반면에, 더 많은 흥미로운 사회적 문제들을 제시한다. 울펜슈타인이 강조한 평형작용이 그것이다. 성인들에 의해 인정된 놀이의 발달 기능은 무분별하고, 주의에 신경을 쓰지 않는 어린이의 놀이에 흥미가 끌려야 한다. 이것은 재미와 동일하다.

발달의 문제는 놀이에 관심을 가진 학자들에게 시작부터 관심을 끌었다. 발달 기능과 함께 작용하는 놀이 자체의 정의에 내재된 모순을 비고츠키와 피아제가 제시했다.

놀이와 학습의 관계는 놀이가 '취학 전 연령의 주된 발달의 원인'이라고 한 비고츠키가 소리 높여 주장하였다(Vygotsky 1966:6). 비고츠키는 가상 놀이의 본질은 아이들이 당면한 상황의 제약에서 '이상의 세계'로 자유롭게 이동하게 해주는 것이라고 말했다. 그래서 비고츠키에 의하면, 놀이는 초기 사람들의 삶에 이중적인 역할을 한다. 그것은 기술 습득을 위해 필요하며, '현실의' 삶의 물질적인 근심에서 벗어나게 할 공간을 제공한다. 그는 재미나 초월을 위해서 많은 부분을 할애하지 않는다. 나는 초월은 상상의 세계에서 찾을 수 있다고 생각하는데, 피아제에 의하면 이 가벼움은 일상의 갈등을 초월한 세계라고 하였는데, 그러나 이 글에서는 과연 재미가 놀이에서 무엇을 하는지에 관한 설명은 없다.

《놀이의 애매모호성The Ambiguity of Play》에서 서튼-스미스Sutton-Smith는 아동기와 놀이를 연구하는 많은 학자들에게 놀이의 '본질'로 간주되는 재미를 거론한다(Sutton-Smith 1997:187). 놀이에 대한 전혀 다른 접근을 한데 모으는 것은 흥미롭다. 그것들의 차이에도 불구하고, 많은 연구가들은 '왜 사람들은 놀고 싶어 하는가'에 대한 설명으로 재미를 이해하는 것 같다고 말한다(Sutton-Smith 1997:188). 1983년에 루빈, 페인, 밴던버그Rubin, Fein and Vandenberg는 '놀이의 주제에 관한 문헌의 체계적인 재검토'를 실시했다. 그 후 그들은 다양한 접근과 저자들 사이의 교차점을 어떻게 이해하는지를 요약했다.

조사에 따르면, 놀이에 관한 작업에는 6가지의 주요 특징이 있었다. 이 작업은 1983년에 실시되었으며, 서튼-스미스는《놀이의 애매모호성》(1997)에서 각각의 요점을 비판적으로 제시한다. 하지만 이 책을 연구하는 과정에서, 나는 이 모두가 학자들이 놀이를 어떻게 이해하는지를 알았다. 이것이 옳거나 그르다는 것을 말하려는 것이 아니라, 그것들이 놀이를 이해하기 위한 원칙으로 확고하게 자리 잡게 되었다는 것을 주목한다.

1. '놀이의 특징은 본질적으로 동기부여가 되어 있다. 다른 말로, 놀이는 곧 재미다. 비고츠키와 피아제의 의견대로, 심리학자들의 이 견해를 옹호하는 경향은 서튼-스미스에게서 나타난다. 그는 많은 인류학자와 역사학자 들이 놀이의 본질이 본인이 몸담고 있는 '마을의 요구'에 의한 동기부여에 있다고 생각한다는 점에서 놀이의 내재적 동기에 문제가 있다고 지적한다.'(Sutton-Smith, 1997:188)

2. 피아제와 의견을 일치하여, '놀이는 결과보다는 방법에 집중해서 특징지어진다. 서튼-스미스는 이것이 일-놀이의 이원론적 특성이 데카르트적인 관점과 관련이 있다고 말한다. 그러나 그는 놀이가 '중요한 놀이의 행위뿐만 아니라 다양한 개인적·사회적 목표'를 수반한다고 말한다(Sutton-Smith, 1997:188). 다시 말해, 놀이는 무언가를 하고 있는 것이다. 재미에 관해 말하자면, 그것을 가지고 있지 않은 삶의 무언가를 상상하는 것은 거의 불가능할 만큼, 재미를 갖는 것이 너무나도 중요한 습관이라는 가치를 생각하지 않을 수 없다.

3. '놀이는 조직 중심의 질문으로 이끌어 간다.' 서튼-스미스에 의하면, 이러한 주장은 사회생활과 별개의 요소에 대한 잘못된 해석을 수반한다. 그는 목표를 벗어난 공백기에 행해지는

놀이에 대한 불안함과 같이, 우리는 그렇게 보이지 않으면서 놀 수 있다고 지적한다. 우리가 실제로 하는 업무는 놀이가 아니지만, 책상에 앉아서 우리의 마음은 놀이에 가 있을지도 모른다. 아이들에게는 모든 종류의 것들이 놀이가 된다. 따라서 '놀이의 현실은 더 유기적이고 맥락적인 행동의 혼합과 관련한다.'(Sutton-Smith 1997:189)

4. 놀이에 대한 지배적인 의견은 놀이가 비생산적이고 쓸모없는 것으로 여겨진다는 데 있다. 서튼-스미스(1997:189)에 의하면, 이것은 복잡한 일상생활의 목적을 외면하는 것이다. 그는 명확하지 않은 일과 놀이 사이의 구분을 시도하려 했다. 이 논쟁에 따른다면, 재미를 어느 쪽에 놓는다 해도 이상할 것이라는 사실이 흥미롭다. 많은 사람들에게 재미와 이에 수반되는 좋은 감정들은 놀이의 중요한 부속물이다. 따라서 루빈과 그 이외의 사람들의 입장이 받아들인다면, 놀이는 중요한 취지를 갖게 되지만, 서튼-스미스의 입장이 받아들인다면, 놀이의 중요성은 우리의 견해나 경험과는 상당히 차이가 있을 수도 있다.

5. 루빈과 그 외의 사람들의 연구에서 증명된 놀이의 다섯 번째 요소는 놀이가 '외부로부터 부과된 규범에서의 자유'를 수반한다는 것이다. 서튼-스미스는 단순히 많은 게임이 규칙에 의존하며, 대다수의 놀이가 다른 사람들이나 이전 사람들에 의해 정해진 규칙에 따라 맞춰진다는 것을 지적한다.

재미에 관해서, 규범의 위반과 헌신에 관한 블라이드와 하센잘의 연구를 생각해보는 것도 흥미롭다. 한 사람은 게임을 정정당당하게 하면서 즐거움을 느끼는 반면, 상대방은 몰래 속임수를 쓰면서 재미를 느낀다는 것이다.

6. 마지막 특징은 '노는 사람들은 적극적으로 그들의 활동에 몰두한다.'는 것이다. 서튼-스미스에 의하면, 간접적인 놀이나 공상은 놀이로 여기지 않는다.

서튼-스미스는 경험의 분명한 영역으로서 재미에 대한 집중은 과장되어 있다고 말한다. 그는 경험과 감정의 상관성을 계속적으로 강조한다. 그는 반복적으로 심리학을 끌어들이는 것을 불편해한다. 이 연구에서의 특별한 관심은 놀이의 본질로서의 재미이며, 반면 서튼-스미스가 주장한 대조적 요소는 인류학적 · 역사학적 관점에서는 사회적인 관점에서만큼 재미의 경험에 대해 관심이 없다는 점이다. 이런 관점에서, 재미를 추구하는 본능적인 동기와 경험과 감정의 상호작용 사이의 관계는 점점 악화된다. 루빈과 그 외의 사람들에 의해 1983년에 행해진 많은 관찰들은 우리가 놀이를 생각하는 방식을 발전시켰고 오늘날의 재미에 대한 연구도 지속하도록 기여했다.

실증 연구에서의 놀이와 재미

놀이와 재미는 둘 다 객관성이 부족한 것으로 여겨지며, 둘 다 진지한 일과는 상반된 것으로 여겨진다. 또한 그 둘은 서로에게 속해 있지는 않지만 서로 관계된 것으로 이해된다. 재미를 갖지 않으며 노는 것은 가능하다. 나는 이것이 특히 성인기와 스포츠에서 그러하다고 생각한다. 스쿼시의 명성은 의심할 여지가 없지만, 나의 경험에서 그것이 그리 재미는 없다. 놀이를 이해하기 위해 우리는 일종의 생산적인 가치를 부여하는 것 같다. 특히 아동기에서 그러하다. 놀이는 발달, 인지, 생태학적, 생물학적, 사회적 가치로 채워져 있으며, 놀이 없이는 우리가 거치는 많은 발달 단계들을 충분히 깨닫지 못한다. 이것이 성인기에서는 놀이가 무엇을 위한 것인지 의문을 갖게 된다.

재미를 이해하기 위해서 그것에 도구적이고 발달적인 목적을 부여하는 경향이 있다. 재미 무언가를 위한 것이어야 한다는 것이다. 이것이 부분적으로 사실일 수도 있지만, 반면에 그것은 무언가를 위한 활동들에서 방해로 작용할 수도 있다. 재미는 우리의 진지하고 생산적인 걱정에서 방향을 바꾸기 위해 효과적으로 사용된다. 나는 이것이 아이들의 삶에 대한 성인의 투영이라고 생각한다.

놀이—혹은 재미—의 도구적인 관점은 성인의 관점—어린이가 지니고 있지 않은—에 따라 만들어진 이론적인 설명의 집합체인 것만 같다. 놀이나 재미가 무엇을 위한 것인지가 중요한 것인가에 대한 확신이 없다. 중요한 것은 어린이들이 그것을 경험하며 즐거워한다는 점이다. 어린이들에게 재미란 무엇인지 혹은 그들만의 재미에 관한 경험을 어떻게 이해하는지를 직접적으로 묻는 연구는 거의 없다. 그러나 컴퓨터 인터페이스를 설계하는 과정에서 어린이들에게 재미 이론을 시험한 사례(Read et al. 2002): Sim et al. 2006))나 성인들에게 스포츠를 하면서 어린이들의 재미 경험을 상상하도록 요구한 연구들은 있다(O'Reilly et al. 2001).

어린이들이 무엇을 '놀이'로 간주하는지에 대한 흥미로운 논의가 글렌, 나이트, 홀트, 스펜스Glenn, Knight, Holt and Spence에 의해 캐나다에서 수행되었다. 이 연구에서 그들은 거의 모든 활동이 어린이들에게는 놀이로 정의될 수 있다는 것을 발견했다.

> 나는 고양이와 개와 노는 것을 좋아해요. 나는 게임기를 가지고 노는 것을 좋아해요. 나는 우리 집 뒷마당에서 축구를 하고요. 나는 말을 좋아해요. 나는 자전거 타는 것을 좋아하고 눈사람 만드는 것을 좋아해요 (Glenn et al. 2012:6).

놀이를 활동과 구분하거나 활동 중심으로 본다기보다는, 놀이로 여겨지는 활동이나 상황이 놀이를 정의하는 데 중요한 요소로 나타난다. 또한 결과보다 방법이 더 중요하다는 놀이에 관한 비고츠키의 관찰이 입증되었다. 놀이는 자립적이다. 그러나 이 연구에서 가장 주목할 만한 점은 어린이들이 놀이와 재미 사이의 관계를 어떻게 보았는지에 대한 관찰이었다.

> 그들의 담화를 통해, 어린이들은 그들의 특정한 행동을 놀이로 이어지도록 했다. 다른 무엇보다 중요한 의견일치는 놀이는 재미있다는 것이다. 어떤 행동이 즐겁지 않게 되면, 그것은 더 이상 놀이로 간주하지 않았다(Glenn et al. 2012:190).

이 연구에서 어린이들이 재미와 놀이의 개념을 받아들이는 포용력은 놀이가 왜 이렇게 중요한 연구 영역으로서의 가치를 외면받아 왔는지에 대한 의문을 확인할 수 있다. 나는 우리가 왜 노는가에 대한 발달학적·생물학적 설명이, 재미의 특징으로 종종 정의되는 하찮음과 무의미함과 왜 함께 위치하지 않는지가 궁금했다. 재미는 어린이들이 놀이에 지속적으로 참여하는 데 중요한 이유가 되는 것이 분명하다. 글렌과 그 외(Glenn et al.)는 아이들이 놀이에 관해 이야기할 때 서로 다른 주제를 말하지만, 재미를 어떻게 이해하는지 설명하려 하지는 않는다는 것에 주목했다. 바로 그 점이 이 연구에서 놀이를 놀이가 아닌 것과 구별하려는 이유이다.

재미를 놀이의 설명을 위한 매개체로 사용하는 것에 관한 관심 부족은 놀이와 어린이들에 관한 학문적인 글에서 흔한 일이다.

브로너와 토로네는, 언어의 유희에 대한 실험(Broner and Torone 2001)에서, 재미는 종종 웃음과 관계된 긍정적인 영향으로서의 경험이라고 주장한다. 재미로 하는 것은 진지하게 여겨지지 않는다. 다시 말하면, 현실적이지 않고, 진짜가 아니며, 혹은 진심이 아니라는 것이다(Broner and Torone 2001:364).

이것은 꽤나 추상적인 정의이며, 재미는 언어 유희적인 요소이며, 리듬, 말장난, 헛소리 등은 언어와 관념 발달의 교육학에서 중요하다는 것이다(Broner and Torone 2001:364-5). 재미를 위해 어린이와 젊은이 들이 스포츠와 신체적 오락활동을 하는 것이 중요하다고 연구한 사례는 많다(Bengóchea et al. 2004, Jackson 2000, Macphail et al. 2008, Scanlan and Simons 1992, Seefeldt et al. 1993; Siegenthaler and Gonzalez 1997). 그러나 그들 중 누구도 연구 참가자들에게 재미의 의미가 무엇인지 혹은 어떻게 이해되는지에 관한 어떠한 설명도 제공하지 않는다.

재미에 관한 이론 발전의 부족은 안타까운 일이다. 그러나 이것은 재미에 있어 일상적으로 일어나는 일처럼 보인다.

설문에서 얻은 데이터

이 프로젝트의 주요 부분은 사람들이 재미에 대한 생각을 이야기하도록 하는 것이다. 행복과 재미가 무엇인지에 관한 대부분의 연구는 이론적으로 흐르는 경향이 있다. 사람들이 이러한 개념들을 어떻게 이해하거나 정의하는지에 대한 문헌은 별로 의미가 없다. 이 책의 나머지 부분에 2014년 봄과 여름에 실시된 설문조사의 결과가 제시될 것이다. 여기서 201명의 사람들이 어린 시절에 경험한 재미에 대한 이야기를 했다. 성인들은 성인기에 대한 질문을 받았고, 재미가 어떤 느낌이었고, 또한 재미가 행복이나 즐거움과 어떻게 다른지에 대해서도 질문을 받았다. 이 조사의 이유는 재미는 사람들이 누리는 것이기 때문이고, 위치 전환 이론의 한 방법이기 때문이다. 무엇을 해야 하는지 확실히 하기 위해서, 사람들에게 세상을 어떻게 경험하고, 그것에 대해 어떻게 생각하는지 물어보는 것은 중요하다.

설문조사의 응답자들은 '당신이 어린 시절 재미있던 때에 관해 이야기해달라'(만일 당신이 아직 어리다면, 더 어렸던 시기에 대해 말해달라)는 요청을 받았다. 거의 모든 이야기들이 다음 중 하나와 맞았다. 모험, 가족, 친구, 휴일, 야외 (자연, 트인 공간, 물) 가상, 건물. 이러한 상대적인 획일성에도 불구하고, 이 응답은 사람들의 행복한 기억에 관한 표현을 호출하는 데 중요한 역할을 했다. 이러한 감정들은 대부분의 응답에서 빛을 발했고, 표면상으로 각자 특유의 독특함이 드러난다. 당연히 그래야 한다. 다른 사람이 아닌 바로 그들 자신의 경험이었기에, 주제와 이야기들의 조합에 일정한 패턴이 나타나기 시작했다.

모험

우리가 어렸을 때 재미의 사례를 회상할 때, 많은 사람들은 모험심과 관련된 이야기를 했다.

나는 오빠와 시골의 마을 주변을 자전거로 어떻게 탈 것인지 생각한다. 그런 다음 그 일이 일어난다. 기차가 지나가는 동안 철로 아래의 난간에 매달리거나, 우리의 철판 보트를 출발시키고 나는 모래더미에 갇혀서 오빠가 나를 구조했던 일 같은 것들 말이다. 그런 일들은 모험으로 요약될 수 있을 것이다(71세 여성. 은퇴한 교사).

그리고 보다 간접적으로,

내가 12살 혹은 13살쯤, 나는 가족들과 함께 호수 지역에서 캠핑 휴가를 보냈다. 그 휴가의 대부분은 휴가 업체가 주최한 게임이나 활동이었다. 어느 날 저녁, 우리 휴가객들(성인들 혹은 어린이들)은 가운데에 작은 섬이 있는 호수로 미니버스를 운전해 들어갔다. 한 직원이 우리에게 이야기하기를 그 섬에는 구조되어야 할 한 선장을 지키는 게릴라들(나는, 물론, '고릴라'로 들었다)이 있다고 했다. 우리의 목표는 해변에 내려서, 서로 나뉘어서, 그 선장을 찾아 해안으로 귀환하는 것이다. 그런 후 우리는 작은 배에 올라타서 그 섬으로 갔다. 그리고 섬에 근거지를 두고 경찰과 구출 게임을 했다. 만일 게릴라들이 우리를 잡는다면, 우리는 감옥으로 끌려가서 구조되기를 기다려야 했다. 갈수록 어두워졌고, 한 시간쯤 지난 후에, 어느 한 쪽 혹은 상대편이 이겼다. 그리고 나서, 보트에 타고, 운전해서, 다시 캠프장으로 돌아왔다. 그것은 아마도 내가 지금까지 해본 가장 신나는 게임이었다. 그리고 정말, 정말 재미있었다(22세 남자, 학생).

이 이야기들은 모두 서로 다른 방식으로 모험심을 불러일으킨다. 먼저 위법과 위험의 투입으로 모험심을 자극하는 반면, 둘째 '일상을 벗어난' 시나리오는 흥분과 모험을 더해준다. 모험을 담고 있는 응답은 세 가지 범주로 나뉘었다. 어둠과 관련된 이야기들, 못된 장난의 이야기들, 그리고 어른들이 없는 이야기들.

모험: 어둠

해 질 무렵이나 어둠 속에서 일어난 많은 이야기들이 있었다. 아이들은 보통 낮 시간에서만 보던 장소에서 어두워 질만큼 늦게까지 놀거나 무언가를 하는 것에 익숙하지 않다. 혹은 평소엔 잠들어 있는 시간에 깨어 있는 것, 특정 시간대의 경험에 대한 위반에 어떤 것을 더한다. 어린 시절의 재미있었던 경우를 묻는 질문에, 한 슈퍼마켓에서 일하는 여성이 한 응답이다:

우리는 캠핑을 가곤 했는데, 우리는 때로는 캠핑카에서, 때로는 텐트에서 수많은 천국 같은 휴가를 보내곤 했었죠. 우리는 웨일즈의 텐비, 웨이머스에 갔었는데, 웨스트 베이가 가장 좋았었어요. 우리는 카드게임과 보드게임을 하곤 했는데, 정말 재미있었죠. 왜냐하면 엄마와 아빠가 함께 게임을 하곤 했거든요. 우리는 손전등을 사용해 가며 서로에게 무서운 이야기를 하곤 했었죠. 또 늦은 밤에 숲 속이나 해변가를 산책하곤 했었어요(21세 여성, 가게 직원).

내가 여기에서 강조하고 싶은 것은 늦은 밤 숲이나 해변의 산책이 의미하는 모험이고 또 이런 일을 만드는 것은 분명히 부모의 역할에 대한 중요성이다. 휴가는 많은 이야기들에서 커다란 의미를 갖고 있으며, 부모님과 형제자매는 이러한 기억과 경험들에 매우 중요한 역할을 한다. 또래 친구들도 역시 존재한다.

내가 열 살 때 나는 친구네 집에 밤샘 파티를 하러 갔다. 생일파티였던 것 같다. 우리는 새벽 2시까지 깨어있었고, 자정에 야식을 먹었다. 그 모든 일들이 재미있었다. 왜냐하면 거기서 친구들과 함께 자는 것은 매우 색다른 것이기 때문이었다. 그리고 늦게까지 자지 않는 것이 허락된다는 것이 정말 특권처럼 느껴졌다. 단 것을 매우 좋아하는 한 사람(이것은 성인이 되어도 계속된다!)으로서 자정에 초콜릿과 단것들을 먹는다는 것은 가장 큰 대접이며, 특히 거기에 나의 모든 친구들과 함께라면!(31세 여성, 강사).

이 연구에서 이야기되는 재미의 가치는 다른 사람들과 연관이 있다. 201명의 응답자 중 오직 4명만이 혼자 있으면서 재미있었다고 이야기했다. 나는 많은 사람들이 혼자서는 재미있게 보내지 않는다는 이야기를 하는 것이 아니라, 어린 시절의 재미있는 경험을 구분해달라고 요청했을 때, 거의 모든 사람들이 다른 사람들을 언급했다는 것이다.

어둠과 관련해서 몇 사람들은 평소보다 늦게까지 노는 것을 이야기했다. '강에서 노는 것과 어두워질 때까지 나가 있는 것'(49세 남성, 실내 장식가) 그리고 '친한 친구와 축구를 하고 해가 질 때까지 비속에서 운전을 하고 돌아다니는 것'(43세 남성, 공무원)

어둠은 많은 사람들에게 '일상을 벗어남'을 나타냈다. 그것은 블라이드와 하센잘의 '신나는 일Exciting Goings on'의 맥락을 규정해준다(Blythe and Hassenzahl 2004:92). 우리는 어둠이나 밤시간을 신비롭고 예측할 수 없는 것과 연관을 짓는 경향을 갖는다. 어린이들에게 이 경험이 중독성 있기 때문에, 어린이들에게 어둠 속에서 시간을 보낼 수 있도록 허락해주면, —특히 집 밖에서— 재미와 연관 짓는 많은 것들과 만나게 된다.

모험: 장난

많은 이야기들이 장난이나 규칙 위반의 요소들을 포함하고 있었고, 사람들은 재미있어 했다. 즉, 어떤 사람들은 철로와 같이 놀기 위한 재미있는 특정 장소를 언급했다. 한편 장난의 또 다른 주제는 어린이들 무리였다. 스코틀랜드의 한 연구원이 '나와 나의 친구들'이 우리가 살던 곳에서 가까운 시골에서 '탐험'을 하곤 했었다'는 것을 묘사했다. '우리는 점심을 싸서 하루를 나가서, 울타리를 기어오르고, 진흙투성이가 되고, 소들에게서 도망을 다니고 했다.'(29세, 연구원) 또 한 사람은 '나는 어렸을 때 많은 재미있는 시간을 보냈던 것을 기억한다. 그것은 주로 밖에서였다. 동네에는 많은 아이들이 있어서 함께 주변을 뛰어다니고, 자전거를 타고 이웃집 정원에서 사과를 훔쳤다. 많은 것들이 재미있었다.'(39세 여성, 학자)라고 언급했다. 이 예들은 모두 아이들이 원하는 장소를 돌아다니는 것을 암시한다. 사과를 훔치고 소들을 피해 도망치는 것은 그들이 있지 말아야 하는 공간에서 재미있게 보냈었다는 것을 의미한다.

모험: 어른들 금지!

나는 어른들이 그들이 아이들이었을 때의 경험에서, 주변에 어른들이 없을 때가 얼마나 더 좋았는지에 대해 듣는 것에 항상 관심이 있다. 특히 우리가 아이들은 어른들의 보살핌을 받아야 하고 실내에서 어른들의 감시를 받아야 한다고 주장하기 때문이다. 나는 이것이 슬프게 생각된다. 이 늘어가는 통제와 감시의 흐름을 바꾸려고 노력하는 많은 사람들이 있다. 이것을 염두에 두고, 재미에 관한 이야기에 어른들의 부재를 강조하는 몇몇 사람들이 있었다. 부모들이 여름휴가를 떠났을 때의 파티부터 재미에 관한 이야기에서 어른들로부터의 자유는 강조되었다. 브라이튼의 바에서 일하는 사람의 예에서도 어른의 부재는 재미의 열쇠가 되었다.

내가 가장 재미있게 기억하는 것은 나무를 타거나, 자전거를 타거나 하는 모험적인 활동들이었다. 특히 시골에서 부모님이 주변에 없이 친구들끼리만 함께 있던 것이다(24세 여성, 바 직원).

모험, 야외, 친구, 그리고 어른들의 부재가 이 사람의 기억 속에서 재미의 조건을 만들어낸다. 한 연구원의 이야기를 들어보자. '우리는 북쪽 웨일즈 지방으로 휴가를 갔고, 여동생과 나는 또 다른 형제자매를 만나서 함께 일주일을 놀았다. 나는 재미있었다고 기억하는데, 이는 부모님이 옆에 없었기 때문이었고, 휴가 때 다른 아이들을 만나는 것은 꽤 드문 일이었기 때문이다.'(37세 남성, 연구원) 여기서 다른 아이들과 보낸 휴가에 대한 중요성은 어른들의 부재로 강조된다.

가족

어렸을 때의 재미에 대한 이야기를 접했을 때 나는 처음에 너무나 많은 사람들이 가족을 언급한 것에 깜짝 놀랐다. 나는 친구들이 이야기를 지배할 것이라고 예상했지만, 다시 생각해보면, 어린이들에게 가정과 휴가의 중요성을 고려해볼 때, 그렇게 놀랄 만한 일이 아니었다. 조부모와 부모님은 분명히 중요한 존재였지만, 형제자매도 더욱 그러했다. 나는 이 사실이 늘 다투는 형제자매들의 틀에 박힌 이야기에 대한 도전이기 때문에 마음에 든다. 이러한 공헌은 사랑과 애정이 뒷받침되어 읽고 있으면 기분이 좋아진다.

어렸을 때의 재미를 생각해보면, 나는 가족과 보낸 대부분의 여행과 휴가가 생각난다. 조부모님은 거의 항상 우리와 함께 여행을 가셨고, 함께 많이 웃었다. 특히 나는 퐁탱 페이크필드에서 보낸 2주의 시간을 기억한다. 1976년이었으며 날씨는 뜨겁고 화창했고, 우리 형, 누나 그리고 나는 자유를 허락받아서 부모님께 얽매이지 않고 우리가 원하는 것들을 할 수 있었다. 가족들과도 여러 가지를 함께 했다. 카드놀이, 수영, 당나귀 경주, 춤추기, 팀 게임 등이다(45세 여성, 연구원).

휴가와 가족의 이야기는 계속 나왔다.

우리가 여름에 바닷가로 휴가 갔을 때, 부모님은 모래사장에서 오빠와 나에게 '호주까지 구멍을 파 보렴.'이라고 조언하셨다. 그들은 아주 현명했다. 우리를 하루 종일 분주하게 만들었고, 그것은 너무나 재미있었다! 나는 진심으로 우리의 작고 알록달록한 삽으로 호주까지 길을 만들 수 있을 거라 생각했던 것 같다(33세 여성, 박사과정 학생).

나의 조부모님들은 매년 여름마다 사촌들, 이모와 삼촌들과 함께 우리를 헤이스팅스의 해안가로 데리고 놀러 가곤 하셨다. 우린 다 같이 식사를 하곤 했는데, 보통 피시 앤 칩스를 먹곤 했다. 그들은 우리 모두 플레이스테이션 기계를 사용할 수 있게 해주셨고, 나는 이 시간이 결코 끝나지 않았으면 하고 바랐던 것을 기억한다(24세 여성, 판매 보조원).

나는 조부모님이 사시던 바닷가의 바위를 기어오르며, 남동생과 함께 며칠을 보냈다. 가장 빠르거나, 가장 위험하거나, 가장 우스꽝스러운 걷기를 겨루는 대결을 끊임없이 했고, 파도가 밀려가면, 물을 막을 댐을 만들려고 애를 썼었다(37세 여성, 교사).

한 응답자는 조부모와의 드문 경험을 이야기했다.

바다에서 수영을 배우고, 아빠가 부두에서 다이빙을 할 때 아빠의 어깨에 올라타서, 아빠가 말하길 눈을 떠서, 물 밑에서 무슨 일이 일어나고 있는지 보라고 하셨던 것. 나의 아이들이 어렸을 때, 우리가 만든 인형들을 가지고 연극을 만들고, 술래잡기 놀이를 하고, 숲속에서 숨바꼭질을 하고, 언덕 위에서 집을 향해 큰소리를 지르거나, 런던 박물관에서 모든 단추들을 모아놓은 전시회를 보거나 하면서 재미있게 보냈다. 그러고 나서 나는 손자들과 함께 또다시 가게 놀이, 이야기해주기, 시소 놀이, 회전목마 밀어주기를 하면서 재미있는 시간을 보냈다. 컴퓨터 게임을 가지고 있지 않은 몇몇 멋진 손주들은 내게 재미있는 얘기들을 해주고, 내가 그 아이들의 어머니와 했던 것과 거의 같은 종류의 게임을 하고, 나를 돌봐주며 웃게 해 줘서 너무나 재미있었다(86세 여성, 은퇴한 건강 체조 강사, 자원봉사자, 연설가).

다른 인터뷰와 완전히 다른 것은 아니지만, 할머니가 그녀의 아이들과, 손자들과 그리고 증손자들과의 보낸 경험은 세대 간의 재미의 연속성에 대한 통찰력을 제공한다. 놀이의 도구의 차이에도 불구하고컴퓨터 게임에 관한 그녀의 명백한 반감에도 어린이들은 세대를 거치며 비슷한 종류의 재미를 즐거워한다.

가족, 좁혀서 부모

부모들은 재미의 조력자 같은 사람들이었고, 어린 시절의 재미에 관한 이야기에서 너무나 중요했다. 나는 그것이 설문에 응답한 사람들이 재미있던 시간을 선택하는 데 있어서 부모들이 관련이 있다는 것을 증명하는 것이라고 생각한다. 조금 감상적으로 보일 수 있으나, 많은 사람들이 재미있는 것과 관련해서, 그들 주변의 사람들에 대해 긍정적인 기억을 가지고 있다는 것은 기분 좋은 놀라움이었다. 나는 그들이 사랑, 행복 혹은 보호에 관한 이야기를 할 것이라고 예상했다. 하지만 많은 이야기에서 부모들이 재미를 만들어내기 위해 창의력을 발휘하는 것은 분명한 사실이었다.

학교가 쉬는 날 엄마는 남동생과 나를 공원에 데리고 가곤 했다. 그 당시에는 흔히 있던 사슴들, 새들뿐 아니라 연못에는 자라들도 있었다. 우리는 피크닉을 가서, 나무를 한 그루 찾아 우리가 오를 수 있을 만큼 높이 올라가서 나무 위에서 점심을 먹었다. 이것은 '나무 피크닉'이라고 불리었고, 엄마가 지금까지도 추억하는 여름의 전통이 되었다(26세 여성, 교정자).

반복에 관해 블라이드와 하센잘의 관찰과 일치했다.

나는 부모님과 사촌 동생, 친구들과 당일 여행으로 개트윅 공항에 가는 것을 정말 좋아했었다. 우리는 비행기를 타고, 모노레일을 타고, 스카이 다이빙을 하고, 에어하키 게임을 하고, 기본적인 터치스크린 컴퓨터 게임이 있던 워너 브로스 스토어에 가고, 때때로 식당에서 식사도 했다. 이 여행은 9학년 때 아빠가 초등학교 수학여행 자원봉사를 시작한 후에 시작되었다(28세 남성, 학생).

마지막 인터뷰에서 재미는 일상을 벗어난 무언가를 반복하는 것이었다. 그리고 그것은 부모님과 함께 일어났다. 부모들은 이런 일들이 아이들을 재미있게 할 것이라 확신했고, 기대, 반복, 시간성, 규칙 위반 같은 것들이 재미있는 시간을 만드는 데 다 같이 작용했다. '어렸을 때 바다에서 부모님과 함께 수영하기'(55세 남자, 컨설턴트)라든가, '어렸을 때 부모님과 함께 일요일 오후에 동네 공원에 가서 늑대 씨, 지금 몇 시입니까? 게임을 하며 우리를 쫓아다니며 공원을 뛰어다니던 아빠'(49세 여성, 교수)와 같이 했던 재미있는 시간에 대한 기억이 그것이다. '빨랫줄에서 깨끗한 시트를 걷어내 이리저리 던지기, 부모님의 양쪽에 매달리기'(42세 여성, 대학 교수)와 '공원 근처로 부모님과 자전거 타러 가기. 그때 내가 처음으로 보조바퀴 없이 자전거를 탔던 것 같다. 내 기분은 마치 오! 이제 난 다 컸어! 이런 느낌이었다.'(20세 여성, 학생)와 같은 사랑스러운 이야기들도 있다.

응답자의 4분의 1 이상이 아이였을 때 재미를 함께 보낸 사람들로 가족 구성원을 직접 언급했다.

친구들

응답자의 4분의 1이 역시 친구들을 언급했다. 재미는 다른 사람들과 함께하는 것이며, 친구들이 우리의 삶 전반에 걸쳐 분명히 중요한 존재이다. 그들은 재미에 필수적인 역할을 한다. 재미는 사람들과 함께 긍정적으로 추구하는 사회적인 행동이기 때문에 어린 시절의 이야기에 친구가 큰 특징이 되는 것은 놀랄 만한 일이 아니다.

자료에서 다른 특징들을 보여주기 위해 내가 사용했던 예들이 있다. 외박, 철길에서 놀기, 그리고 어린이들 무리와 연관된 많은 재미있는 사례들이 그것이다. 미들랜즈의 한 연구원은 '어린 시절과 재미있던 부분을 기억할 때마다 나는 친구들과 보낸 시간을 생각한다. 그래서 내게 재미란 친구들과 함께 시간을 보내며 노는 것이라 말하겠다.'(30세 여성, 연구원)라고 했다. 친구들과 함께 야외에서 지내는 것도 특징적이었다. 어린 시절에 재미있던 경우를 말해달라는 부탁을 받았을 때, 몇몇 응답자들은 무언가를 만들거나 짓는 것을 불쑥 떠올렸다. 그러나 다수의 사람들은 자신들의 집이나 다른 사람들의 집에 있던 것을 말했다.

방과후 클럽 활동 후에 친구네 집을 돌아다니기, 엄마는 앉아서 이야기를 하고, 우리는 놀았다. 나는 너무 웃어서 콜라가 코로 나오던 것을 기억한다. 그 금요일 저녁들은 멋졌다. 10개 묶음 탄산음료와 5봉지 묶음 감자튀김, 휴대용 오디오 플레이어, 4색 백열전구들, 바닐라 아이스 음악에 맞춰 춤추기. 우리가 전에 했던 만들기나 스포츠 활동 따윈 신경 쓰지 않았다. 친구네 집에서 시간을 보내던 것은 절대 잊지 못할 것이며, 늦게까지 자지 않고 4번 채널의 코미디 프로그램을 보았던 것도. 끝내줬다(33세 여성, 설비 코디네이터).

내가 10살 때쯤, 나와 친구들은 우리 집에서 계단에서 떨어지는 낙하지점에 솜이불, 슬리핑 백, 그리고 다른 재료들을 사용해 장애물을 설치했다. 그것은 몇 번을 해도 너무나 재미있었기 때문에 기억에 남는다(21세 여성, 학생).

예상했던 대로 놀이와 친구들도 특징적이다. 게임과 같이 하는 친구 이야기다. '8살쯤 친구네 집에서 어둠 속에 하던 살인자 놀이'(39세 여성, 교사). '동네에서 친구들과 하던 숨바꼭질 놀이'(24세 남성, 학생). 그러나 길에서 노는 것이 많은 사람들에게 중요했던 것 같다. 한 환경주의자는 '9살 때 내가 살던 길 위에서 친구들과 모의 올림픽 게임을 만들고 게임을 하며 시간을 보냈다. 우리는 서로 여러 가지 재미있는 행사들로 경쟁했다.'(30세 남성, 환경주의자)라고 말했다. 미국에 사는 한 물리치료사는 '나는 방과후 친구들과 밖의 거리에서 노는 것이 재미있었다. 우리는 사냥꾼 놀이를 하거나 자전거를 타고 학교에 올라갔다. 나는 재빨랐기 때문에 몸으로 하는 게임들을 좋아했다. 길거리 친구들이 좋았던 것이 그들은 학교의 우리 반에 있는 아이들이 아니었기 때문이었다.'(38세 여성, 물리치료사).

5살에서 12살 무렵, 우리는 집 맞은편의 숲에서 놀곤 했다. 거리를 따라가면 약 20미터 정도의 공간이 있었다. 우리는 런 아웃 놀이를 하거나 캠프 같은 걸 하곤 했다. 우리는 하루 종일 거기서 보내다 밥을 먹으러 집으로 가곤 했다. 동네의 거리에는 대략 아홉 명의 아이들이 우리 '조직'에 있었다. 너무나 재미있던 시간이었다(39세 남자, 소방관).

밖에 있는 것, 나무집 짓기, 자전거 타기. 멀리까지 갈 필요가 없었다. 단순히 밖에서 친구들과 거리에서 노는 것이 내가 어렸을 때 재미있던 주된 기억이다(26세 여성, 연구 보조원).

휴일

휴일은 종종 언급되었다. 이 기간은 별도의 재미 경험이 만들어진다. 휴일은 이미 일상을 벗어난 것이고, 종종 이 기간 동안은 규칙에서 너그러워진다. 학교에 있지 않으므로 즉흥성과 흥분을 위한 기회는 많아진다.

호주까지 모래를 파서 가기, 손전등을 가지고 밤에 산책하기, 헤이스팅스에서 슬롯머신하기 등. 이런 것들이 모두 휴일에 재미있게 놀았던 사례들이었다. 재미에 관한 이야기를 할 때 가족과 휴일 사이에는 명확한 공통점이 있다. 어린이들은 대개 가족과 함께 휴가를 간다. 아이들과 함께 휴가를 보내는 데 쓰는 시간과 돈은 대부분 바람직한 소비라고 흐뭇한 생각이 든다. 많은 사람들이 자세히 말하지 않았으며 간단히 '휴가에 버섯 채집하는 것'(39세 여성, 학자)과 같은 이야기들을 했다. '매년 웨일스로 휴가를 가서 바닷가에서 며칠을 보내며 모래구멍을 파고 수영을 한 것'(47세 남성, 간병인) 혹은 '여름에 엄마와 사촌들과 캠핑카에서 지내는 것'(57세 여성, 대학 교수). 몇몇은 간결하지만 좀 더 구체적인 것들도 있었다. '내가 7살쯤에 본머스로 갔던 휴가 동안에, 우리는 모두 보빙톤 전차 박물관에 갔었다.'(44세 남성, 대학 강사) 또는 '휴일에 오크니에서 가족들과 야구놀이 하는 것'(36세 여성, 연구원) 등이다.

응답자의 어린 시절이 다른 장소에서의 재미있었던 일로 더 좋았던 경우들이 있었는데, 특히 휴일의 경우에서였다. 켄트에서 온 한 학생은 '나는 2000년에 가족 휴가를 다녀왔는데, 우리는 매일 함께 스노도니아 근처로 산책을 하러 갔었고 다투지도 않았다.'(20세 여성, 대학 학부생)라고 말했다. 휴일은 내성적인 성향의 아이들에게 재미를 위한 자신들만의 조건을 만들어 내는 기회가 되기도 했다.

하나의 경우를 꼽긴 어렵지만 가족 휴일이다. 내가 초등학교 때 브라이튼에서였다. 정말 재미있는 것은 아마도 당일로 여행을 가서, 처음 간 곳에서 기념품을 사고, 누나와 놀았던 것이다. 그러나 독서를 위한 조용한 시간을 가질 수 있었던 기회도 또한 좋았다. 그래서 내게는 그런 것들이 섞여 휴일이 재미있었다. 나는 자신감 넘치는 아이가 아니었기에 생일파티 같이 다른 많은 아이들과 함께 있는 경우는 오히려 나에게는 재미있기보다는 불안한 경험이었다(36세 여성, 대학 강사).

영국의 아이들에게 휴일이란 최소한 학교 밖의 시간으로 규정되는 것은 분명하다. 그리고 이때 대부분의 재미있는 일이 일어난다. 재미와 놀이를 배우는 것이 매우 중요한 것으로 어린 나이의 학교교육에서 변화가 일어나고, 그런 후 학교교육에서는 그 부분이 빠지게 된다. 16세 나이 청소년들에게 교실이란 그들이 생각할 수 있는 가장 재미없는 장소가 되어버린다.

야외

201명의 설문 응답자 중 150명이 야외를 언급했다. 그것은 압도적인 수치로, 어린 시절의 이야기에서 야외는 재미가 생기는 장소라는 것을 보여준다. 많은 사람들이 재미가 일어나는 장소에 다른 응답들이 있을 것이라고 말했었다. 많은 어린이들이 컴퓨터나 온라인에서의 경험을 언급할 것이라고 예상했다. 재미라는 것이 나이에 상관없이 다른 사람들과 시간을 함께 보내며 확인하게 되는 사회적인 경험이라고 나는 주장한다. 재미가 가상 커뮤니티와 온라인에서 일어날 수는 있지만 '실제'의 세계와 같은 방식으로 일어나지는 않는다.

야외는 분명히 많은 하위 범주 혹은 형식을 포함하고 있다. 설명한 자료들의 일관성은 나의 형식화의 결과물이지만, 응답의 양을 고려하여 비교적 작은 하위 범주로 간결하게 분류하였다. 또한 각 범주 간의 공통점이 넓었다. 야외의 부류에서 떨어져 나온 정원, 자연, 트인 공간과 물 등. 나는 자연을 동물들, 바다와 나무들이라는 주제로 구체화했다. 트인 공간은 해변, 공원, 거리와 숲이었다.

자연: 동물

동물들은 어린 시절의 재미에 관한 이야기에서 대단히 중요한 부분이었다. 여러 사람들이 이런 이야기를 했다.

5살 때 나는 처음으로 말을 타러 갔다. 항상 말을 타 보고 싶었지만 부모님은 내가 자전거 타는 법을 배울 때까지 이를 허락하지 않으셨다. 그래서 나는 자전거 타는 것을 배웠고, 첫 강습을 받았다. 나는 그 경험이 정말 즐거웠다. 그래서 16년이 지난 지금도 나는 말을 타고 있다. 그것은 또한 내게 생생하게 기억나는 경험이다. 아마도 너무나 재미있었기 때문일 것이다(21세 여성, 학생).

몇 사람은 애완동물을 언급하였다.

대략 5살쯤 나는 나의 분홍색 파워핸들 보트를 타고 나의 햄스터를 조수석에 태운 채로 동네를 돌아다니며 즐거운 시간을 보냈던 것을 기억한다. 나는 혼자 생각했었다. '내가 크면 이렇게 차를 사서 햄스터들을 가득 채워야지.'(29세 여성, 학생)

휴일과 관련해서, 한 학생 상담사는 어린 시절 재미에 대한 기억을 '휴일에 농장에서 추수를 돕는 것. 헛간 건초더미에서 아지트를 만들면서 하루를 끝내는 것. 새끼를 가진 고양이를 찾아내는 것은 보너스였다.'(49세 여성, FE대학의 학생 고문)이었다고 말했다.

비교적 적은 수가 애완동물을 언급했다는 것은 흥미로웠다. 이야기들의 대다수 경우는, 응답자들이 <u>스스로</u> 발견한 뜻밖의 상황에서 마주친 동물들과의 만남을 이야기하는 경향이 있었다.

자연: 바다

많은 사람들이 바다에서의 경험을 이야기했다. 수영과 서핑은 재미있는 순간이나 기억의 주된 요소로 언급되었다. 이러한 종류의 일반화는 비교적 평범한 것이었다. 한 섬유 디자이너의 말이다.

'내가 6살 혹은 7살 때, 엄마와 아빠는 우리를 데리고 데번으로 값싼 휴가를 데리고 가셨다. 그리고 길거리에서 양 떼 경주를 보고, 엄마 아빠와 수영을 하면서 무척이나 재미있었던 기억이 난다.'(23세 여성, 프리랜서 섬유 디자이너)

이러한 종류의 이야기에는 시간의 구체성의 정도가 있는데, 그 자체가 한 순간은 아니다.

그런 경우가 얼마나 많았던지. 나는 캘리포니아 남부에서 자랐고, 해변에서의 하루를 가장 좋아했다. 보디서핑을 하러 가서 파도를 쫓고, 잡고 하는 것이 너무 좋았다. 바다에서 지친 후에는 조개껍질을 주워 모았다.

저녁 내내 조개껍질을 닦으며 보내곤 했다(59세 여성. 가든 센터 식물 관리사).

사람들이 바다를 이용하는 방식은 종종 유사했다.

어린 시절 나의 재미의 수단은 서핑이었다. 처음에는 부기 보드에서 서핑을 하다 나중에는14살 쯤 부터였다 보드 서핑을 했다. 이것은 '너무나 재미있다.' 많은 집중력과 에너지가 들지만 나는 몇 시간이고 물속에서 보냈다. 그것에 대한 많은 기억이 있다. 단 하나만을 고르기는 힘들다 (35세 여성, 강사).

서핑이나 캠프는 몇몇 다른 사람들에 의해서도 언급되었다. 가족의 역할은 해변에서 묘사되는 재미에서도 중요하다.

우리 가족에다 사촌들, 삼촌도 함께 매일 해변에 갔다. 아빠와 삼촌이 낚시와 게를 잡아온 것으로 요리한 바비큐. 특히 재미있었던 일은, 형과 누나가 나와 나의 사촌을 바다로 끌어다 넣고 가 버렸던 때인데, 무서웠지만 아주 재미있었다(21세 여성, 대학생).

다른 사람들은 '가족 휴가. 아름다운 태양. 스코틀랜드 바다에서의 수영'(50세 남자. 연구원) 그리고 '어렸을 때 부모님과 바다에서 수영하던 것'(55세 남자. 여행사 상담사)을 들었다.

자연: 나무

나무는 많은 이야기 속에서 재미를 위한 중요한 역할을 했다. 나무가 재미를 위한 도구로 특징지어지는 것은 흥미로웠다. 구체적으로 나무를 언급한 것이 아닌 경우에도, 재미있는 특징이나 장소에 대한 그들의 이야기 속에 나무가 언급되는 횟수는 두드러진다. 몇몇 이야기에서는 나무들을 지나가는 말로 언급했다. '친구들과 노는 것, 특히 공원에서나 자전거 타는 것, 혹은 나무를 타고 노는 것이 재미있었다. 나는 미술과 관련된 활동을 하거나 그냥 엉뚱한 짓을 하고 뛰어다니며 재미있었다.'(22세 여성. 학생) 한편 또 다른 사람들에게 나무는 이야기에서 필수적인 것이었다. 한 부모는 '숲속에서 노는 것과 굴을 만드는 것'에 대해 얘기했다.(45세 여성, 전업 부모)

트인 공간

4분의 1의 응답자(26%)가 내가 '트인 공간'이라고 부르는 곳에서의 재미에 대해 이야기를 했다. 이 공간들은 해변, 공원, 들판, 숲 등이 포함되어 있었다. 이 이야기들에서 야외, 공간과 자유와의 연관성은 뚜렷하다.

조부모님이 사시는 바닷가에서 바위 위를 기어올라 다니며, 형과 함께 많은 날을 보냈다. 가장 빠르거나, 가장 용감한, 혹은 가장 웃기게 걷기와 같은 끊임없는 경주들, 그리고 썰물이 되면 둑으로 물 막기(37세 여성, 대학 교직원).

동네 길거리에서 아이들과 함께 '여우와 사냥개 놀이'를 하는 것. 게임은 몇 시간씩이나 계속되고, 동네의 논과 고사리 밭을 돌아다닌다. 게임은 우리가 모두 워키토키를 갖게 된 해에 정점에 달했다(41세 남성, IT 기술자).

이 이야기들은 직접 드러내지는 않았지만, 대부분 트인 공간과 관련된 이야기임을 알 수 있다. 날씨가 나쁘지 않으면, 그것은 거의 언급되지 않았으며, 해변이나 공원에 관련된 이야기들이 좋은 날씨를 동반했을 것이라 가정하는 것은 상식이다. 그러나 날씨에 의존하지 않는 다른 재미에 관한 사례들이 있었다. 한 강사는 '드레이튼 마노어 파크에서 유모와 함께 탄 플룸 라이드'(37세 여성, 조교수)를 언급했다. 유모가 플룸 라이드를 타게 할 만큼 날씨가 좋았는지는 모르겠으나, 그것이 필수적이지는 않다. 이야기에서 이끌어낼 수 있는 모호성의 또 다른 예는 이 이야기에서 찾아볼 수 있다.

10살 때쯤, 나는 내 친구들과 그의 가족들과 함께, 남부 웨일즈 트레데가에 있는 놀이터에 갔었다. 그곳에는 예상 밖에도 내가 오르려면 몇 시간이나 걸릴 거대한 로프 정글짐이 있었다. 그런 건 전에 단 한 번도 본 적이 없었다. 그것은 놀라웠고 나를 들뜨게 했다. 그 후 몇 달 동안이나 나는 그것에 대해 이야기를 했었다(37세 남성, 대학 강사).

또 한 사람은 '친구들과 산에 올라 줄을 타는 것'이라고 말했다(20세 여성, 학생). 빠진 부분을 채우는 것의 중요성은 전달하고 있는 경험에 우리가 더 가까이 다가갈 수 있게 해주는 것이다. 친구들과 산에 올라 줄을 타는 것은 그 장면을 상상할 때 내가 알고 있는 모든 것이다. 경치, 줄의 길이, 날씨, 친구들. 장면을 상상하면서, 나는 그 경험을 재미의 조건에 관한 기대와 일치되는 틀 안으로 넣는다. 이런 특정한 부분의 확대는 어린 시절의 재미에 관한 많은 이야기에서 일어나고 있다.

자연: 물

바닷가에서의 이야기는 명백히 물을 포함하고 있다. 흥미로운 것은 상대적으로 소수만이 실제로 물을 분하게 언급했다는 점이다. 다른 이야기에서 물을 언급한 경우는 많았다. 강을 언급했던 이야기들 중에서, 서섹스의 한 학생은 '하루종일 친구들과 강 위에서 줄타기를 하는 것'(44세 여성, 학생)을 이야기했다. 정원에 있는 풀장들 또한 몇 사람의 이야기들에서 감동을 주었고, 이는 엄밀히 말해 자연의 산물은 아니지만, 여기에 포함시켰다.

어렸을 때, 부모님은 여동생과 나를 위해 뒷마당에 4피트짜리 수영장을 만들어 주셨다. 우리는 몇 시간 동안이나 수영을 하였다. 그 여름에 내가 입었던 유일한 옷은 아마 수영복이었던 것 같다. 우리는 최고의 시간을 보냈다(28세 여성, 공예가/예술가).

영국 남부에 있는 한 IT 엔지니어는 어렸을 때 호주에서 보낸 재미있었던 시간을 이야기했다.

> 나는 호주에서 자랐다. 더운 여름날에 동네 수영장에 갔던 것을 기억한
> 다. 낮시간에는 매우 더웠다. 수영장은 늦게까지 열었다. 거기에서 많은
> 사람들과 함께 즐겁고 유쾌한 저녁을 보냈다. 나는 간식을 사먹고, 청량
> 음료를 마시며, 친구들과 가족들과 수영장에서 어울려 놀았던 따뜻했
> 던 저녁을 기억한다(54세 남성, IT 엔지니어).

다른 사람들은 더 창의적으로 수영장을 만들어냈다.

> 플라스틱판과 널빤지로 수영장을 만들어 남동생과 그 안에서 놀며, 풍
> 경을 만들고, 섬을 만들기(22세 성전환자, 학생).

야외: 정원/마당

정원은 재미가 있던 장소로, 특별히 근처 친구들과의 만남이
이루어졌던 장소로 특징짓는다. 나무집, 미끄럼틀, 놀이공원에 대한
이야기가 있었지만, 정원에 대한 재미있는 이야기들에서 정원에 있
는 풀장이 두드러졌다.

한 학생이 풀장에서 노는 것을 상상의 역할과 연관지어 이야기
했다.

뒷마당에서 제일 친한 친구랑 노는 것. 역할놀이를 하며, 우리가 스스로 만들어낸 세상에서 길을 잃었고, 스프링클러를 뚫고 나가서 그것이 다른 세계로 나가는 문이라고 상상했다. 우리는 모두가 가지고 있었을만한 조개껍질 같은 파란 색 풀장을 사용했는데, 그것을 우리는 보트라고 상상했다(19세 여성, 학생).

반면 한 연구원은 부모로서 위험지각과 규칙 위반의 역할을 강조했다.

나는 안 좋은 기억이 있는데, 기억나는 것은 내가 어른이 되었다고 가장하고, 옷을 차려입고 정원에 있는 풀장 주변을 세발 자전거를 운전하다가 수영장 안으로 거의 떨어질 뻔하고, 어른이 된 것에 낄낄거릴 때 아드레날린이 솟구치면서 재미가 생겨났다(43세 여성, 파트타임 연구원이면서 쌍둥이 유아의 풀타임 엄마).

다시 놀이

상당수의 사람들(17%)이 어린 시절에 느낀 재미가 놀이라고 인정했고, 이런 이야기들은 즉흥적인 놀이에 대한 이야기부터 조직화된 스포츠까지 이르렀다. 자료에서 몇 가지 공통점이 있었다. 하나는 영국 남동부의 한 학생이 제공했다:

다른 아이들과 밖에서 노는 것. 많이 웃는 것. 녹초가 되고 만족스러운 기분으로 밖의 냄새가 밴 채로 집에 오는 것. 창문이 열려 있고 따뜻한 공기가 안으로 들어오는 여름이다(26세 여성, 학생).

이 이야기는 재미의 사회적인 면, 즉 웃음, 만족감, 야외 활동, 재미의 본능, 집, 날씨를 담는다. 그리고 결정적으로 놀이를 언급한다. 많은 사람들에게 놀이는 재미라는 스핀에 액셀 역할을 한다. '내가 어린 시절과 그때의 재미라는 부분을 떠올릴 때마다, 친구들과 함께 놀던 시간이 생각난다. 따라서 나에게 재미란 친구들과 놀이를 하면서 시간을 보내는 것이다.'(30세 여성, 연구원) '놀이-시골에 살면서 사방을 쏘다니던 것'(39세 여성, 교수) '여우와 사냥꾼', '숨바꼭질'과 같이 쫓는 게임에 대한 언급들도 있었다. 아이들끼리 길에서 하던 게임에 대한 이야기들도 있었다. 많은 놀이들이 해변과 공원에서 행해졌다. 만들어진 놀이나 스포츠에 대한 언급도 몇 가지 있었다(5%). 축구와 유사한 형태, 체조, 럭비, 서핑, 사격, 스키 또한 언급되었다.

놀이: 상상하기

이야기에서 재미를 위한 특유의 유치한 감각은 두드러졌다. 기대했던 것보다는 적은 수의 사람들이 분명하게 상상을 언급했다(9%). 그러나 그들이 제공한 경험의 단편은 나의 마음을 감동시켰다. '밴드에 속해 있다고 가장하기'(38세 여성, 강사) 같은 가상의 시나리오들이 있었다. '상상게임/각본대로 가상놀이하기-집 놀이, 학교 놀이,

가게 놀이'(28세 여성, 그래픽 디자이너) 좀 더 자세히 설명하면,

사촌들과 내가 서로의 집에서 부모님과 조부모님들 앞에서 공연하기 전에 연극 혹은 스토리를 만들고 몇 시간씩 연습을 하곤 했다(20세 여성, 학생).

나는 내 바비 인형(리타라는 이름의)의 결혼식을 하기 위해 내 친구 제인과 함께 나의 모든 곰 인형들과 다른 인형들을 장난감 유모차에 싣고 길을 건너 공원까지 갔다. 엄마는 미니 샌드위치를 만들어 싸 주셨고 케이크도 먹었던 것 같다. 확실하진 않지만 8살 쯤 이었던 것 같다(58세 여성, 교수, 학과장).

설문에 응답한 대부분의 성인들이 8살에서 14살 사이의 재미있던 일을 기억하는 반면에, 몇몇 사람들은 그보다 훨씬 더 이전의 기억들을 생각해냈다. 그 중 몇 가지는 상상하기에 관한 것이었다.

나는 유치원에서 네다섯 살에 보낸 재미있던 시간을 기억한다. 우리는 다과회에서 놀고 있었고, 주변 사람들에게 보스 행세를 했다. 또한 나의 말을 따라하도록 했었다. 그래서 나에게는 특별한 날로 느껴졌다(33세 여성, 관리자).

그러나 이러한 이야기에서 중요한 것은 우리는 어느새 놀이를

위해 만들어낸 상상의 이야기 속에서 빠져나와 버리는 것이다.

공설 운동장에 모여 '카우보이와 인디언들' 놀이를 하는 것. 잔디를 막
베어 큰 열로 놓아두었던 어느 여름이었고 나는 늘 되고 싶어 했던 '인
디언'만큼 잘 기어 다닐 수 있었고, 카우보이를 쏘곤 했었다. 목가적이
었다(69세 남성, 은퇴한 대학 강사).

뒤뜰에서 가장 친한 친구와 같이 노는 것. 역할놀이 게임을 하면서, 우
리가 만들어낸 상에서 길을 잃어버린 역할을 하고, 스프링클러 밖으로
나와서 그것이 또 다른 세상으로 가는 입구라고 상상했다. 우리는 조개
껍질처럼 생긴 파란 색 플라스틱 패딩 풀장을 사용했는데, 그것을 보트
라고 상상했었다(19세 여성, 학생).

건물
이야기의 8%에서 건물이 물리적으로 재미의 구성에 관한 이
야기 주제로 등장했다. 이야기들은 대게 '동굴이나 집 만들기'에 대
한 것이었다. '친구들이랑 동굴을 만들며 숲속에서 놀'(45세 여성, 전업
부모) '두 명 이상의 친구들과 함께 장난치며 놀기, 동굴 만들기, 진흙
목욕탕 만들기, 이야기해주기, 역할놀이 하기, 바비 인형의 집 만들
기'(41세 여성) '밧줄 그네와 동굴 만들기'(47세 여성, 격무에 시달리는 강사)

재미와 아동기

이 장은 아동기와 놀이의 본질에 관련되거나 내재된 문제를 언급한 이론들과 주로 어린 시절의 추억에서 얻은 자료들로 약간 뒤섞여 있다. 이것은 아이들이 어떻게 재미를 얻는지에 대한 포괄적인 설명에 문제가 있다는 것을 나는 안다. 하지만 글렌 등이 지적한 바와 같이, 현상에 차이가 있는 아이들을 구분하기는 어렵다. 대부분의 아이들에게 재미와 놀이 간의 교류는 서로가 별개의 독립체라기보다는 그 둘이 같은 것처럼, 서로를 아주 가까이에 있다. 나이가 들수록 놀이와 재미와의 분리는 점점 분명해진다. 그 중 어느 하나를 다른 하나 없이도 가질 수 있게 된다. 재미란 뚜렷한 흥미를 갖고 있는 것이고, 놀이는 특별히 아동의 발달 단계와 관련 있는 것을 가리킨다. 놀이와 재미가 거의 같은 것으로 이해되고, 인생의 시기를 지나면서 놀이의 필요성이 줄어드는 것처럼 보인다. 재미가 많은 관심을 받는 것과, 이와 함께 따라오는 진지함과 책임감의 부족은 당연한 것이다.

하지만 재미는 우리 스스로를 관계에 적응하게 해주고, 삶의 나머지 부분을 이끌어 가는 어린 시절의 문화에 중심 역할을 한다. 이 시기의 많은 기억들은 따뜻함과 긍정적인 면으로 묘사된다. 이것이 재미가 하는 일이다. 재미없는 삶을 상상하는 것은 곧 암울하고 반反 이상적인 것을 상상하는 것이 틀림없다.

나이가 들면서 우리가 어린 시절의 일상적인 경험에서의 재미가 중요하다는 것을 인정한 것은 이상한 일이다. 교육학에서 재미의 역할은 아동기에 이것을 어떻게 이해하는지에 관한 것으로 특히 중요하며 논란이 많다. 재미는 조기교육—우리의 두뇌가 가장 민첩하고 창조적인 시기—에서 중요하게 인식된다. 학교교육 과정에서 우리 대부분은 가장 재미가 없는 장소인 교실에서 늘 시간을 보내던 19살까지 재미는 '그날그날' 경험으로 사라진다. 이것은 교사들의 잘못이라기보다 창조성이나 즐거움의 부재로 나타나는 교육제도의 문제이다.

일리치가 주장하는 바와 같이, 학교에서 학생들의 시간표를 짜는 것은 타인에 의해 시간을 조종당하는 노동자를 길러내는 방식이다. 냉소적인 사람은 재미도 마찬가지라고 할지 모른다. 재미가 학교의 경험에 밀려 하루의 부분에서 하찮고 불필요한 부분으로 분리되는 것처럼, 그 시간들은 다른 누군가에 의해 조종되어 진다. 어쩌면 이것이 현대의 재미에서 위반의 중요성을 설명하는 부분이다. 합법화된 재미를 가질 시간이 거의 없기 때문에 그 합법화의 과정을 조롱하는 것이다. 그런 의미에서 나는 언제나 재미에 무엇인가를 위반하거나 못된 장난이 속해 있다고 생각한다.

자료에서 확인된 주제는 내가 느낀 것과 놀랍도록 일치했다. 야외, 가족, 친구들, 휴일, 모험, 반복적으로 하는 놀이. 재미가 일어난 장소도 놀랄 만큼 비슷했다. 공원, 정원, 해변, 숲. 그러나 나타나지 않은 것 또한 흥미롭다. 내가 조직적인 재미라고 부르는 것에 대한 언급은 거의 없었다. 실내에서의 재미에 대한 이야기도 거의 없었다. 어린 시절의 재미에는 자연스럽고, 어수선하고, 상상력 넘치고, 규범을 위반하고, 사회적이고, 기쁨에 넘치는 것이 반복되었다

이야기 내의 통일성은 두 가지를 수반한다. 우선 무엇보다 분명한 것이 이야기의 대부분이 특정 문화의 시각에서 나온다는 점이다. 대부분의 응답자들은 설문에 답하던 시기에 영국에 살고 있었다 (응답자의 87%). 또한 많은 연령층이 분포되어 있었지만, 대부분의 응답자들은 20세에서 50세 사이였다(응답자의 79%). 두 번째, 상대적으로 상응하는 그룹은 재미를 가장 잘 소통하고, 이해하는 데 있어 유사한 방법을 가지고 있었다. 이 결과는 응답자 대부분이 중산층이라는 데에 기인한다. 그것은 단순한 재미가 아니라 문화적으로 중재되는 재미의 의사소통인 것이다. 다른 사람들이 설명하는 재미를 인식할 수 있기 위해서는, 그것이 듣는 사람에게 재미로 인지되어야 한다. 이 관계가 성립하지 못해서 한 사람이 재미로 설명하는 사건이나 경험이 다른 사람들에게 재미로 인지되지 못하는 경우들도 있다. 이 경우에는 양 당사자 모두에게 대가가 따른다. 어떤 타입의 사람이 재미를 이해할까? 어떤 타입의 사람이 재미있다고 생각하지 못할까?

이 구분은 정체성과 울펜슈타인의 '재미의 도덕성'에 내재된 판단을 제공한다. 이것은 경험을 부정하거나, 응답자들의 재미에 관

한 이야기들이 실제로 경험한 것이 아니다, 라고 말하고자 하는 의
도가 아니다. 오히려 '당신이 재미있었던 최근의 경우를 말해주세
요'라는 질문에, 사람들의 응답이 통일성이 있었다는 것이 흥미롭
다. 여기서 또 하나의 문제는 이야기들이 주로 성인들의 기억에서
파생되었다는 데 있다. 이후의 계획은 18세 미만의 어린이들이 현
장에서 겪는 재미를 이해하고, 어린이와 젊은이 들이 이것을 어떻게
느끼는지를 파악하는 것이다. 젊은이들은 자신과 성인들 사이의 차
이를 실감하지 못하며, 젊은이들이 우리가 예상했던 것보다 성인들
과 많이 닮아 있을 것이라는 선입견에 나는 의문이 든다.

4

재미와 가벼움 : 성인기

이 장은 어린 시절의 재미에 관한 논의에서 넘어와 성인이 되어서 이해하고 경험하는 재미의 방식을 논한다. 재미와 관련해서 청소년기에서 성인기로의 전환 문제도 다룬다. 대부분의 사람들은 우리가 성인이 되어서는 어린 시절과는 다르게 재미를 경험한다고 생각한다. 예전에는 지루했던 일들이 재미가 된다. 예를 들면, 일광욕, 쇼핑, 수다 떨기, 술 마시기, 스파에서 휴식하기, 정원 가꾸기, 일요일에 신문 읽기, 골동품 쇼 시청하기 등이다. 성인으로서 재미는 아이들만큼 재미있는 것은 아니다. 어떤 재미의 형태는 키워가고, 어떤 것들은 그만두는 지혜를 얻게 된다.

그렇지만 성인들의 특정 재미의 형태는 더 순진하거나 유치한 감각으로 되돌릴 수 있다. 재미에서 성인이 갖는 책임이나 부담에서 벗어날 수 있는 지점이 있다. 재미의 다양하고 상황 의존적인 성격은 그것에 대한 명확한 결정을 내리려는 시도를 복잡하게 만든다. 하지만 그것은 재미에 대한 생각이 성인이 되면 어떻게 달라지는지에 대한 단서를 줄 수 있다. 어린 시절의 재미와 성인기의 재미에 대한 차이가 그렇게 다르게 경험되지 않는다 해도 말이다.

　내 삶을 돌이켜 보면, 재미가 변했던 순간을 나는 분명히 기억한다. 그러나 그것은 나의 취향에 변화가 왔다기보다는, 양심의 가책에 의한 결과였다. 그 예로 내가 12살이었을 때, 모래언덕을 쌓아서 바닷물을 막으려 했던 것을 기억한다. 그것은 바다와 마주하는 주벽이 있고, 그 전방에는 물을 밀어내는 돌을 세워둔 꽤 복잡한 구조물이었다. 그 돌이 넘어지는 과정을 보면 나의 요새로 향하는 조수의 진행 과정을 기록할 수 있겠다는 생각이 들었다. 나는 그 요새에서 즐거운 시간을 보냈고, 해변에 있던 그 벽을 매우 마음에 들어했다. 그러나 이 날, 나는 내 또래이거나 조금 나이가 많아 보이는 두어 명의 아이들이 나를 지켜보는 것을 알았다. 확실하진 않았지만, 그들이 나를 비웃고 있다는 느낌이 들었다. 나는 점점 내 자신이 바보 같다는 느낌이 들었던 것을 기억난다. 그리고 상처받았다. 이 아이들이 내가 어린애처럼 놀고 있다고 생각할지 모른다는 생각은 끔찍했기에, 바다를 막는 그 벽이 너무나 좋았음에도 불구하고 나는 그 벽을 기어나와 가족들이 있는 곳으로 돌아갔다. 나머지 어린 시절을 통틀어 나는 바닷가에서 모래벽을 쌓은 적이 없었다. 다른 사람들과의 대화를 통해 나의 경험이 동떨어진 경험이 아니라는 것을 알고 있다. 세부사항은 다를 수 있지만 어린 시절의 여정은 현저하게 비슷하다.

　우리는 삶의 단계에 대한 명확하고 체계적인 지표를 가지고 있다. 그 제도는 우리의 삶이 세월을 따라 가면서 권리, 기대, 특권 혹은 책임을 가져야 할 나이를 숫자로 표시한다. 재미에 관한 생각과 관련된 지표들 중 명백한 것은 많은 젊은이들이, 최소한 영국에서는, 술을 살 수 있는 능력을 갖게 된다. 10대에 술을 접해본 후, 술집은 친구들과 재미를 규정하는 데 갈수록 더 중요한 공간이 되었다. 특히, 17살 정도의 나이부터 재미는 '외출'과 동일한 의미로 여겨졌지만, 실제로 외출하는 것이 우리가 생각한 것만큼 혹은 이야기하는 것만큼 재미있지는 않았다. 10대들은 그들 또래의 근심걱정으로 가득하다. 많은 10대들은 어린아이가 되지 않으려는 욕망이 강한데, 재미에 관한 감각은 아동기에 무르익는 것이기 때문에, 자신들에게 드러나기 시작하는 어른으로서의 정체성으로 재미를 갖는 새로운 방법을 시도하려고 한다. 그러니 10대들이 그 나이의 재미에 부담을 느끼고, 동시에 아이였을 때 느꼈던 재미를 외면하는 것은 비교적 흔한 경험이다. 성인이 되면서 자신감을 갖게 되면서, 우리는 이 유치한 감수성을 어느 정도 되찾게 된다. 그러나 이때부터 우리는 어렸을 때만큼 재미있는 경험을 할 수 있는 능력을 많이 잃어버린다.

내가 요즘 재미를 느끼는 것을 생각한다면, 그것은 책임감에서 자유로워지는 느낌과 걱정 없는 상태의 결합이다. 특히 내 아이들을 통해 간접적인 재미를 경험한다. 이것들은 일상의 탈피와 함께 이어진다. 20대부터 점차 그 중요성이 커진 휴일은 일상에서 벗어나 보다 여유 있고 즉흥적인 태도를 가질 가능성을 선사하는 시간으로 소중해졌다. 행복한 순간 또한 내게는 점점 더 중요하다. 참을 수 없이 웃는 것, 경치를 보며 감동하는 것, 그리고 춤추는 것 모두가 분명한 재미이다. 나는 지난 몇 년간 끊임없이 찾아낸 재미들이 있었으며, 보다 더 행복한 느낌과 강렬한 형태의 재미와 가까이 한다.

나는 또한 억압의 발산이 재미를 더하게 한다는 것을 알게 되었다. 마음속에 떠오르는 일은 2015년 여름에 열렸던 음악 축제였다. 나는 파트너와 가까운 친구와 축제 장소 뒤에서 지냈다. 그 친구들과 나는 텐트 밖에서 옷을 차려 입고 축제 장소를 돌아다니면서 보냈다. 그 날은 친구의 생일이었고, 우리 셋은 모두 들뜬 기분으로, 초저녁부터 밤늦게까지 술을 마시며 춤을 추었다. 서로를 바라보며 우리가 지금 재미지구나, 라는 것을 깨달았을 때 행복한 순간이었다. 그 순간이 재미를 깨닫는 것에 의해 방해를 받은 것이 아니라, 오히려 재미를 깨닫는 것은 재미의 일부분이었다. 춤추고, 점프하고, 서로 웃는 많은 사람들이 재미가 사교의 중심임을 강조했다. 우리 셋은 그날 저녁 서로를 바라보고 우리가 경험하고 있는 재미를 만끽할 많은 기회를 가졌었다.

방금 묘사한 것보다 보통은 덜 꾸며진 환경에서 재미를 갖지만, 우리에게는 시간이 흐르면서 스스로 보다 더 세련되어야 한다는 부담, 제재, 그리고 자기 마음속에서의 자유로운 경험을 향한 욕망—어릴 때 세상과의 관계로의 회귀—사이의 흥미로운 양면이 존재한다.

성인기의 재미의 경험과 그 결과로 나타나는 행동의 해석에 대한 구체적인 이야기를 하기 전에, 우리가 어린 시절과 성인기를 어떻게 구분하게 되는지를 요약해보고, 명확히 구분되는 삶의 과정 단계에서 일어나는 전환기에 대해 생각하는 시간을 갖고자 한다. 이것은 적절하고 부적절한 재미 생성에 대한 사회의 기대와, 성인들이 갖고 있는 재미와의 모호한 관계를 이해하는 데에 중요하다.

삶의 전환기에 따른 재미

우리 삶에서 중간 단계의 분리는 상황적으로 얽매이며 상대적으로 독단적이다. 어린 시절부터 성인기까지 문화적이지 않은 여정은 없으며, 각각의 사회는 그들에게 의미가 있는 방식으로 전환한다. 여기서 성인기의 재미는 21세기 유럽에서 일반적으로 통념되기 때문에 어린 시절과 청소년기로부터의 전환기에 대한 통념과 함께 관찰된다. 삶의 과정은 서양에서 꽤 균일하게 이해된다.

> 연령 계급의 궤도의 뒤섞임은, 직업 경력과 가족의 경로와 같이, 변화하는 조건들과 미래의 선택들 그리고 의무교육에서부터 은퇴하는 것까지 변화 조건의 대상이다(Elder 1994:5).

모든 사람이 인정하듯이, 어떤 이유에서든, 청소년에서 성인기로의 전환은 일어난다. 재미에 대한 연구에서 흥미로운 것은 이러한 전환에서 일어나는 변화의 깊이에 관한 가정들이다. 우리는 어린이와 성인 사이에는 커다란 차이가 있다고 상상하는 경향이 있다. 그러나 동시에 각 개인을 받치고 있는 지속적인 성향이 있다고 주장하기도 한다. 이것은 개인들은 이러한 특징들을 초월한 방식으로 재미를 느낀다는 것을 인정하는 동시에, 인생의 두 단계에서 어른의 재미와는 구별되는 아이다운 재미의 성격 규정과 비슷하다. 예를 들어, 나는 어렸을 때부터 청소년기, 성인기를 거치면서 비슷한 방식으로 축구를 매우 좋아했다. 또한 자전거 타기, 바위 위에서 바다로 뛰어들기, 내가 치우지 않아도 될 것이라는 생각을 하면서 난장판을 만드는 것도 마찬가지이다.

베커와 상황 조정

1964년 논문에서 하워드 베커는 이 명백한 모순에 대해 논한다. 〈성인의 삶의 개인적인 변〉에서 그는 우리는 스스로를 '깊고, 대체로 변치 않는 성향의 요소로부터 지배를 받는다'라고 생각한다고 언급한다(Becker 1964:40). 반면 브림Brim은 '그 어떤 모든 상황과 사회적 역할'에 지속적인 성격 특성이란 없다고 주장한다(Becker 1964:40). 베커는 소위 '상황 조정'이라고 부르는 이 명백히 모순된 위치들을 재구성한다. 상호작용주의자들의 입장을 받아들여, 그는 단순히 '개인은 자신이 참여하는 상황에 필요한 성격을 띠게 된다'고 말한다(Becker 1964:41). 이것을 베커는 '틀'이라 부르는데, 인생 과정의 단계에서 성격의 일관성을 인식하는 동시에 어른이 되는 것과 같은 문제를 풀어주는 것을 '틀'이라고 부른다. 그에 의하면, 상황 조정, 즉 주어진 특정한 맥락에 자신의 성격과 행위를 맞춰가는 행위를 통해 우리는 '외적으로 관련이 없는 개인의 이해관계들이 미래 그 사람의 행동을 제약하게 되는 방식과 같이 연계되는' 헌신의 과정에 관여하게 된다. 베커에게 있어, 이것은 변화하는 상황에 직면한 개인의 안정성 문제로의 접근이다(Becker 1964:41). 다시 말해서, 이것은 우리가 누구이며, 그 상황에 어떻게 행동해야 하는지까지를 결정하는 사회적·개인적인 힘이다. 이 힘은 우리가 처한 상황의 변화에도 일관성 있는 행동을 하게 하는 조정자 역할을 한다. 사람은 변화하는 상황에 일관된 성격을 결합한 방식의 행동이 허락되는 특별한 상황이 될 때까지, 그들과 같은 성인이 어렸을 때 느꼈던 것과 똑같은 방식으로 재미를 느끼지 못할 것이라는 것을 깨닫게 될 것이다. 예를 들어, 부모나 조부모 들이 '어린아이 같은' 재미를 즐기도록 허락받는 때는 오직 자녀나 손자손녀 들과 함께 있을 때뿐이다.

그래서 베커에 의하면, 성격에 변화가 일어나는 것은 상황에 따른다. 그는 좀 더 멀리 가서 '성격 변화는 종종 보는 사람의 눈에만 있다'라고 말한다(Becker 1964:41). 베커는 변화를 가정하는 방식이 항상 성인의 관점에서 접근하기 때문에 '지나치게 편협하다'고 생각했다. 그래서 어린 시절부터 청소년기로의 전환은 사람들에 의해 거슬러 올라간다. 그들은 명확하게 정해진 조건과는 더 이상 깊은 관련이 없다고 생각하는 성인들이다. 베커는 이것을 조롱하듯 비꼰다. '우리가 아이들의 관점을 파악하기 위해 노력한다면 우리의 이론은 어떻게 보일까요?'(Becker 1964:44) 변화는 널리 퍼져 있고 획일적이라는 믿음과 같이 베커는 상황 조정은 종종 집단적인 과정이며, 그 집단은 개인 집단과 같이 작을 수도 있고, 사회와 같은 거대한 집단일 수도 있다고 말한다. 여기서 우리가 비슷한 상황에 비슷하게 행동하고 반응하는지, 특히, 나이의 적합성이나 재미와 같은 것들을 논할 때, 상황 파악의 과정을 인식하는 것은 얼마나 중요한지가 드러난다.

개인의 변화에 대한 구조적인 설명은 의도적으로 인간의 행동을 방해하려는 시도에 중요한 의미를 갖는다. 구체적으로, 그것은 우리가 원하는 행동을 하기 위해 지속적인 관심사를 개발하려는 노력을 할 필요가 없다는 것을 의미한다. 사람들이 이 행동을 계속하는 것과 연결될 다른 보상의 조건을 만들기 원하기 때문에, 그것은 사람들을 강제로 행동하게 하는 상황을 만들기에 충분하다(Becker 1964:52-3).

재미에 있어 이 보상 과정은 사회적 정당성을 포함한다. 진지하게 여겨지는 동시에, 어지간히 중량감 있는 권위와 힘을 가지게 된다는 의미다. 흥미롭게도 이것은 울펜슈타인이 제안한 '재미의 도덕성' 개념과 대조되는 것처럼 보인다. 이는 1950년대에 재미의 사회적 정당성을 설명한 것으로, 특히 어머니들을 대상으로 어느 정도까지 재미를 추구하는 것이 허용되는지를 설명하는 과정에서 논의되었다. 그러나 이것은 아마도 베커가 말하는 상황 조정의 한 예로서, 개인의 성격적 특성과 관련되는 때도 있고 그렇지 않을 수도 있다는 원칙이 어디에서 중요하고, 어디서부터가 반응인지인지에 대한 논의일 수 있다.

유년기와 성인기의 분별은 인생의 통과의례로서, 명시적인 사회적 지위가 없고 개념적인 책임 면제 상태인 아이들이 책임 있는 성년으로 지위가 상승한 것을 나타내는 것이다. 실제로, 뉴가튼Neugarten, 무어Moore, 그리고 로우Lowe는 "모든 사회에서 나이는 지위의 귀속이며, 사회적 상호작용이 규제되는 근본적인 치수 중 하나이다."(Neugarten et al., 1965:710)라고 주장한다.

그러므로 우리가 삶에서 구분되는 단계로 인식하는 세대 간에 자리 잡은 힘의 균형을 유지하고 각 단계에 구별되는 특권을 부여하는 것은 중요하다. 중요한 것은 이러한 단계들이 사실상 공식화되었다는 점이다. 그래서 1965년에 뉴가튼 외(Neugarten et al.)는 우리 삶의 주된 사건을 정리하는 '규범의 스케줄'이 있다고 제안하고 있다 (Neugarten et al. 1965:711). 이에 따르면, 삶이 성공적인지, 그렇지 않은지 혹은 평범한지, 그렇지 않은지에 대한 규범과 기대는 이 일정표에 의해 판단될 수 있다. 규범 스케줄의 결과로 만들어진 상황 파악으로 결국 우리는 우리의 행동을 지배하는 나이의 적합성에 대한 관념을 갖게 된다.

판단을 드러내는 많은 표현들이 떠올랐고, 그런 표현들은 영어권 국가에서 자라온 사람들에게 친숙할 것이다. "그는 그렇게 열심히 일하기엔 너무 나이가 많아요", "그녀는 그런 스타일의 옷을 입기엔 너무 어려요/나이 들었는걸요.", "그것은 그들 나이의 사람들이 하기엔 이상한 말이야." 같은 표현들이 그 사례이며, 아마도 모두에게 가장 친숙한 말이 "나이에 맞게 행동해라"일 것이다. 어른과 아이 들 모두의 행동을 규제하기 위해 사용하는 표현이다. 뉴가튼 외(Neugarten et al.)는 다음과 같이 말했다.

사회적 규범의 적절성에 대한 개인의 신념은 성인 시기를 지나면서 굳어지고, 그것은, 나이가 들수록 성인의 행동에 대한 나이의 차별과 나이에 비례해 적용되는 사회적 제재의 시스템에 대해 점차 깨닫게 된다 (Neugarten et al. 1965:716).

삶의 구별 단계에 대한 전환은 특히 부유한 지역에서 더 분명하게 나타난다. 예를 들어, 초등교육에서 중등교육으로 옮겨 가면 명확히 다르게 드러난다. 보통 예전의 건물과는 완전히 다른 건물로 옮겨가는 사람들에게 보인다. 그러면 우리는 이 젊은이들이 새로운 제도적 소속에 맞춰 새로운 모습으로 다른 사람들과의 관계를 재구성하리라 기대하게 된다. 제2의 학교이다

영국에서는 16세부터 18세 사이에 또 하나의 변화가 있다. 삶의 과정에서 이 나이의 명백한 구분은 우리 스스로의 관점에 무슨 일인가가 일어나고, 이 특정한 시점에서 어떤 행동이 적절한지에 대한 것은 피할 수 없다(Elder1994; Oesterle et al. 2004; Fincham et al. 2011; Bengtson et al. 2012). 삶을 별개의 단계로 설명하는 것은 우리가 행동하고 느끼는 것에 깊은 영향을 미친다.

어떤 이유로든, 우리는 또한 이 규범 스케줄에 따라 매우 획일적인 형태의 웰빙과 행복을 추구하는 것 같다. 국가통계청은 수년 동안의 영국 인구의 웰빙에 관한 여론조사 결과를 보고했다. 다음 그래프와 같다.

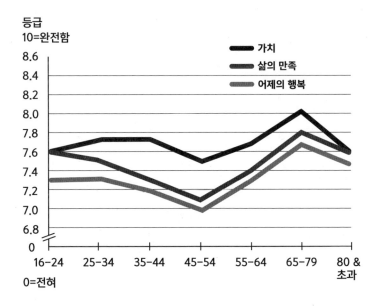

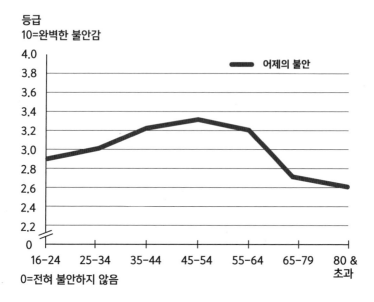

위 그래프에서 보듯이, 사람들이 가지는 삶에 대한 만족도 수치, 자신의 삶이 가치가 있다고 느끼는지, 언제 행복했는지에 대한 보고에는 U자형의 관계가 나타난다. 훨씬 더 젊거나 훨씬 더 나이든 사람들은 이 3등급 모두에 높은 수준의 수치를 보였고, 30대, 40대 혹은 50대의 사람들이 이들보다 더 낮은 수치를 보였다. 이것은 중년기에 정점에 달하다가 그 후에, 특히 은퇴 후 성인들이 느끼는 삶의 책임감과 불안감을 반영한 것이다. 이것은 너무나 획일적인 경험으로 나타남에도 불구하고, 삶의 단계에 대한 수치에 나타나는 이러한 부정적인 결과의 원인을 해결해보기 위해 아무것도 하지 않는다는 것은 이상한 일이다.

재미와 장난은 삶의 모든 단계에서 우리의 걱정을 없애주거나 우리를 불행하게 하는 것들로부터 우리의 관심을 돌려주는 것으로 이해된다. 그리고 어린 시절의 재미는 그때의 긍정적인 경험에 중요한 요소이다. 시간의 요소는 재미를 다른 것에 대한 정서적인 반응들과 구별하는 데 중요하지만, 나이듦에 대한 부정적인 영향 중 하나는 원하는 것을 할 시간이 없다는 데 있다. 인생의 단계마다 적절한 행동을 못 박아 놓는 것은 재미를 만드는 데 악영향을 준다.

청소년기, 웰빙, 그리고 재미

유년기는 재미를 일관성 있는 현상으로 확고하게 하는 데 특히 중요한 시기다. 유년기는 우리가 처음으로 그것을 인정하고 통제하기 위한 사회적인 요구조건에 민감해지는 시기이기도 하다. 또한 무언가를 재미있게 만들기 위해서 일부분은 어떤 활동의 위험한 요소일 때도 있다는 것을 개인적으로 깨닫는 시기이기도 하다. 최소한 영국에서는 아동기부터 성인기까지의 여정은 학교교육에 의해 지배를 받는다. 대략 4세의 나이부터 16세 혹은 18세까지의 젊은이들은 그들의 놀라운 학습 능력을 최대한 이끌어내고 개발하기 위해 최적화되어 만들어진 교육적 철학의 대상이 된다. 하지만 이러한 배움에서 재미는?

초기교육에는 재미가 아이들의 학습을 위한 중요한 도구로 여겨진다. 아이들에게 재미있고, 탐구하고, 스스로를 위하는 방법들을 찾아내도록 권장한다. 초기의 학교교육은 빈둥거리며 보낼 수 있는 충분한 많은 시간이 주어진다. 놀이와 재미를 만들어내는 시간은 영국 아이들이 공식적이고 제도화된 교육의 중요한 부분이다. 그러다가 해를 지나면서 재미는 착취당한다. 규칙과 점점 더 엄격하게 규제되는 교육의 형태는 곧 권력이 된다. 놀이 시간은 학교교육 단계와 재미에 대한 집중 사이에서 점점 더 짧아지고 빈도가 줄고, 15세 이상의 영국 학생들에게는 기쁨이 사라진다. 이것은 다음의 질문을 하게 한다. 왜 우리는 재미와 자기표현이 배움에 매우 가치가 있다고 생각하는가? 우리의 두뇌가 가장 잘 배울 수 있는 단계에서 학교교육이 성인으로서의 여정만큼 가치가 덜 한 것인가?

사실 이것은 복잡한 문제이다. 젊은 세대의 많은 학자들이 에리스(Aries, 1962)가 《기다리는 청춘》에서 제기한 청소년기의 역할에 주목하며, 이것이 어린 시절에서 성인기로 향해 가면서 왜 재미가 사라지는지에 대한 단서를 얻을 수 있다. 예를 들어, 존슨Johnson, 크로노Crosnoe와 엘더Elder는 사춘기가 어린 시절의 경험을 성인기로 전환하는 데 사용되는 '역량과 지위'로 변환하는 시기라고 주장한다(Johnson et al. 2011:273).

10대 시절은 주요한 과도기적인 시기로, 다른 시기와 구별되는 특징을 가진 삶의 주요 단계로 자리 잡았다. 이 시기에는 이런 것들을 분명히 느낄 수 있으나, 청소년기의 일상적이고 공식적인 경험

틀 밖에서 우리 삶의 나머지 부분과 과연 얼마나 다른지는 정확히 알기 어렵다. 재미의 사라짐은 재미가 갖는 유치함 혹은 순수함이 더 많이 앎 혹은 덜 유치한 재미의 형태로 대체되었다는 것으로 이해된다. 우리는 이런 일이 일어나고 있다는 것을 알고 있고, 그런 변화가 마음에 들지는 않지만, 그것을 막기에는 무력해보인다. 우리가 느낄 수 있는 재미를 결정하는 데 있어서 외부의 압력에 대응하는 과정은 거의 보편적으로 경험하게 된다. 어린 시절을 지나온 어른들의 후회에 대한 이야기들이지만 재미는 고사하고, 즐거움이나 기쁨이 어린 시절부터 성인기로 어떻게 옮겨가는지에 대한 논의는 거의 전무하다.

성인기의 재미

성인과 관련해서 재미를 생각할 때, 종종 어린 시절로 돌아간다. 성인들의 재미에 관해 보고된 경우는, 어른답지 못한 행동이나, 예상되는 행동의 규범이 지켜지지 않았을 때와 명백히 관련이 있다.

이안 웰라드Ian Wellard는 《스포츠, 재미 그리고 즐거움》에서 이런 부분을 짚었다. 여기서 웰라드는 재미, 즐거움, 기쁨이 스포츠의 지속적 참여에 필수적인 이유임을 깨닫고, '아이와 어른 들이 제공한 이야기들은 그들의 스포츠의 경험이 단지 재미만으로 충분히 설명될 수 없다'고 주장했다(Wellard 2013:120). 그러나 문제는 '그렇게 하면서, 그들의 경험이 얼마나 재미있었는지에 대한 그들의 증언을 담은 다양한 범위의 경험 표현이 재미라 주장하며, 즐거움은 참여와 미래의 즐거움을 위한 중요한 측면에 있다'는 점이다(Wellard 2013:120). 이것은 아마도 블라이드와 하센잘이 제기한 헌신에 관한 -혹은 헌신의 부족-관찰로 이어진다.

나는 웰라드가 말한 스포츠에 지속적으로 참여하는 데 재미만으로는 충분하지 않다는 말에 확실히 동의하지만, 이 인용문에서 즐거움과의 합성은 무엇이 정확히 재미이고, 무엇이 재미와 즐거움을 언급하는 것인지 사이의 경계선을 흐리게 만든다. 재미, 혹은 재미와 즐거움, 또한 다양한 각도에서 어느 것에든 연관된 단어를 개발함으로써 성인과 어린이들을 접합한다. 어린이들에 대해서만 이야기한다면, 대다수 어린이들의 지속적인 스포츠 참여를 위해서는 재미만 있으면 충분하다는 의견이 합리적일 수 있다. 사실, 내가 일요일 아침 축구에 대해 생각하면, 몇 명의 성인들에게 충분하다고 말하는 것은 합리적일 듯하다.

재미와 진지함의 결여, 경솔함 그리고 가벼움과의 관련성은 삶의 과정들을 통해 확립되는 규범으로 정의되는 성인기의 방식과 어울리지 않는다. 이러한 규범들은 책임과 무책임함에 대한 생각과 관련이 있다. 그리고 재미는 책임감의 결여와 관련이 있다. 이것은 책임감에 대한 담론과 좋은 성인이 되는 것은 무엇인지에 대한 이야기와 모순된다. 많은 성인들이 재미와 애매모호한 관계를 가지고 있는 것은 놀랄 일이 아니다. 또한 우리가 당연히 해야 하거나 보통 하는 행동들을 하지 않는 이유는 성인기의 재미 때문이다.

성인들은 어떻게 재미를 느끼는가?

'성인들은 어떻게 재미를 느끼는가?' 이 장은 어린 시절의 재미와 관련된 재미의 두 가지 방향을 가리킨다. 그 첫째는 다른 사람들이 여전히 중요하다는 것이다. 명백한 사회적인 현상으로서의 재미는 강화되었다. 또 다른 하나는 설명되는 억제의 과정은 성인의 재미 자료로 표현된다.

설문 참가자들이 공개한 재미는 상당히 절제된 경우가 많다. 즉, 어린 시절 재미있을 수 있었던 일을 알 수 없는 이유로 포기했던 경험과 같은 것을 담지 않은 것이다. 혹은 의도적으로 재미를 억제하지 않았던 진술을 하기도 한다. 이는 특정한 사건과 결부된다. 어린 시절 음주 행위와 같은 일들이다. 상당수 영국 참가자들에게 있어서, 이는 유년기의 탈억제와는 확연히 구분된다.

유년기와 성인기 사이의 과도기, 즉 보통 10대 초반에 무언가가 일어난다. 어렸을 때 경험했던 조건에서의 재미를 원하지만, 그것이 성인의 규범에 의해 점점 억제된다. 어린 10대들은 어린 시절의 재미와 성인기의 재미를 모두 원하는 모호한 입장에 처해 있으나, 더 빨리 충분히 깨닫지 못한다. 성인기가 되어가면서, 우리는 대부분의 유치한 재미에 대한 욕망을 풀어버린다. 그리고 나서 우리는 향락적이거나 세련된 성인의 기쁨이나, 시끌벅적하고, 파괴적인 성인의 세계에서 재미를 갖게 된다. 또한 우리는 대리적인 재미의 감각을 발달시킨다. 이러한 재미의 형태는 아이들과 함께 시간을 보내는 재미를 통해 가장 흔하게 표현된다. 그래서 우리 자신이 유치한 재미를 즐기는 대신에, 유치한 재미를 가지고 있는 아이들과 관계하며 재미를 느끼게 된다.

성인과 재미에 대한 이야기를 나눌 때 자녀나 손자손녀를 둔 사람들과 그렇지 않은 사람들 간에는 대리적 재미에 뚜렷한 차이가 드러난다. 다른 사람들—특별히 아이들—을 통해 재미를 언급하는 사람들의 사례들은 부모님과 조부모님 들의 의견이다. 물론 이것은 부모님과 조부모님 들이 아이들과 접촉할 기회가 있으며, 또한 많은 경우에 부모들이 아이들과의 지속적인 시간을 보낼 기회가 감소되었기 때문에 중요하다. 대리적인 재미 경험에 대한 사람들 사이의 차이는 그 사람의 성향과는 상관이 없으며, 더 많은 재미를 누릴 수 있는 기회를 갖는 것은 재미를 위한 필수 조건이 아니지만 다른 사람들을 즐겁게 해 줄 수 있다. 특히 아이들을.

다른 공간에서의 재미와 재미를 위해
디자인된 공간 사이의 구별

어른들은 공간과 재미에 매우 직관적인 관계를 갖고 있다. 공간은 재미를 위해 혹은 재미있지 않기 위해 디자인된다. 그리고 그 안에서 우리가 갖는 재미는 기능적 관계에 달려 있다. 예를 들어 나이트클럽은 분명히 재미있는 유흥시설이다. 술을 마시고 춤을 추는 재미가 인식되고 예상된다. 오후 2시 반에 도서관에서 마치 나이트클럽에서 재미있게 보내는 것처럼 행동한다면 그것은 적절치 않을 것이다.

보다 편안한 관계를 위해 설계된 작업 공간의 예에는 또한 생산성을 위해 설계된 영역이 있는데, 예를 들어, 책상이라는 창의적 중심지가 있으며, 재미를 위한 영역의 예로는, 미끄럼틀, 테이블 축구게임, 농구 코트 등이 있다. 보다 넓은 규모로서, 건물과 공공장소에는 매우 구체적인 공공시설이 갖춰져 있다. 우리가 살고 있는 공간들은 보통 특정한 유형의 경험을 위한 곳으로 명확하게 구분된다. 성인으로서 우리는 공간의 취지나 분위기를 깨닫도록 세밀하게 맞춰진다. 심지어 그 용도가 즉각적으로 명확치 않을 때에도 말이다.

우리는 우리가 필요로 하는 분위기에 가장 적합한 공간을 찾아낼 것이다. 일반적으로 성인들은 어느 시간에든 특별히 재미를 향하는 목표를 충족시키는 데 무엇이 필요한지 알아낼 수 있다. 어떤 소품들이 필요하고술, 활동, 음식 등 어떤 분위기가 필요한지에 대해서 말이다. 이것은 어린 시절에서 성인기로의 여정에서 일어나는 재미의 구별을 가리킨다. 이러한 공간의 경계는 다양한 공간에서 해야 할 적절한 행동을 이해하기 위해 다양한 방법으로 학교교육을 받는 젊은이들에게 덜 명백하다. 재미를 위해 디자인되지 않은 공간은 재미의 즐거움보다 파괴적이거나 반항적인 면에 관심을 끌게 한다. 때로는 그것은 무절제, 성인보다는 아이들과 더 연관된 것들의 정도를 요구하기도 한다. 내게 보고된 대부분의 재미는 알고 있는 위반이 없다면, 공간의 규칙을 따르게 된다.

재미있게 보내는 성인들

이 부분은 성인들의 최근 재미 경험과 직접적인 관련이 있다. 2014년 봄과 여름에 실시된 설문조사에서 그들에게 원하는 만큼 상세하게 내용을 묘사해달라는 요청을 했다. 그 결과는 매혹적이었고, 특히 어린 시절의 재미에 관한 질문의 대답과 나란히 놓았을 때 더욱 그러했다. 응답의 많은 부분이 중복적이었다. 한 응답자는 재미있었던 때를 말하는데, 친구와 그의 여동생과 술집에 갔을 때, 술에 취했고, 그리고 나서 우연히 클럽에 춤을 추러 갔을 때라고 말하는데, 데이터 안에 포함된 것들은 '친구', '가족', '술집', '술 마시기', '클럽 가기', '춤추기' 그리고 '즉흥성'과 관련이 있다. 각각의 구분되는 목록은 자료 제시에 드러나며, 나는 자료에 나타난 주제를 설명하기 위해 언제, 그리고 어디에 직접 인용문을 사용할지를 선택했다. 이 설문조사에 대한 응답의 특징은 답변의 길이였다. 매우 짧았다. 어린 시절에서 대부분의 긴 이야기와는 달리 내가 보기엔 재미를 묘사하는 것을 '대수롭지 않게 여김'이 있는 것 같다. 하지만 재미있는 것은, 그런 이야기가 일관적이라는 것이며, 그렇다고 어린 시절의 재미가 실제 훨씬 더 길다는 것은 아니다.

다른 사람들

재미의 사회적인 본질을 생각할 때, 재미에 관한 설문에 다른 사람이 주로 등장하는 것은 놀라운 일이 아니다. 다른 사람들과 함께 재미있었던 경우가 카운트된 수보다 훨씬 더 많을 것이라는 것이 분명하지만, 나는 그들이 명시된 경우에만 카테고리에 반영하기로 정했다. 이런 이유는 재미의 기억에 스스로가 가장 중심에 있다는 것을 나타내는 것이라 생각했기 때문이다.

다른 사람들: 친구들

친구들은 최근에 성인 응답자들이 공유한 최근의 재미있던 사례에서 더욱 두드러지게 드러났다. 다양한 상황들이 묘사되었지만, 재미있는 시간을 보내는 데 친구들의 중요성은 명백하다. 일부 이야기는 매우 일반적이었다.

친구들과 어울려 놀기. 대화, 수가, 먹기, 마시기, 영화 보기, 외식하기(41세 여성 특별한, 직업 없음).

여기서 특별한 사건의 언급이 없음에도, 친구들 사이의 관계는 재미에서 생산성이 있다는 것을 인정한다. 종종 재미있는 상황이 일어날 수 있도록 조성되는 것이 친구관계이며 또한 순간순간의 재미를 만들어내기도 한다. 이 상황들에는 경험의 해석에 있어서 종합적인 효과를 가지고 있다. 사람들은 그들이 친구들과 함께 있을 때 재미있다는 것을 이해한다. 그리고 친구들과의 경험을 향한 이러한 방향은 재미를 위한 공간을 열어 준다. 이것은 재미의 관계적인 요소를 강조한다. 관계의 지향은 재미를 갖는 데 매우 중요하다. 친밀한 관계의 큰 특징은 신뢰할 수 있다는 것이다. 재미는 편안하게 쉴 수 있고, 현재의 걱정에서 자유로워지며, 스스로를 풀어주는 상황을 만든다는 것은 명백하다. 런던에서 온 한 법률가는 다음과 같이 말했다.

나는 가장 친한 친구와 함께 런던에서 주말을 보냈다. 인도에서 온 우리는 금요일 밤에 한 바에 갔다. 전에 가 본적이 있는 그리고 토요일에 약간 숙취가 있는 우리는 런던에서 또 한 친구와 점심을 먹으며 하루를 보냈는데, 역시 인도에서 온 맨체스터로 여행을 다녀온 친구였다. 우리는 오후의 대부분을 맛있는 식사와 많은 케이크들을 먹으며 보냈다. 대화는 주로 우리가 어떻게 지내고 있는지, 옛 시절을 회상하고, 다른 사람들이 어떻게 지내고 있는지에 대해 소식을 듣는 것이었다(25세 여성, 법률가).

비슷한 상황이 브라이튼에서 온 22세 나이의 응답자에게서 드러난다.

몇 주 전에 나는 몇 년 동안 보지 못했던 몇 명의 오래된 친구들을 만났다. 우리는 한 친구네 집의 침실에 앉아서 밀린 이야기들을 하고 술을 마시며 새벽까지 깨어 있었다. 플레이스테이션 게임도 하고 유튜브 영상들도 보았지만, 대부분은 그저 잡담을 하거나 농담을 했다(22세 남성, 학생).

두 인터뷰 응답자들이 묘사한 경험이나 상황 안에는 재미를 함께 공유하는 사람들과는 편안한 느낌이 있다. 술 마시는 것에 관해서는 이후에 조금 더 자세히 논의될 것이지만, 앞서 이야기한 두 이야기 모두 추억뿐 아니라 술 마시는 정도를 포함하고 있다는 것도 흥미롭다. 한 판매직원은 그다지 흥미롭지 않은 상황이 친구의 존재로 인해 얼마나 재미있어질 수 있는지를 강조했다.

한 친구의 생일에, 그 친구가 맞은편에 있었고, 우리는 컴퓨터 게임을 하고, 수다를 떨며, 엄청나게 많은 것을 하지 않고도 무척 재미있게 보냈다(24세 여성, 판매 직원).

다른 사람들은 친구들과 관련된 덜 일상적인 활동에 대해 이야기했다.

지난여름 두 친구와 함께 캠핑을 갔었고, 우리는 너무나 재미있었다. 바다에서 수영을 하고, 히치하이킹을 했다(내 생에 처음 이었다!). 농부들의 밭에 야영을 했었는데, 맛있는 음식을 사고 모닥불을 피웠다. 정말 눈부시게 재미있던 일주일이었다!(33세 여성, 박사과정 학생)

자신이 경험하는 일들이 곧바로 재미로 나타나지 않더라도 친구들과 재미있는 시간을 보낼 수 있는 방법을 강조하는 몇몇 사람들이 있었다. 한 학생은 친구들과 함께 시간을 보내는 것이 재미의 본질적 가치를 손상하지 않는다는 논의를 묘사한다.

어제는 내 생애 최고의 날이었다. 나는 친구와 함께 새로 생긴 멋진 카페에서 아침을 먹었다. 그러고 나서 타지마할에 갔다. 그 후에 친구 집에서 하는 옷 교환하기 행사에 갔다. 나는 멋진 옷 몇 벌을 샀고, 재미있는 이야기들을 하고, 또한 강간과 학대의 관계에 대해서도 이야기를 나누었다(28세 여성, 학생).

성인들의 재미의 다른 측면들을 설명하기 위해, 많은 응답들이 친구들과 연관성을 설명했다. 실제로 "당신이 재미있게 보낸 최근의 상황을 이야기해달라"는 질문에 대한 응답의 40%가 친구를 분명하게 언급했다. 한 사람이 '포켓볼 치기'와 같은 이야기를 했을 때(41세 여성, 선임 연구원) 가정할 수 있다. 그들은 친구들과 치고 있었을 것이다.

다른 사람들: 가족

많은 사람들은 최근의 재미있던 일을 회상하며 가족들을 분명히 언급했다(18%). 이것은 어린 시절의 재미 이야기에서 언급된 것만큼 많지는 않지만, 응답자의 상대적 획일성 결여를 감안하면, 그 비율은 여전히 상당히 많은 양이다. 많은 부모들은 아이들을 재미 이야기의 중심으로 언급했다. 그들이 아이들과 보낸 시간에 대한 짧은 이야기를 제공한 몇 명의 사람들이 있었다. 노팅엄의 한 직업 치료사는 다음과 같이 말했다:

나의 아이들과, 큰 언덕을 오르고 시골의 야외에서 보내는 것(36세 여성
직업치료사).

미들랜드의 한 강사는 다음과 같이 말했다.

아이들이랑 공원에서 야구하기(43세 여성, 강사).

아이들과 재미있게 보내는 상황 설정에서 대가족의 중요성은 많은 사람들의 주목을 받았다.

지난주 우리는 아이들을 아비모어에 데리고 가서 수영장에서 물 미끄럼틀을 태워주었을 때이다. 또 토요일에 남동생네 바비큐 파티에서 모두가 목표물을 향해 공기총을 쏜 때였다(36세 여성, 연구원).

이 이야기에서 재미 활동은 아이들과 함께하는 것이지만, 재미 현장은 남동생의 집이었다. 가족과 함께하는 재미에서 '대접' 상황은 종종 일어나는 경우이다. 파티나 바비큐 파티를 어디에서 열 것인지, 가족들이 어디서 휴가를 보낼지 등이 바로 재미를 느낀 장소이다. 재미있게 보내기 위해 사람들과 함께 있는 것을 언급한 것은 그저 어린아이들만이 아니었다.

나의 큰딸과 그녀의 친구와 함께 클럽에 가는 것, 집시 펑크 음악, 코미디극, 곡예사, 페이스페인팅, 스토리텔링, 서커스, 상의 탈의 한 많은 여성들, 그리고 변태가 없을 때 [재미를 느꼈다](47세 여성, 무직).

이것은 여러 이유에서 흥미로운 이야기이다. 가족과 어우러지는 것과 별도로, 이는 탈억제나 위반이라는 개념과 조응한다. 위의 인터뷰에서 여성이 '변태가 없을 때'라고 한 것은 위반적으로 해석될 수 있는 상황이라는 점을 완곡하게 인정한 것이다. 사우스앤드 출신의 한 부모가 이보다 덜 극적인 답변을 했다.

> 성장한 내 아들, 파트너, 그리고 내가 직장에서 돌아오는 저녁 시간에, 우리는 보통 TV에서 하는 '시시한 것들'을 보면서 저녁 식사를 한다. TV를 시청하고 음식을 먹으면서 잡담과 농담을 하고, 웃으며, 장난을 치는 것들을 나는 너무나 좋아한다(52세 여성, 직업 없음).

아이/부모 관계의 본질적 변화는 이미 강조되었지만, 여전히 그 관계는 재미의 조건을 제공할 수 있는 가능성을 가지고 있다. 친구들과 비슷한 방식으로, 좋은 가족 관계의 친밀함은 재미의 가능성을 더해준다. 믿음, 친숙함, 그리고 어느 정도의 반복은 사람들이 안전하게 느끼는 관계 안에서의 재미가 갖는 특징이다. 손자들, 그리고 사촌들뿐만 아니라 형제자매들도 언급되었다.

다른 사람들: 파트너

친구들과 마찬가지로, 파트너가 있는 자리에서 많은 재미있는 이야기들이 있었다는 것은 분명하나 진술에 구체적으로 드러나지는 않는다. 그렇긴 해도 파트너들이 더 자주 언급되지 않았다는 것이 여전히 놀랍다(6%). 사실 파트너를 언급한 경우는 주로 젊은 응답자들인 경향이 있었다. 파트너의 생일이 언급된 적이 있는 경우도 몇 차례 있었다.

내 여자 친구의 생일파티, 모두가 옷을 차려입었고, 모두가 근사했고, 다정했고, 술에 취했고, 잘 어울렸다(32세 남성, 학생).

친구들 사이에서 파트너가 정해진 다른 사람들도 있었으며, 그 파트너의 존재가 재미를 증가시켰다. 이것은 자발적인 것임에도, 자신의 상황을 묘사하기 위해 사람들이 사용하는 단어들이 놀랄 만큼 부족하다. 다시 말하지만, 이것은 단지 질문을 해석하는 방식의 결과일 수 있지만, 그것의 부재가 나를 여전히 당황스럽게 만든다.

남자친구가 주말에 집에 와서, 우리는 룸메이트들과 함께 브라이튼에 있는 프리마운트 공원에 가서 공을 차고 던지며 놀았다. 집에 돌아와 바비큐를 먹고, 술을 마시고 카드게임과 제스처 게임을 했다 (19세 여성, 학생).

관계의 친밀감은—특히 믿음과 긴장해제와 관련한—친구나 가족 들에게 중요하게 강조되어 왔고, 파트너와의 관계에서 특히 중요했다. 브라이튼의 한 학생에게 있어, 재미는 파트너가 걱정하는 무언가에 완화작용이 됨으로써 문제에 대응하고, 그 후에는 걱정거리에서 주의를 딴 데로 돌리는 데 도움을 주었다.

며칠 전에 브라이튼의 해변에서 남자친구와 함께였다. 나는 큰 고민에 빠져 있었고 그것 때문에 마음이 울적했다. 그래서 우리는 해변을 따라 산책을 하고 생선과 감자튀김 그리고 아이스크림을 먹는데 없는 돈을 약간 썼다. 우리는 서로 장난치고 함께 놀며, 둘 다 하루종일 많이 웃으며 보냈다(23세 여성, 학생).

최근의 재미있었던 경우를 말하지 않았지만, 레스터의 한 연구원은 재미의 사회적인 면을 지적했다. 그들의 파트너가 이 사회적 경험에 중요한 존재이고 파트너와 함께 시간을 보내는 것은 재미있는 시간을 보내는 것과 관련이 있는 것이 분명했다.

그것은 여전히 나에게는 대단히 사회적인 활동이다. 지금의 재미는 파트너나 친구 들과 함께 시간을 보내고, 외출하고, 그들과 함께 시간을 보내는 것이다(30세 여성, 연구원).

재미를 갖는 데 사회적인 중요성은 아무리 강조해도 지나치지 않다. 그러나 일부 사람들에게는 이런 활동이 재미를 정의하는 데 관계의 친밀감과 신뢰도가 된다.

친밀감

앞에서 살펴본 일부 경험이나 관계는 '친밀감'으로 설명될 수 있을 것이다. 그러나 나는 이 단어를 아껴두었다. 다른 관계에서는 찾아볼 수 없는 특정한 관계 내에서의 자유를 의미하는 친밀감의 정도를 나타내는 상황을 묘사하기 위해서였다. 조사 대상자들 중 최근 경험한 재미를 이야기해 달라는 질문에 단 한 사람만이 섹스를 언급한 것은 흥미로운 일이었다. 물론, 설문조사에서 다수의 사람들이 섹스에 대해 얘기하고 싶어 할 것이라 예상하지는 않는다. 그러나 설문은 익명이었고, 섹스와 재미는 종종 대중적인 상상의 대상으로 간주되기에, 최소한 이보다는 더 많은 사람들이 그것을 언급하리라고 생각했었다. 섹스 얘기가 드문 것은 재미로 묘사된 특정 현상들이 실제 경험에 의한 설명이 아니며, 우리의 행동이 이해되고 소통되기를 희망하는 방식은 보다 더 두서없는 형태라는 이 책의 결론을 뒷받침한다. 결과적으로 이는 우리 자신의 존재에 대한 감각이나 타자에 대한 감각에 영향을 받은 것이다. 리즈의 한 관리자는 다음과 같이 말했다.

> 나의 가장 최근의 재미있는 경험은 잠자리에 들기 전에 내 남편을 간지럽히는 것이다(33세 여성, 관리자).

브리스톨의 한 시설 코디네이터가 팬티에 대해 이야기를 했다.

> 오늘 아침, 그가 아직 침대에 누워 있는 동안, 약혼자를 위해 팬티 댄스를 하고 있다. 그가 팬티, 팬티, 팬티, 팬티를 노래하는 동안 나는 준비를 하면서 춤을 춘다(33세 여성, 시설 코디네이터).

섹스를 구체적으로 언급한 유일한 사람은 헐에서 온 한 경찰관이었다. 심지어 그는 약간 수줍어하기도 했다. 나아가 아이와 놀았던 일을 거론하기도 했다.

최근에는 섹스와 관계된 것들이 재미있었다. 혹은 20개월 된 우리 아기
와 노는 것도 재미있었다. 우리 꼬맹이는 정말 웃긴 녀석이다(35세 남성,
경찰관)

'침실에서'라고 장소를 구체적으로 언급했다면 위의 두 경험이
좀 더 명확하게 묘사되었을 것이다. 그러나 침실은 원래부터 친밀감
과 깊이 연계되는 공간이다. 그래서 진술이 엄밀하지 못한 것이 크
게 실망스럽지는 않았다.

다른 사람들: 낯선 사람들

몇 명의 사람들이(3%) 재미에 관한 이야기에서 낯선 이를 언급
했으나, 이것은 그들과 친구가 되거나 친근한 경험의 상황에서 일어
났다. 그것은 서로가 잘 알지 못하는 사람들 사이의 연결이었다. 그
것은 재미있었다. 한 학생이 특정 무리의 사람들과 친해지는 것에
대해 다음과 같이 이야기했다.

어젯밤 나는 룸메이트들의 직장 동료들과 술집에 가서, 그들과 친구가
되었고, 보드카를 많이 마시고, 50년대 음악에 맞춰 춤을 추었다(20세 여
성, 학생).

한 모델은 한 사람을 알아가는 것에 대해 말했다.

나는 내 술값을 모두 내 준 엄청나게 섹시한 여자와 데이트를 하고, 깊
은 키스를 나누었다(19세 남성, 화가들의 모델).

그러나 그것은 재미의 조건을 만들어내는 사람들 사이의 힘이
다. 글래스고 출신의 한 요리사가 이 점을 언급했다.

많은 낯선 사람들과 함께 북쪽으로 하이킹을 간다. 사람들 간의 좋은
조합은 무얼 하든 재미있게 만들 수 있다고 생각한다(29세 남성, 요리사).

이 자료에서 재미의 사회적인 측면은 명확하다. 이것은 사람들
이 서로에게 갖게 되는 현상이다. 그리고 사람들 사이의 사회적 유
대감을 강하게 한다. 재미가 빠진 우정이나 파트너 관계를 상상하는
것은 어렵다. 그러나 사회성과 재미의 방식은 인생 과정을 통하면서
바뀌어 간다. 어린 시절부터 성인기로의 전환은 우리가 재미있어 하
는 것을 이해하는 사람들의 다양화로 특징지어진다. 어린 시절에 대
한 자료에서는 가족들이 훨씬 더 무게 있게 다루어졌던 것에는 몇
가지 이유가 있다.

첫 번째, 우리가 더 넓은 범위의 사람들과 긍정적인 경험을 하
는 데 익숙해진다. 우선, 삶이 계속될수록 우리는 점점 더 많은 사람
들을 만난다. 하지만 재미를 느낄 수 있는 기회가 점점 더 제한될 수

도 있다. 우리는 재미있는 것처럼 보일 수 있는 상황을 만들 수 있을 때 그것을 낚아챈다. 이것은 상황이나 기회가 우리를 위해 만들어지는 어린 시절과는 완전히 다르다. 노는 시간, 학교, 방학, 놀이 만남 등 우리가 그것들을 가져갈지 말지는 또 다른 문제이다.

두 번째는, 제2장 '재미의 이론화'에서 나온 요점인데, 재미에 관한 논의가—그리고 우리가 어린 시절에 재미를 느끼는 방법—어른이 된 현재보다 훨씬 더 공식적이다. 이것은 정체성의 문제를 다룬다. 우리가 무엇을 즐기는지가 곧 우리가 누구인지를 말해주는 것이다. 어린 시절의 재미에 대한 이야기들은 역사적인 관점을 제공하고, 그것은 현재의 이야기들을 통해 더 자세히 서술된다.

야외

"당신이 재미있었던 최근의 경우를 말해주시오."의 질문의 응답에서, 가장 활발하게 나타난 특징은 야외활동과 관련된 이야기였다(21%). 휴일에 대한 이야기와 많은 교차점이 있었는데, 그것은 나중에 좀 더 구체적으로 다루겠다. 나는 이 이야기들이 재미났다. 그것은 메를로 퐁티Merleau-Ponty가 부르는 '세상에 존재하는 것'에 대한 기쁨으로 가득 차 있었다(Merleau-Ponty, 2002). 맨체스터 출신의 박사과정 학생은 친구들과 캠핑을 하고, 음식을 먹고, 모닥불을 피우는 동안, 그녀가 즐기는 이 시간의 특징들에는 교차점이 있었으며, 그것들은 그녀의 마음속에 각인되었다. 이 경험들은 재미의 틀 안으로 편입된다. 나의 요소가 본질적으로 재미있는 것이 아니라, 모든 요소들이 함께 종합적인 경험을 만들어낸다. 에딘버러 출신의 한 연구원은 재미있던 경험에서 자연의 중요성에 대해 이야기했다.

나는 등산하러 갈 때 꽤 자주 재미를 느낀다. 나의 휴일은 굉장하다. 언제나 외국의 태양 아래 오로지 주위에 자연만이 있는 숲 속에서 등산을 하고 휴식을 취한다(39세 여성, 연구원).

활동적이고, 휴일을 보내며, 자연 속에서 지내는 것들의 조합이 이 연구원에게 재미를 만들어냈다. 등산은 꽤 고독한 일일 수 있는데, 이 사람은 다른 누구도 언급하지 않았다는 것에 흥미롭다. 카디프 출신의 TV 프로듀서는 시골에서 자전거 타기에 대해 이야기했다. 역시, 이것도 때때로 고독한 활동이지만, 그는 낯선 사람들과 나누는 정겨운 대화를 언급했다.

나는 펨브룩 근처의 오두막집에서 해변을 따라 리틀헤이븐 마을까지 자전거를 탔다. 나는 여동생의 여름휴가에 맞춰 그곳에 있는 그녀의 집을 찾았다. 나는 햇볕을 쬐며 커피를 마시며 나이든 분과 좋은 대화를 나누었고, 다시 알지 못하는 길에 올라 느긋한 속도로 자전거를 탔다. 모두, 끝내주게 재미있었다(44세 남성, 텔레비전 프로듀서).

날씨의 역할 또한 많은 사람들의 재미에 관한 경험에서 중요했다. 응답자의 6%가 화창한 햇빛을 언급했는데, 어쩌면 설문 시기의 결과일 수도 있지만, 물과 해변의 즐거움이 좋은 날씨에 의해 결정된다는 것을 부정할 수 없다.

대화

어린 시절과 대조적으로, 대화나 수다가 성인들의 재미와 관련 경우가 많다. 주로 앉아서 하는 이런 경험은 인생 과정을 통해 발달되는 것으로 나타난다. 어린 시절의 재미는 단순한 대화와는 어울리지 않는다. 브로너와 토로네(Broner and Torone, 2001)가 제시한 것처럼, 아이들은 단어 놀이를 하며 재미있게 놀기는 하지만, 성인에게 대화는 다른 양상을 띤다. 사람들이 특히 재미있어 했던 사례들에는 수다, 농담, 그리고 밀린 소식 나누기 등이 있었다. 이야기들 중 일부는 극적이고 일부는 이벤트가 부족하다. 그것은 특정 활동과 반드시 연관되어 있지 않지만, 우리의 일상적인 경험이 포함되어 있다. 그것들 중 일부는 기억에 남을 만한 것을 안겨준다.

> 이번 주말에 도셋에서 오랜 친구들과 그들의 아이들과 함께 긴 주말을 보낸 것. 우리가 함께한 것들 모두가 좋았지만, 재미에 대해서라면, 밀린 이야기들을 하면서 함께 웃는 것이 가장 재미있었다(36세 여성, 교사).

다시 한 번, 이 사람에게 재미는 특정 활동보다는 '밀린 이야기 나누기'나 '함께 웃기'를 통해서 만들어졌다. 어떤 가게 직원은 집을 떠나 친구들과 함께 지내는 시간에 대해 이야기했지만, 정치에 관해 다른 사람들과 이야기하는 것에서도 흥분을 느꼈다.

> 울라폴에서 많은 좌파들과 정치에 대해 이야기하는 것. 위스키와 함께,
> 좋은 음악, 농담을 섞어가며 정치에 도전하고 있다. 재미있는 이유는 독
> 립운동은 너무나도 흥미롭고 정치는 너무나도 활기차서. 나는 사람들
> 의 생각을 듣고 그들과 대화하는 시간이 진심으로 즐겁다. 이것이 나에
> 게 있어 '재미'이다 (25세 남성, 가게 직원).

이것이 모든 사람의 취향이 아닐 수도 있지만, 사실은 누구든
재미로 느낄 수 있는 것들이기도 하다. 예를 들어, 수다는 일반적인
소재는 물론, 정치와 같은 것에서도 재미를 느낄 수 있는 구체적인
관계를 제시한다.

웃음

대화와 종종 관련되는 것이 웃음이다. 그러나 재미와 관련된
웃음에서는 대화가 중요한 조력자로 나타난다. 웃음은 재미의 한 부
분으로 언급되었으나, 일반적으로 어떤 상황이나 시간이 재미있음
을 전달하는 장치로 사용되었다. 웃음은 매우 구체적인 사건에서 나
타난다.

> 내 파트너가 누군가가 그녀의 이름을 잘못 부른 이야기를 들려주었을
> 때 나는 웃음을 멈출 수가 없었다. 우습게 들리진 않지만 정말 우스웠다 그리고

아무 이유 없이 '행복한' 노래를 부르며 사무실 주변을 돌며 미친 듯이
춤을 추는 것(47세 여성, 강사).

또한 웃음은 그 시간의 분위기기도 하다. 사람들은 많이 웃었
던 시절의 기억을 찾았다.

남자친구와 아주 아름다운 바닷가 마을에 갔을 때, 많은 대화하고 웃으
며 해안을 탐험하면서 이틀을 보냈다(34세 여성, 강사).

사람들은 또한 '진짜 웃음' 혹은 '제대로 된 웃음'이라는 용어를
사용했다. 내 경험에 의하면, 이것은 말 그대로의 용어이다. 어떤 상
황이 '웃음'으로 표현되었을 때, 그것은 거의 항상 관련된 사람들이
많이 웃었기 때문이다.

두 명의 직장 동료들과 함께 호프집에 갔는데 정말 많이 웃었다. 남편
과 강아지와 함께 강가로 산책을 했는데, 그것도 무척 좋았다(47세 여성,
대학 강사).

웃음이 경험의 중요한 요소라는 관점에서, 웃김hilarity을 거론하
는 이들도 있었다.

최근에 몇몇 친구들과 점심을 먹으러 나갔다. 그들과 밀린 소식을 전하

고, 대화를 나누는 데 정말 좋았다. 너무 웃겼다. 그래서 그 시간이 아주 재미있었다고 느껴진다(18세 여성, 학생).

웃음의 중요성은 당연하게 여겨진다. 그러나 그것은 전제 조건이 아니다. 그것은 웃음이 일어날 때 재미와 결부되지 않는 때가 더 자주 있다는 것에서 알 수 있다. 웃음과 재미는 공통적으로 중요한 특징을 가지고 있으며, 이 둘이 상호연결되어 있다는 점을 쉽게 추측할 수 있다. 이 둘은 식별 가능한 시점에서 시작하고 종료된다. 또한 그것은 우리가 좋은 시간을 보냈다는 것을 깨닫게 하는 명백한 증거이기도 하다.

술

영국의 대다수 응답결과는 재미의 소재로 술이 부각되었다. 응답자의 약 4분의 1은 어떤 방법으로든 술을 마셨다. 이것이 '망가진 영국Broken Britain'의 결과로 이야기하기보다, 두 가지의 의미를 반영한다고 생각한다. 첫 번째이자 가장 중요한 것은 사회적인 활동에 있다. 영국의 많은 성인들이 곳곳에서 사람들을 만나고 사회적으로 교류한다. 술을 마시는 주요 원인은 바로 사람들과의 교제 때문이다. 두 번째이자 논란이 될 만한 요인으로 술이 사람들의 억압을 풀어준다는 점이다. 많은 사람들이 억압의 해소, 놓아버림이 재미를 느끼는 데 핵심 요소라고 생각한다. 그렇다면 성인이 재미를 갖는데, 인위적인 탈억압제인 술이 등장하는 것은 놀랄 만한 일이 아니다. 술집에서 일하는 한 젊은 여성은 술의 사회적 상호작용을 다음과 같이 설명했다.

> 최근 나는 내가 일하는 술집에서 사람들과 어울리며 무척 재미있었다. 일요일 오후에는 햇살을 받으며 술을 마시며 놀았다. 내 남자친구와 친구 몇 명이 함께 있었고, 우리는 정원에서 기타를 치며 많이 웃었다(24세 여성, 바 직원).

이 이야기는 특히 영국에서 술에 대한 언론의 예민한 논평과는 대조적이다. 또한 술이 과도하게 사용되거나, 도덕성이나 예절을 벗어던지게 만든다는 데에 악용되지 않았다. 영국에서 술은 삶의 교제보다 문화적인 도구이다. 런던의 한 직물 디자이너는 수다, 친구, 술집, 햇빛, 그리고 술에 나타나는 의미를 들려주었다.

> 가장 친한 대학 때 친구가 런던에서 주말을 함께 보내기 위해 카디프에서 왔고, 우리는 브릭레인의 햇살 속에서 맥주를 마시며 하루를 보냈다(23세 여성, 프리랜서 직물 디자이너).

파티에서 알코올을 중요시하는 사람들이 있었는데, 취하는 것 재미에 있어서 중요한 요소였다. 본머스의 한 학생은 다음과 같이 말했다.

룸메이트의 생일에 1920년대의 옷을 차려입고, 클럽으로 외출하는 것. 밤새도록 취하고 춤을 추는 것 (21세 여성, 학생)

어떤 사람들은 장소는 언급하지 않았지만, 술과 교제는 언급했다.

친구와 나는 한 친구가 석사 학위 과정을 마친 것을 축하하기 위해 모여서 술을 마시며 몇 시간 동안이나 수다를 떨었다. 멋진 시간이었다(28세 여성 공예가).

단순히 집에서 다른 이들과 함께 술을 마시며 좋은 시간을 보낸 사람들도 있었다.

남자친구와 나는 〈호빗 2〉를 보았다. 많은 간식거리치킨 너겟, 피자, 치즈스틱와 함께. 우리는 와인을 많이 마시며, 호빗 시리즈 영화 두 편을 다 보았는데 정말 재미있었다!(21세 여성, 가게 종업원)

이 이야기에서 술은 상상력의 부족에 대한 만회로 보이지 않으며, 성인들이 사회화하는 과정에서 나타나는 경향으로 간주된다.

여행과 휴가

술과 마찬가지로, 응답자의 약 4분의 1정도(27%)가 휴가와 여행을 재미있었던 경험으로 언급했다. 어린 시절의 이야기와 마찬가지로, 여행과 휴가는 일상과 매일 노고에서 일시적 보류나 일탈 기간으로 인식된다. 어린이들과 함께하는 당일 여행, 해외 여행, 휴가에서 얻은 구체적인 경험과 일반적인 관찰이 바로 그것들이다.

지난여름에 딸과 함께 플로리다에 있는 디즈니 월드에 가서 워터파크에 가서 물놀이를 했던 것.—우리 둘 다 물을 정말 좋아한다—제일 좋았던 것은 호수에 있는 파도 기계였다. 거의 해안까지 우리를 날려 버리는 거대한 파도. 우리는 손을 잡고, 카운트다운을 외치며 완전히 쓸려가 버렸다. —여행 동안 우리는 다시 그곳으로 돌아가서 이틀 동안을 그워터파크에서 지냈다(49세 여성, 교수).

휴일에는 재미 이야기가 어디서든 발견되는 요소가 가득하다. 각족, 물, 흥분 같은 것들이 모두 여기에 든다. 이것은 일반적인 것과 구체적인 것의 결합에 의한 멋진 표현이다. 휴일은 그 자체로 재미있었고, 짧은 휴식의 시간도 언급되었다. 일상에서 일시적 보류가 강조된 것이다.

파리에서 경치를 구경하던 친구들과의 주말.—아주 바보 같은 짓들을하며—가장 재미있었던 것은 누가 가장 잘생긴 사람과 그들이 눈치 채지 못하게 함께 사진을 찍을 수 있을지를 해보는 경쟁이었다(49세 여성, 고문).

파리에서 친구들과의 이야기는—그리고 좀 장난기 심한—재미의 적절한 표현이다. 이 사람은 자신 주변 사람들과 규범에 대한 위반적인 이야기를 통해 재미에 대한 느낌을 명확히 드러낸다. 왜냐하면 이런 경험은 모든 사람들이 가질 수 있는 것이 아니기 때문이다. 집을 떠난다는 것은 집에서의 행동과는 구별되는 다른 종류의 행동 형태를 허용하기 때문이다.

몇 년 전에, 나는 많은 동료들과 함께 리스본에서 열린 회의에 참석했다. 당시 나는 박사과정 학생이었고, 함께 있던 몇몇 동료들도 나의 친구였다. 우리 무리들은 식사를 하러 나갔고, 그곳에서 첫날밤에 술을 마시며, 아주 재미있게 보냈다. 우리는 칵테일을 너무나 많이 마셨고, 재미있는 이야기와 농담을 주고받으면서 그날 저녁을 보냈다. 너무나 많이 웃었지만, 다음날 아침은 전혀 재미있지 않았다! 아마도 내가 한동안 보낸 시간 중 가장 재미있었다(31세 여성 강사).

우정은 형식적인 위계질서에 거의 근거를 두지 않는다. 그것을 나타내는 것처럼 보인다 해도, 우정은 삶의 다른 영역들과 달리, 재미있는 순간들의 본질을 강조한다. 이것은 때때로 억제의 해방이나 놓아버림과 연관될 수 있다. 칵테일은 이러한 과정을 도와준 것이다.

음악

음악은 많은 사람들의 재미 경험에서 중요한 역할을 했다(17%).

이것은 연주회나 공연, 그리고 연주뿐만 아니라 춤추는 것도 포함된
다. 〈하프맨 하프비스킷Half Man Half Biscuit〉 공연에 가서 펄쩍펄쩍 뛰
는 것(43세 남성, 공무원) 그리고 어떤 이는 '작년에 〈뮤즈Muse〉를 보러
갔다. 대단히 재미있었다,라고 말했다(25세 여성, 운영관리자). 한 학생은
공연에서 뜻밖의 사람들과의 만남은 어떻게 재미로 가득한 저녁을
만들어 주었는지를 이야기했다.

> 런던의 한 공연에서 내 파트너와 나는 우리가 브라이튼에서 몇 주 전에
> 만났던 커플과 우연히 마주쳤다. 그래서 공연에서 함께 어울리고 나서,
> 런던을 돌아다니며 이야기를 나누고 술집에 함께 갔다. 그것은 예상치
> 못한 너무나 재미있는 시간이었다(29세 여성, 학생).

이 마지막 인터뷰에서 공연은 그 자체가 재미있는 것이 아니라
재미가 일어난 장소였다. 재미는 사람들과의 어울림에서 일어났다.
다른 좋은 예는 런던의 한 학생이 제공한 것으로 행사에 참가하는
것이었다.

> 몇몇 사교적인 술자리를 가기 위해 친구들과 만났는데, 의도치 않게 우
> 리는 좀 취하게 되었고, 결국 런던의 한 버려진 건물에서 밤새도록 무
> 아지경의 파티를 했다. 그것은 계획된 것이 아니었고 갑작스럽게 일어
> 난 일이었기 때문에 재미있었다(35세 남성, 학생).

재미로 인식되는 것은 단지 뮤지션들의 음악을 듣는 것만은 아니었다. 어떤 사람들은 자기 자신의 연주에 대해 이야기하기도 했다. 하지만 그것은 항상 다른 사람들과 함께 있는 것과 관련이 있었다.

내가 최근에 노래를 부른 행사에서 재미있었다. 행사 그 자체도 좋았지만 내가 함께 노래하는 사람들이 매우 웃겨서 우리는 웃음을 터트리곤 했다!(49세 여성, 선임 기술자문관)

혼자서 음악을 하며 재미있었다고 말한 사람은 아무도 없었다.

나는 멋진 가족 밴드에 갔다. 나는 오래된 친구들을 만나 밀린 이야기들을 하고, 새로운 사람들을 만나고, 노래를 부르며, 바이올린을 연주하면서 재미있는 시간을 보냈다(38세 여성, 지역사회 예술가).

음악으로 재미를 만드는 방법은 다양하지만, 재미 이야기들 속에 있는 음악의 존재는 적어도 많은 사람들에게 재미있게 보낼 수 있는 시간을 제공한다.

행사

음악과 함께, 행사에서의 재미 또한 빼놓을 수 없다. 재미는 허락된 장소와 시간에 일어나며, 다른 장소와 시간에서는 이것이 적절치 못하다는 것이 반영된다. 행사는 재미를 위해 허락된 공간을 제공한다. 대체적으로 공연이 그렇다.

> 일주일 전에 브라이튼에 공연을 보러 갔는데 정말 재미있었다. 나는 공연을 가는 것이, 일에서 벗어나 시간을 갖기에 재미있는 방법이라는 것을 알아냈다(21세 여성, 학생).

> 친구 생일에 런던으로 공연을 보러 간 것. 나는 피곤했고 기분이 좋지 않았지만 그것은 정말 좋았다. 그들은 내 20대, 30대 시절의 오래된 밴드였다. 춤을 추고, 노래를 불렀다. '재미있었다.'(50세 여성, 파트타임 강사)

사실상 모든 공연에는 재미의 사회적인 요소가 있었다.

> 나는 2명의 친구들과 함께 오투에 미란다를 보러 갔다. 많이 웃었고 재미있었다. 왜냐하면 오랜만에 친구들을 보았기 때문에 밀린 이야기를 나누는 것이 좋았다(19세 여성, 학생).

이 사람은 행사가 즐거웠고 재미있었다고 표현했을지도 모르겠다. 그러나 만일 혼자서 갔었다면 어땠을까? 행사에서의 재미에는 친구와 보낸 이야기가 있다.

두어 사람은 연극을 언급하기도 했다:

친구가 떠나는 지난 주말 우리는 간식을 먹고 이야기를 나눈 다음 동네
대학에 짧은 연극을 보러 갔다. 친구 딸의 남자친구가 연극에 출연했었
다(48세 여성, 물리치료사).

음……. 지금의 재미는 아주 단순하다. 친구들과 멋진 밤 외출, 바비큐
와 맥주가 지금의 재미이다. 최근에 웨스트 엔드에서 〈지브스 앤 우스
터〉를 보았는데 아주 재미있었다(30세 여성 학자).

마지막 인터뷰에서 우리는 이전의 재미와 지금의 재미의 이야
기가 다르다는 점을 알 수 있다. 재미는 실제로 삶의 과정에서 점점
더 복잡해진다.

놀이와 게임

장난이 언급되는 경우가 종종 있었으나, 20%정도의 사람들은
놀이나 게임이라고 불리는 활동을 언급했다. 몇몇 사람들은 축구나
탁구 같은 조직적인 게임들을 언급했지만, 어떤 사람들은 종종 어린
시절과 관련 있는 놀이를 이야기했다.

팔머에서 레우스까지 산책하러 가기, 언덕을 오르내리고, 잔디밭에 앉
아 일광욕을 즐기기. 언덕 아래로 굴러 내려가기, 다시 올라가서 또다시
아래로 굴러 내려가기(20세 여성, 학생).

이 이야기는 아이들이 주로 즐기는 근원적인 재미를 돌이켜 보게 하는 좋은 예이다.

다른 이는 게임을 거론했다.

동네 공원에서 친구들과 모의 올림픽을 조직하고 모의한다. 우리는 다양한 재미있는 행사에서 서로 경쟁했고, 우리가 대표로 배정된 나라들의 색깔의 옷을 입었다. 나는 29살이었다(30세 남성, 경제 연구가).

또 다른 사람은 아이들의 재미가 어떻게 어른들에게도 이어지는지를 설명하면서, 어린이들의 놀이를 즐기는 어른들의 이야기를 언급했다.

어제 오후 공원에서 목마를 태우고 경주를 했다. 부모마다 각 한 명의 아이를 태우고(42세 여성, 대학교수).

일반적으로 유년기에서 성인기로 접어들면서 도드라지는 변화가 있는데, 게임이 덜 분명하고 보다 수동적인 형태로 바뀐다는 것이다. 게임이 어른들에게 재미가 없다라는 것이 아니라, 아이들이 느끼는 재미 경험에서 어른들은 더 이상 그다지 재미를 찾지 못한다는 의미이다.

활동

활동에서 재미를 느낀다는 사람들의 이야기가 있다. 이러한 사람들은 창조적이거나 신체적으로 요구되는 활동에 참여했다. 이러한 재미의 형태에는 배워서 익히거나 혹은 그것을 하는 데 시간을 드는 기술이나 테크닉을 수반하는 경향이 있었다. 몇몇은 스포츠 경기와 관련된 것이었다.

나는 플랜더스 스포티브장거리 코스 사이클 투어 투어를 자전거로 갔다. 나는 프로 선수들이 타는 자갈길과 가파른 오르막길을 자전거로 오를 수 있을지 알고 싶었다. 굉장한 날이었다. 수천 명의 다른 라이더들에게 허니 케이크와 카라멜 와플이 팔렸다(39세 여성, 연구가).

이것은 단순한 자전거 타기가 아니었다. 훈련, 높은 수준의 체력, 그리고 투어를 완성할 수 있는 정도의 능력을 가져야 한다. 캘리포니아의 66세 컨설턴트는 스포츠에서 높은 수준의 재미를 얻기 위한 것으로 인내력과 기술을 언급했다.

나는 막 나파부터 텍사스 오스틴까지 오토바이로 5000마일을 달렸고 돌아오면서 미국의 아름다운 지역들을 돌아다녔다(66세 남성, 자문위원).

그것은 단지 재미 활동을 위해서 긴 기간의 활동만을 언급한 것이 아니다. 다음 이야기처럼 탁월한 신체 감각에서 얻는 경험이 주는 재미에 대한 이야기다.

여행과 관련된 것은 무엇이든 나에게 재미있는 일이고, 그것은 지방 여행을 포함한다. 나는 새로운 장소들을 보는 것을 좋아한다. 최근에 나는 코스타리카에 가서, 처음으로 고공 활강을 시도했었고, 열대 우림의 긴 계곡을 건넜다. 이것을 한다는 생각에 겁이 나기도 했지만, 결심을 하고 그 후 몇 시간 동안이나 나는 활짝 웃었다!(59세 여성, 가든센터 관리인).

여기서 신체 활동으로 와이어 줄을 타는 스릴도 함께 나온다. 사실, 흥분은 육체적인 참여로 느끼는 재미 요소로서 무수하게 거론된다. 전문성이나 지식을 요구하는 활동에 참여하는 사람들도 있었다.

런던을 방문한 대녀를 데리고 나의 천 수집물들을 가지고 놀았던 것. 그녀에게 상의를 만들어 주고, 내 친구 다이앤과 함께 양탄자 만들기 과정에 참석한 것(71세 여성, 은퇴한 학교 교사).

물리적인 지식이나 기술과 연관된 전문적인 활동에 헌신하는 것에서 재미를 느끼는 것도 흥미롭다. 블라이드와 하셴잘이 재미와 행복 사이를 구분 짓는 표에서 헌신과 위반의 개념은 중요하다. 그들에 의하면, 위반과 헌신은 스펙트럼의 양극단에 놓여 있다. 위반은 규칙을 어기고, 헌신은 특정 활동을 둘러싼 규칙을 흡수하고 받아들인다. 위의 사례처럼, 오토바이가 안전하게 주행할 수 있도록 운전 기술을 익혀야 하고, 아름다운 카펫이 만들어지기 위해서는 꾸준한 헌신이 필요하다. 하지만 이 헌신적인 참여에 위반적인 있는 요소들이 개입되어 있을 수도 있습니다. 이것이 로이가 생산 라인에 대해 이야기한 직장에서의 빈둥거림의 축소판이다. 블라이드와 하센잘에 의하면, 카펫 만들기에 참가하는 것은 즐거운 일이지만, 진짜 재미는 이 일이 엉뚱하게 진척되거 참가자들이 우왕좌왕하기 시작하면 비로소 시작된다.

어린이와 어린애 같기

놀랍게도, 어린이들과 노는 것이나 어린애같이 행동하는 것을 사람들을 거의 언급하지 않았다. 진짜 놀라운 것은 재미가 어린애 같음 혹은 어리석음과 함께 언급되면서 성인기보다 어린 시절과 관련되어 있을 때 나타난다는 데 있다. 약 10%의 응답자들이 아이들과 놀거나 어린애 같은 행동을 언급했다.

친구의 집들이 파티에서 트램펄린을 타는 것(36세 여성, 특허 변호사).

가게에서 일하는 한 학생은 점점 더 난장판이 되는 탁구 경기를 이야기했다.

지난 토요일 나와 세 명의 친구들은 앨비언에서 열린 여자 축구경기를 보러 갔다. 그 후에, 우리는 무작정 브라이튼 마리나로 운전해 가서 맥도널드를 먹기로 결정했다. 마리나에서 우리는 무료로 칠 수 있는 탁구 테이블이 있다는 것을 발견했다. 그래서 우리는 그곳에 머물면서 약 한 시간 동안 탁구를 쳤다. 우리는 실제 규칙을 지키면서 진지하게 경기를 시작했다. 하지만 잠시 후에 그것은 좀 웃기게 변해서, 우리는 공을 정말 세게 치고, 다른 친구가 멀리 뛰어가도록 만들기 위해 공을 다른 방향으로 날아가게 했다. 우리는 계속해서 웃었다. 참 즐거웠는데, 이유는 우리 모두가 3학년짜리 같았고, 모두 함께 그런 시간을 보내는 것이 오랜만이기 때문이었다. 나는 그 시간 동안은 내 논문에 대한 걱정을 모두 잊을 수 있을 것 같은 기분이었다. 그것은 또한 꽤 어린애 같고, 바보 같은 짓이었으며, 요즘 우리는 더 이상 그런 식으로 행동하지 않는다(21세 여성, 학생 및 판매직원).

어린애같이 행동하는 이야기와 마찬가지로 실제로 아이들과 함께 노는 것도 재미있었다.

오늘 2살짜리 아이와 함께 공원에서 노는 것. 그녀의 계속해서 깔깔거리는 모습을 지켜보는 것(40세 여성 공무원).

내 아들과 함께 잔디밭에서 뒹구는 것. 아들은 우스꽝스러운 짓을 잘하고 있고, 나는 그를 웃게 만드는 것을 생각하느라 바빴고, 그는 나를 따라 하고 있었다(37세 여성, 교사).

이러한 데이터들이 완벽히 분명한 의미를 제공하지는 않지만, 어린 시절에 비해 성인기의 재미에 대한 묘사가 훨씬 더 건조한 것은 분명하다. 우리가 재미로서 경험하는 것들은 반드시 우리가 추상적으로 상상하는 재미는 아니다. 담론으로 하는 재미는 성인기에서 중요해졌고, 반면 신체적으로 하는 재미는 어린 시절에 중요하다.

먹는 것과 음식

먹는 것과 음식은 설문조사에서 10%로 나타난 주제였다. 술 마시기와 마찬가지로, 음식은 교제의 기회를 제공해주기 때문이다.

친구의 생일에 식사를 하러 갔다. 많은 무리가 함께 모여서 다 함께 시간을 보내면서, 평소에 많은 시간을 보내지 못하는 친구들과 대화를 할 수 있어서 재미있었다(20세 여성, 학생).

흥미로운 것은 음식을 이야기하는 사람들의 연령층에 있었다. 그들은 주로 젊은 응답자들이었다. 25세 나이의 교실 조교는 '일요일 점심식사를 위해 친구들 집을 방문하는 것'(25세 여성, 초등학교 보조교사)이라고 말했다. 한 학생은 '친구의 마당에서 하는 피크닉을 위해 그 친구네 집에 갔었다'(19세 남성, 학생)라고 말했다.

이러한 자료들은 음식 먹는 것과 수다와 관련된 재미는 성인이 즐기는 시간의 성향으로 나타났다.

재미없음

재미있었던 사항을 말해달라는 요청에 부정적인 반응을 보인 사람은 거의 없었다. 많은 사람들이 재미를 찾으려고 노력한다. 하지만 재미있는 사례를 찾아낼 수 없는 사람들도 있었다.

더 이상 재미는 없다. 주말에는 술에 취하고, 주중에는 이런 형편없는 일을 한다(정보 미기재)

솔직히 지금은 재미가 별로 없다. 하지만 재미에 가장 가까운 경험이라면 내 말을 데리고 친구들과 함께 말을 타러 가서, 그들과 함께 모래밭을 말을 타고 전속력으로 달리는 것이다(26세 여성, 교정가).

한 변호사는 재미있었던 일을 찾기 위해 애를 썼다.

음… 최근에는 재미가 없었다. 좋은 시간은 좀 있었지만, 일 년 넘게 재미있는 시간은 없었다. 미안하다(49세 남성, 변호사).

재미를 발견할 수 없던 사람들은 거의 없었다(모두 5명). 그렇다고 설문자료에 편견이 없다고 말하지도 않겠다. 재미없음 또한 재미에 대한 논의의 시작이다. 나는 설문조사 응답자들이 훨씬 광범위했다면, 훨씬 더 다양한 결과를 얻었을 것이라고 생각한다. 비교적 젊고, 대부분 중산층의 사람들에게 재미의 수준은 재정적으로나 육체

적으로, 혹은 사회적으로 어려움을 겪고 있는 사람들보다 높을 수밖
에 없었다.

결론

이러한 자료들에서, 우리는 나이가 들면서 재미와 점점 멀어지는
것처럼 알 수 있다. 어린 시절의 이야기들과 비교해보면, 우리는 더
억압되고, 신체적으로 덜 활동적이며, 성인기의 이야기에는 장난기
도 들어 있지 않다. 아이들에서 청소년으로의 변화, 그리고 청소년
에서 성인으로 그리고 그 후 성인기의 단계적인 차이는 모두 시간
과 공간을 제한시키면서 재미의 규제를 조장한다. 이러한 결과로
다른 비노동 형태들이 중요해진다. 예를 들자면 휴식은 현재의 걱
정에서 홀가분해졌을 때 유쾌하고 정신을 빼앗긴 상태의 대명사가
된다. 그러나 그것은 재미와는 다른 정서적인 상태이다. 한 친구와
의 온라인 대화에서, 나는 나이가 들면서 재미를 느낄 기회가 점점
줄어들어서, 재미있고 창조적으로 일하는 데 점점 더 반항적이 되
어야 한다고 말했다.

  그는 이렇게 응대했다. "우리가 해야 할 모든 일을 하지 않고
있으면 한가한 시간으로 대체될 텐데 그게 과연 재미있는 걸까요?

그거면 충분할까요? 재미는 심지어 피곤할 수도 있어요." 여기서 내 친구는 재미를 '한가한 시간'에는 존재하지 않는 암묵적인 특징들로 채웠다. 베커의 설명을 빌리자면, 이는 상황 조정의 한 사례. 비록 피로에 찌들어 있는 상황이지만, 사회생활에서 여러 가치 있는 일들보다 책임감을 우선시할 것을 기대받는 인생의 특정 시기를 스스로 정당화하는 것이다. 그래서 유년기에서 성인기로의 전환은 복잡한 구조일 수 있지만, 그것은 우리가 어떻게 재미를 느끼는가에 대한 심오한 결과를 가지고 있다. 적절하거나 적절치 않은 재미, 재미를 위한 장소들, 억압과 탈억압은 우리가 재미와 관련하여 무엇을 따르고, 무엇을 어기는지에 대한 관점에 적극적이다.

그 관점은 어린 시절과 성인기의 이야기들이 서로 달랐지만, 몇몇 주제들은 여전히 일정하게 지속된다. '다른 사람들'과 '야외'는 성인과 어린이 모두에게 가장 자주 등장하는 것으로, 재미의 사교적인 면과 현상적인 면 모두에서 강조되었다. 성인에겐 친구들이 점점 더 중요해지면서 가족들이 덜 등장하는 것은 흥미로운 일이었다. 이것은 가족 내의 어른들은 어린 시절에서 재미의 결정권자이고, 가족들은 종종 재미의 환경을 제공했기 때문이다. 성인기에 우리는 재미가 일어나는 상황에 더 책임을 갖게 되었다. 그래서 주변 사람들에 대한 의존도가 높아진다. 동시에, 이러한 책임 증가로 인해 나이의 적절성에 대한 인식과 나이 들어감에 대한 인식이 높아지게 된다.

이런 과정에서 우리는 어린 시절의 재미에서 멀어지며, 이전 다른 재미로 옮겨가게 되며, 억압을 풀거나 의도적으로 관습을 거스르는 행동을 하게 된다. 어린 시절에 비해 성인기에 더 자주 묘사되는 재미는 앉아서 보내는 사항이 많다. 대화와 웃음은 다른 사람들과 긍정적인 시간을 보내는 재미의 반영이다. 휴일과 여행은 더 많은 흥분을 제공하고, 어린 시절과 마찬가지로 이것들은 종종 가족, 배우자, 친구들과 같은 구체적인 사람들을 함께 언급된다. 성인기에는 어린 시절과는 확연히 구분되는 재미 요소들이 있었다. 재미에서 술의 도움이 필요하다는 점이었다. 술은 거리낌 없는 재미의 순간적 도구로 작용했다. 걱정이나 근심을 떨쳐 버리기 어렵다는 생각은 정신건강에 종사하는 많은 사람들의 우려로 인지되면서, 재미는 지나친 근심과 과도한 책임감에서 스스로를 벗어나게 하는 능력으로 인식되었다. 그러나 재미를 갖기 위한 기회나 능력은 오히려 줄어들었기 때문에, 성인기에서 재미에 따른 결과는 명백하다.

가장 두드러진 특징이 바로 사회활동으로서 재미의 중요성이 따른다는 데 있다. 다른 사람과 관련된 이야기와 그들로부터 영감을 받은 재미는 그들과 같이 경험되었고, 다른 사람들을 향해 나아갔다. 재미가 일어나는 상황은 나이, 성별, 계층 등 다양한 매개에 따라 관련을 띠고 있었다. 결국 재미의 핵심 요소는 사회적인 활동이지만, 그 사회성이라는 것은 외부 요인에 의해 구성되는 것이다.

5

직장에서의 재미

일은 재미있지 않다. 이것은 상호 포괄적인 개념이다. 일은 재미가 의도된 것이 아니다. 일은 정의하기 어렵기로 악명이 높다. 스트랭글맨과 워렌에 의하면, 일이란 노동자들이 돈을 벌기 위해 애쓰는 것을 의미한다(Strangleman and Warren 2008:1). 우리가 이 용어를 선택하는 방식은 다양하다. 하지만 일의 정의에 절대 포함되지 않는 한 가지가 바로 재미이다. 만일 어떤 사람이 일을 하면서 재미가 있다면, 이것은 일의 목적에서 진정한 행복의 부산물이다. 어떤 형태로든 생산성을 발휘할 수 있게 된다. 이것은 일과 삶의 균형에 관한 미사여구만큼이나 불명확하다. 그 용어 자체는 일이 삶에서 성취감을 주고, 기쁘고, 의미 있는 다른 요소들에 방해가 된다는 것을 암시한다.

수십 년에 걸쳐 업무에서 기계와 기구들 그리고 고용이 완전히 바뀌었다는 것은 명백하다. 세계의 일부 지역에서 중공업의 붕괴와 그것의 다른 지역의 발전, 정보 기술에 대한 의존도의 증가와 지난 세기에 걸쳐 서유럽에서의 농업 고용의 소멸은 적어도 노동계의 판도를 바꾸어 놓았다. 그럼에도 불구하고, 일의 본질은 무시하고, 살아남는 것이 일의 특징으로 나타난다. 과거로부터의 관찰, 문학작품과 본 데이터를 관찰한 결과, 일은 상대적으로 많은 변화를 거쳐 온 것으로 보인다.

60년에서 70년 전의 다수의 연구들은 여전히 일을 우리의 심신을 쇠약하게 만드는 것으로 역할로 규정했다(Roy 1959; Baldamus 1961; Becker 1963; Illich 1975; Gorz 1999; Walker and Fincham 2011). 또한 현대의 발전된 작업 형태의 개혁에도 불구하고 직장에서의 재미는 일관되게 반감되었다. 업무에 대한 과장된 슬로건 등은 완전히 변화했고, 서유럽이나 북아메리카의 직장에서는 사람들이 일하고 싶은, 행복하고 즐거운 환경을 만들어 낼 방안을 계속 고려하고 있다. 이것은 '견디어내도록 디자인된' 이전 세대의 일터와는 확연히 다르다. 이러한 부분적인 양면성에도 불구하고, 사람들은 최소한의 긍정적인 부분에서 재미를 느낀다. '단조로움의 야수'(Roy, 1959:158)에 대처하는 최선의 방법은 이 연구에서만이 아니라 책《영국의 일과 정신 건강 위기Work and the Mental Health Crisis in the UK》(Walker and Fincham, 2011)의 기초를 형성한 연구에서도 발견된 현대적인 관심이다.

특히 재미에서 구체적으로 느껴지는 자극의 부분은 정신 건강과 일에 관한 연구 중에 나타났다. 그 연구에서 칼 워커와 내가 알아낸 것은 고작 사람들이 자신의 직업에 대해 엇갈리는 감정을 느꼈다는 점이었다. 최악의 사람들은 그것을 싫어한다. 하지만 하루 중에 지루함을 덜어주거나 나쁜 상황을 가볍게 만들어주는 순간들이 있었다. 다른 말로 하면, 재미의 순간들이다. 왜 그것이 대부분 동일하게 경험하는 것처럼 나타나는지 이해하기 위한 노력에 관해 기 발다무스Gi Baldamus는 우리가 일하는 경험의 본질에 대한 흥미로운 관점을 제공했다.

일은 정상적인 업무와 협조적이고 조화로운 관계가 아닌, '불평등하게 분배된 이해득실을 반영하는 차별화된 권력'에 의해 구성된 환경이다. 에릭슨Erickson이 발다무스의 의견에 대해 간결하게 논했다.

> 우리가 실제로 어떤 일을 많이 하는지에 대한 깊이 있는 관점으로 보면, 개인에게 일과 작업 비용에 수반되는 의미 즉 스트레스, 직장 내 갈등, 소외감과 건강악화를 이해할 수 있다. 우리가 고민해야 할 진짜 문제는 왜 사람들이 일을 멈추는지가 아니라 그들이 왜 일하는가에 대한 것이다.(Erickson, 2010:36-7)

만약 우리가 이 관점에서 일을 이해한다면, 직장에서의 재미나 농담의 경험이 왜 그렇게 짧은 시간인지에 대한 이유가 명백해진다. 워커와 내가 제안하는 것처럼,

> 이런 관점에서 일을 바라보는 데에 있어 힘, 권력은 명백하다. 직장에서 기본적으로 긍정적인 기능을 하는 환경의 사람들에게 무엇이 잘못되어 가고 있는 것인지를 관찰하는 것보다는, 일반적으로 부정적인 기능의

업무를 하는 환경의 사람들에게 좋은 것이 무엇인지를 관찰하는 것이
다(Walker and Fincham 2011:40-1).

일의 특성상 일에 대한 경험이 만족스럽거나 재미있을 것이라
는 기대는 없다. 그 상징적인 구조[1]와는 관계없이, 재미가 일어나는
경우나, 그날의 최고의 농담을 주고받는 순간이 바로 우리가 기대해
야 하는 것들이다. 이후에 설명될 것과 같이, 이 연구에서 설문조사
에 응한 사람들은 일상적인 흐름을 깼던 가벼운 순간을 재미의 순간
으로 인식했다.

일의 상황에서의 재미

주로 미국인들에 의해 증가하고 있는 연구가 있는데 그것이 '직장에
서의 재미'에 관한 문헌이다. 업무시간이 '재미있는' 순간에 의해 간
간이 중단되는 환경을 만드는 데 집중한다면 생산성이 증가할 것이
라는 생각이다. 이러한 관점은 고용주들이 자신을 위해 일하는 사람

•••

1 직장과 고용은 급여와 직무에 대한 아이디어뿐만 아니라 정체성과 자기 책임감과도 밀접한 관계가 있
   다. 이 논의의 목적을 위해 나는 업무를 둘러싼 보다 추상적이거나 상징적인 생각들보다는 우리가 일할
   때 어떻게 느끼는지에 대해 이야기하고자 한다.

에게서 더 많은 것을 얻어낼 수 있는 유용한 방법이라는 것을 깨닫고 탄력을 얻었다. 1980년대 이후로, 직장에서 재미를 제공하는 것의 유용성을 입증하는 말 그대로 수백 개의 경영 설명서가 있었다. 그 많은 것들 중, 웨인스타인Weinstein은 1997년《재미의 경영managing to have fun》에서 이 연구의 훌륭한 예를 제공한다. 이 책에서 그는 1990년대 후반에 대체로 그가 참여했던 '플레이페어Playfair'라는 조직에서 알게 된 고용인들을 위한 이유와 조언들을 제공하고 있다.

나는 사업가들이 다음 세기에 물어볼 중요한 질문이 그저 생산성, 품질, 또는 재설계에 관한 것이 아니라고 믿고 싶다. 나는 그 중요한 질문 중 하나가 '재미있는가?'라는 질문이기를 바라는데, 그 이유는 직업에서의 웃음과 놀이, 그리고 재미는 생산성과 수익성보다 중요한 —어쩌면 이보다 더 중요한—직장에서의 배려와 교류 문화를 창조할 수 있기 때문이다. '재미있는가?'는 강력한 질문이다. 조직의 사람들에게 중요한 가치를 부여하기 때문이다. 그것은 사업의 세계에서 제기되어야 할 혁명적인 질문이다. 그리고 일단 이 질문을 서로에게 뿐만 아니라 스스로에게도 물어야 하며, 그러고 나면 우리 직장에서의 삶의 방식을 진정으로 변화시킬 수 있다(Weinstein 1997:24).

이 책의 전체 제목이《재미의 경영: 어떻게 직장에서의 재미가 근로자들에게 사기를 북돋우고, 동료들에게 영감을 주며, 수익을 증대시킬 수 있는가》라는 것에 주목할 가치가 있다. 이러한 경영적인 접근의 경제적인 장점은, 특별히 중시되지는 않지만 항상 존재한다는 것이다. 이 문헌들은 저자들이 기업의 도구주의를 강조하는 범위에 차이가 있다. 그것은, 직장에서의 재미는 생산성과 기업 중심주의에 좋다, 직장에서의 재미는 고용인들의 웰빙을 위해 좋다, 라는 차이가 그것이다(Weinstein, 1997 Newstrom 2002; Ford et al. 2003; Karl et al. 2005, Flugge-Woolf 2014).

구글Google, 야후Yahoo, 그리고 이노센트Innocent는 직원들에게 머리를 식히기 위해 오락적인 부분을 제공하는 것과 관련해서는 혁신가들로 보인다. 그러나 아마도 웰빙을 증진시키고, 그것을 생산성과 연결하도록 한 업무환경 디자인의 가장 유명한 예는 1879년 영국의 캐드버리Cadbury's의 본빌 부지 개발이다.

생산은 1879년 9월에 캐드버리 브라더스의 '본빌 공장 정원'에서 시작되었다. 근로자들이 도착했을 때, 그들은 빅토리아 시대에 알려지지 않은 시설들을 발견했다. 공장 옆에는 남자들이 크리켓이나 축구를 했을 공터가 있었다. 여자들을 위한 정원과 운동장, 일꾼들의 식사를 데우던 주방, 그리고 옷을 갈아입을 수 있었던 따뜻하게 데워진 탈의실. 조지는 말했다. "그 나라가 살기에 좋은 곳이라면, 일하기에 좋은 곳이 되지 말라는 법이 있을까?"(Cadbury. co.uk 2015).

캐드버리의 창립자 리처드와 조지 캐드버리Richard and George Cadbury는 직원들에게 레크리에이션과 스포츠 활동을 적극적으로 권장했다. 그러나 스포츠 취미들은 거의 전적으로 남자 직원들을 위한 것이었다. 시간이 흐르면서 남자와 여자 들을 위한 수영장이 지어졌다. 종교 의례와 함께, 건강과, 우리가 지금은 '웰빙'이라고 부르는 것에 대한 중요성이 캐드버리 상업적 기업의 핵심이 되었다. 그들의 웹사이트에 자랑스럽게 보이는 것처럼. '캐드버리는 기업의 번영뿐 아니라 직장의 선진적인 조건과 사회적 편의시설로 인해 더욱 유명해졌다.'(Cadbury. co.uk 2015)

이러한 철학—고용주들은 건강과 안전과 같은 일반적인 조건 외에도 근로자들의 웰빙과 행복에 대한 책임이 있다—은 본빌과 같은 회사들의 초기 실험들로부터 20세기에 기네스Guinness와 허쉬Hershey와 같은 회사와 '정규적' 업무에 예상되는 매개변수 외의 조건에 대한 업무 규정을 수립하는 다수의 현대적 기업들에게로 확대되었다. 그리고 이 철학은 세 가지의 구별되는 단계를 거쳤다(Bolton and Houlihan 2009:558). 볼튼과 홀리한Bolton and Houlihan에 의하면 캐드버리, 기네스, 허쉬의 정신은 사회적 책임의 역할을 담당하는 기업으로서, 직원들의 복지를 증진시키는 업무 규정과 환경을 담당하는 기업 온정주의로 특징지을 수 있다.

1970년대와 1980년대에 휴렛-패커드Hewlett-Packard와 같은 기업은 생산력을 최대화하고 궁극적으로 기업의 이익을 위해서 직장에서의 재미를 더욱 체계화하고, 특히 기업의 생산성과 궁극적 이윤을 극대화하도록 설계한 보다 공공연한 행사기반의 실천를 시작했다. 보다 근래에는 일과 삶의 균형에 대한 관심이 커지면서 혼합 도구주의Hybrid Instrumentalism가 발전되었는데, 이는 근로자들의 복지와 기업의 복지가 더 밀접하게 연관되어 있다는 가정 하에 이루어졌다. 1980년대 직업에서의 재미에 대한 보다 냉소적인 전개는 대체로 더 모호한 형태의 담론으로 대체되었는데, 보다 자율적인 형태의 재미 생성의 생각들을 도모하는 환경이 만들어졌다. 이것이 실제로 일어나는 범위에 대한 것이 논쟁이 된다.

앞서 말한 대로, 구글, 야후와 이노센트는 모두 일하는 것과 즐기는 것 사이에 명확하고 분명한 선을 긋는 틀에 박힌 방식을 장려하지 않는다. 버진 그룹Virgin Group에서 리처드 라이닝Richard Lining이 사람들을 고용하는 접근법을 설명하는 책에서 존 디어러브John Dearlove는 말한다.

균형 잡힌 삶을 통해 리처드 라이닝은 일을 사회적 활동으로 설명하고자 했다. 버진의 사무실에 출근하는 것은 다른 사무실에서와 같이 힘들고 단조로운 일이 아니다. 최소한 브랜슨Branson은 그의 직원들이 그렇게 믿기를 바라고 그 자신이 분명히 그렇다고 믿고 있다. 나는 최고의 사람들을 얻고, 질문을 던진다. 그리고 나면 말한다. "재미있게 보냅시다!" 초기에는 낮은 임금과 침체된 환경을 정기적인 광란의 파티와 축제 분위기로 보상을 받았다. 오늘날에도, 버진 그룹에서는 직장생활과 사회생활 사이를 분리하는것은 어려우며, 버진의 직원들은 열심히 일하고, 열심히 논다(Dearlove 2002:68).

이 글에서 디어러브는 직장에서의 재미있는 환경을 만들어주기 위한 브랜슨의 동기부여의 흥미로운 측면을 알려 준다. 그것은 열악한 근무 환경을 보상하기 위한 것이었다. 임금은 낮았고 작업장은 황폐했지만, 파티와 그 분위기가 이러한 단점들을 보상해주었다. 생산성의 역할과 앙드레 고르Andre Gorz가 복종subjection이라 부른 것은 나중에 설명하겠지만, 이러한 종류의 고용주들이 베푸는 모든 자선 행위는 단지 근로자들의 이익만을 위한 것은 아니다. 직장에서 인적 자본을 최적화하는 방법을 개발하는 철학이나 관점이 있다.

기업 분야의 발전에 대한 관심이 높아짐에 따라, 일터에서의 재미에 대한 관심은 경영학 분야에서 커지고 있다. '작업장', '조직된' 혹은 '포장된' 재미와 같은 다양한 언급에 관한 이러한 종류의 활동은 지금까지 전개되어 온 재미에 관한 설명과는 다르다. 이렇게 관리되고 권장되고, 관찰되는 재미는 몇몇 사람들이 '유기적'인 재미라고 부르는 것과는 구별되는 것이다(Bolton and Houlihan 2009; Stromberg and Karlsson 2009). 볼튼과 홀리한에게 있어 재미는 1952년에 워커와 게스트가 자동차 공장의 조립 라인에서 언급했던 것과는 달리 이미 관리되고 조직되는 재미로서 삶의 본질적이고 내제적인 부분이다(Bolton and Houlihan 2009: 565). 근로자들이 '우리는 매우 재미있고 늘 이야기를 한다'(Walker and Guest 1953:77)와 '만일 이야기를 하고 바보 같은 짓을 하지 않는다면 정신이 나가버릴 것이다.'(Walker and Guest 1953:68)라고 말했을 때, 자발성과 통제력이 나타난다. 이것은 볼튼과 홀리한이 고려한 '조직된' 혹은 '포장된' 재미와 대조적인 입장에 선다.

공식적인 재미는 그것이 여겨지는 방식에 두드러진 특징을 갖는데, 재미가 관리상의 용어이며 모두에게 이익이 있을 것이라는 것이다(Bolton and Houlihan 2009:565).

절제된 즐거움은 통제력을 잃지 않기 위해 종종 엄격한 감시를 필요로한다. 조직되는 재미의 구성에는 수용의 한계가 있다. 플레스터Plester는 그것이 사람들을 재미있게 보내도록 권장하는 것이라고 인식하는 한 법률 회사의 매니저를 인용했다(Plester 2009:588).

우리는 많은 젊은 사람들이 필요하고, 재미있는 시간을 많이 가져야만한다. 하지만 여전히 나는 그들이 너무 시끄럽고 많이 웃을 때면 그것이 그다지 프로답니 않으며, 다른 사람들이 보기에 일을 별로 하지 않는 것처럼 보일까 걱정이 된다(Plester 2009:589).

플레스터에 의하면 근로자를 위한 재미의 양산에서 중요한 주제는 넘을 수 있는 선이 있다는 것이며, 이것은 마치 부모가 자신의 아이들을 꾸짖을 수 있는 것과 비슷한 방식으로, 고용주는 직원들이 지나치게 멀리 간 것처럼 느낄 때 질책을 가하게 될 것이다. 이 과정은 재미를 이해하는 방식에서 이 책의 2장에서 논의된 상식적인 방식이나 이론적인 프레임과는 상반되는 느낌이다. 생산성을 올리기 위해 특정한 분위기나 문화를 제공하고자 하는 고용주들에 의해 권장되는, 조직되거나 포장된 재미에는 파괴적이고 즉흥적인 것은 명백히 빠져 있다. 이것은, 합리적으로 보이는 반면, 경험적으로 입증된 것은 아니지만 더 나아가 가정은 직장에서의 재미가 행복한 근로자들을 양산한다. 따라서 생산성을 향상시킨다는 것이다. 볼튼과 홀리한은 이 가설에 의문을 제기한다.

> 결과적으로, 직장에서의 약속은 팀원 회식, 스포츠, 사교의 전통적인 영역들에서 새롭고 경쟁적인 활동의 영역으로 옮겨가서 정장의 날에서 광란의 금요일로, 노래방 경연, 웃음 워크샵, 그리고 우리 내면의 광대를 끌어오도록 유도하는 별난 행사들을 벌인다(Bolton and Houlihan 2009:557).

그래서 재미와 직장과의 관계는 즉흥적인 재미에 대한 생각과는 대비되는 재미의 관리에 관련된 문제들을 다룬다. 그것은 또한 기업의 책임에 대한 경영 담론의 단계를 거치면서 진화해왔다. 예를 들면, 1970년대와 1980년대 초에 걸쳐 나타난 캐드버리, 기네스 혹은 허쉬의 가족주의, 다시 말해 1990년대의 경기 침체 시기에 재미와 생산성 사이의 관계를 촉진하는 계기를 만들기 위한 휴렛-패커드의 '맥주 파티'다. 이 관계는 21세기에 와서는 직장 내에서 재미를 통한 창의성 고취와 창조적인 환경을 만들기 위해 노력하는 젊고 큰 성공을 거둔 기업들의 등장으로 이어져 왔다. 구글, 벤과 제리, 이노센트와 같은 기업들이 이런 현상의 사례들이다.

후기 산업사회 몇몇 고용주들은 일의 사회적 측면을 강조할 수 있는 기회를 제공하고자 한다. 알려진 대로, 구글은 기발한 실내 디자인과 함께 실내 놀이 공원, 탁구대 같은 놀이 공간과 놀이 기구를 만들고 서로 어울려 교제하거나 심지어 잠을 잘 수 있는 공간까지 만들어 놓았다.

이러한 개방적인 사람들을 위한 트렌드, 창의적이고 '재미있는' 작업 공간은 다른 곳으로 모방되었다. 미국에서 트위터Twitter와 에어비엔비Airbnb, 그리고 야후는 오락기구들로 가득한 거대한 열린 작업 공간을 만들었다. 당구대 테이블, 그네, 탁구 테이블, 미끄럼틀 등으로 구성되어 있다. 영국에서는 이노센트, 마인드 캔디Mind Candy 와 레드 불Red Bull들이 이 모델을 따랐다.

이러한 철학들이 순차적으로 나타나는 반면에, 동시에 실시한다는 것에 주목하는 것은 흥미롭다. 기업 도구주의에 따라 '재미있는' 오락을 효율적으로 사용하는 많은 직장들이 있다(Plester 2009). 몇몇 직장에서는 재미와 통제 사이의 관계에서 각 직장에 직원들을 즐겁게 해주는 재미 전문가들을 소개해줌으로써 이루어진다. 이러한 서비스를 제공하는 회사는 여러 곳이 있다. '직장에서의 재미Fun at Work Company'라는 회사는 그러한 서비스들을 잠재 고객들에게 다음과 같이 소개한다.

모든 직원들의 얼굴을 웃음 짓게 만들어라.

이상한 괴짜들에게서 나오는 아이디어들, 활동적이고, 경쟁적이고, 창의적이고 문화적이다.

직장에서의 재미가 직원의 동기부여, 생산성, 창의성, 만족감, 보존과 직접적인 관계가 있다는 것이 널리 받아들여지고 있다. 작업장에서 가끔씩 뜻밖의 활동 프로그램은 각계각층의 모든 직원들에게 오늘 과연 어떤 일이 벌어질지 모른다는 마음으로 웃으며 일할 수 있게 한다. 유머는 예상치 못한 일이며, 스트레스를 완화시키고 건강을 증진시키는 데 도움을 준다는 것은 잘 알려져 있다(Fun at Work Company 2015).

고용주들이 직장에 재미를 제공하는 동기는 분명하다. 그 혜택은 생산성 영역에서 느낄 수 있다. 동기부여, 만족도, 생산성 사이의 분명한 연관성은 잠시 후에 더 자세히 설명할 고르의 '회수하는 작업Reclaiming Work'에서 복종에 대한 견해를 다시 생각하게 한다. 이 시나리오에서 직원은 자신을 잘 대우하는 회사에 소속되어 있다고 느끼고, 생산적 능력을 극대화하기 위해 최선을 다하여 기업에 이익을 줄 것이다. 하지만 고르가 지적했듯이, 이 관계는 하나의 도구이며 착취적이다. 근로자들의 복지나 행복에 대한 관심은 그들을 행복하게 하는 것이 경제적으로나 생산적으로 편리하기 때문에 지속된다. 생산 과정이나 경제 상황의 변화에서 노동자는 소모성 자원이며 그들의 복지는 더 이상 생산적인 기업의 관심사가 아니다. 이것은 임금의 정체, 고용 조건의 악화, 심지어 일자리가 없어 고통을 받는 많은 사람들이 느껴온 현실이다.

내가 시사했듯이 재미는 생산성에 좋다는 주장에 대한 경험적 근거는 제한되어 있으며, 그리고 앞서 '직장에서의 재미'와 같이 사람들에 의해 조직된 행사들에 대한 경험적 근거는 적어도 내가 보기에는 이전에 정의되었던 재미의 범위는 제외되어 있는 것처럼 보인다. 직장에서의 재미―유머와 게임, 놀이―의 역할은 우리 중 많은 사람들에게 전복적인 요소를 가지고 있으며, 도날드 로이(Donald Roy 1959)가 묘사한 방식은 그것을 조직되거나 패키지 형태화된 재미의 경우는 경영통제력을 뒷받침하기보다는 오히려 약화시킨다고 보았다. 볼튼과 홀리한이 이야기하는 것처럼, 재미는 '현재의 상황을 개선하고, 고용의 수단만큼이나 탈출을 위한 공간을 제공하기 위해 사용된다.'(Bolton and Houlihan 2009:560) 또한 재미의 주관적인 경험은 사람마다 다르며, 조직된 직장에서의 재미가 기쁨과 즐거움일 수 있지만, 다른 사람들에게는 '불행을 창조'할 수도 있다는 점에 유의해야 한다(Bolton and Houlihan 2009:560).

일과 삶의 균형으로서 재미

직장에서의 재미에 관한 담론과 함께 재미와 행복은 우리가 이해하는 범위 안에서 제대로만 진행된다면, 재미는 웰빙과 행복을 이해하는 데서도 중요한 의미를 띤다. 심신을 지치게 하는 업무와 야근과 삶에는 가정과 휴식 사이의 균형과 같은 지배적인 담론이 존재한다. 정신 건강과 일에 관한 연구에서 우리는 근로자들의 일과 삶의 균형에 관한 표본을 요청했었다. 그들은 다양한 응답을 했지만, 여기서 중요한 것은 그 용어가 모두에게 의미 있는 것이라는 점이다. 일과 삶의 균형이 무엇을 의미하는지를 알지 못하는 사람은 단 한 명도 없었다(Walker and Fincham 2011). 그러나 직장에서의 재미에 대한 관심이 높아지거나, 직장에서 재미를 위한 공간이나 사회 기반 시설을 만드는 것은, 일이 나쁜 것이라는 명확한 구별을 흐리게 하고, 우리 삶의 나머지에서 이를 보상받아야 한다는 명확한 구별을 흐리게 한다. 긍정 심리학과 같은 운동이 나타나면서, 생산성을 높이기 위한 장려책으로서의 재미의 발전이 유행하게 되었다.

> 1980년대 초에 행해진 기업문화에 대한 연구는 미국의 일류 기업들의 성공은 주로 일과 놀이의 혼합 덕분이라고 주장했다. 그 결과, 재미있게 놀며 유머를 적절히 활용하는 것이 직원들에게 활력을 주고 동기를 부여하는 데 긍정적으로 사용될 수 있는 자원으로 장려되게 되었다. 이러한 전략은 미국, 영국, 호주에서 다수의 기업에 의해서 채택되었다(Owler 2008:40).

본빌의 기업 가부장주의와 몇몇 대기업과 영향력 있는 기업들이 웰빙, 재미, 이익의 관계에 대해 노골적인 주장을 하는 것은 오락의 관계와는 분명한 차이가 있다. 앞서 언급한 바와 같이, 많은 기업들이 이에 대한 21세기적 해석을 장려하는 데 앞장서고 있다. 많은 기업들이 일과 놀이 사이의 경계를 흐리게 만드는 작업 공간을 확대하는 것에서 증명된 것처럼 말이다.

작업장 같지 않은 환경에서 직원들이 회사의 이익을 가장 중요하게 여기는 것처럼, 좋은 환경에서 일하는 것의 이점은 명백하다. 재미를 통한 웰빙이 촉진되는 방식은 단순히 웰빙이라는 왜곡된 개념뿐만 아니라 꽤 구체적인 정체성의 형태이다. 하나는 재미의 형태로 그들에게 당신의 업무로 당신의 정체성을 표현할 수 있겠지만, 다른 하나는 자율성과 관련이 있다. 마치 고용주가 직업적이거나 생산적 업무에서 벗어나는 활동을 허가하는 느낌은, 반복적이거나 영혼을 파괴하는 무의미함, 혹은 하찮은 일과 함께 정체성에서 벗어난 자율성의 느낌을 낳는다. 이것은 1961년에 기 발다무스가 효율성과 노력Efficiency and Effort에서 제시한 '끌기'에 대한 생각을 떠오르게 한다. 에릭슨과 비슷한 맥락에서, 나는 '감정 노동'을 현대의 주된 노동력을 정의하는 에리에 혹쉴드Arlie Hochschild의 생각은 적어도 산업 노동력의 발달 이래 가장 유능한 서술이나 과정의 하나라고 생각한다.

항공사가 스튜어디스들에게 고객을 위해 행복하게 웃어야 한다는 혹쉴드의 요구는 거의 모든 서비스의 원칙을 떠올리게 한다. 명백한 사례는 18세기부터 20세기까지 서유럽의 집사와 가정부 들에게 요구된 공손한 복종일 것이다. 다른 유형의 감정적인 관리이긴 하지만, 그럼에도 불구하고, 그것은 직업적으로 요구되는 감정 관리이다. 만족, 재미 혹은 행복에 대한 기대치의 관리가 있는 환경에서, ―이것은 고용 관행의 대표적인 특징이다―직원들이 주도세력에 긍정적인 반응을 보이는 것이 중요하다. 업무 환경에서 긍정적인 반응을 기대하는 것에 대해 냉소적인 태도를 취하는 것은 쉽지 않다. 에릭슨은 사람들이 직장에서 즐겁게 보내는 연구들을 언급한다.

혹쉴드의 연구를 인정하지만, 감정적인 노동에서 그가 제시한 것보다 설명할 것이 훨씬 많다고 말한다.

> 연구는 작업 환경에 대처하고, 그들의 전문 기술을 발휘하고, 다양한 상황에서 다양한 고객들과 상호작용하는 근로자를 찾는다. 그리고 아마 가장 중요한 점은, 근로자들이 실제로 자신이 하는 일을 즐기고 있다는 것을 확인했다는 것이다. 어쩌면 우리가 보고 있는 것은 단순한 '끌기'일지 모른다. 일에 몰두하고 메커니즘을 찾으며, 심지어 그들의 경험이 지루함의 반대에 선 만족감까지 느끼는 사람들(Erickson, 2010:49).

이러한 사고의 대다수 중심에 있는 것은 업무는 일반적으로 우리를 충족시켜 주지 못한다는 암묵적인 가정이다. 그래서 발다무스는 우리가 일을 잘 해냈다는 성취감이나 주어진 업무에 대한 전문지식을 가지고 있다는 생각을 통해 스스로에 대한 만족감을 만들어낸다, 고 주장한다. 따라서 재미란 생산적인 업무를 벗어나는 것이 아니라, 생산적인 업무나 또는 생산적인 업무로 향하는 것의 방해물이다. 이와 같은 본질적인 산만함은, 탈권위나 권태와 관련된 감정에서 벗어나는 것이 아니라, 노동자가 가지고 있는 기본이다. 집중력을 발휘하도록 하는 것은 근로자들의 창조적인 감각이다. 여기에는 직업적인 일은 성취감을 주지 못하지만, 머리를 식히는 것은 분명히 업무에서 멀어진다는 암묵적인 가정이 있다. 이것은 주의가 흩트러지지 않고, 게임의 형태로 변형된 업무에 집중하는 게임화[2]와는 구분된다(Dale, 2014). 직장에서 재미를 허용하도록 격려하는 것은 본질적으로 일과 관련이 없는 요소들을 장려하는 것과 같다. 이것은 일부 고용주들이 머리를 식히거나 재미를 위한 시설을 제공하는 것이 필요하거나 적절하다고 생각하는지에 대한 의문을 제기한다. 특히 효율적인 생산성을 추출하는 방법에 대한 것이다. 재미와 생산성의 직접적인 연계를 뒷받침하는 실증적인 증거에도 불구하고, 반드시 하나 정도는 있어야 하지 않나, 라는 의문이 드는 것도 사실이다. 특히 포드Ford, 맥러플린McLaughlin, 뉴스트롬Newstrom이 다음과 같이 언급했다.

증거가 늘어난다는 것은 재미있는 직장 문화의 긍정적인 환경 조성이 조직에 귀중한 자산이라는 것을 의미한다(Ford and Heaton). 루선스

•••

2 게임화는 모든 것을 만들어 냄으로써 생산성이 향상된다는 것을 암시하는 상대적으로 새로운 방법을 관리하는 새로운 방법이다. 이 책의 장점이 다른 곳에 있는 것은 아니지만, 이 책이 그것에 집중을 하지 않는 이유는 직장에서 즐거움을 누리지 못하는 재미있는 일을 할 수 없다는 것이다. 직장이나 일터의 특징으로 인해 생산성이 향상된다면 생산성이 증가한다고 생각한다.

(Luthans,2002)는 긍정적인 조직 행동의 기여자로서 주관적인 웰빙의 가치에 대해 말한다. 재미있는 근무 환경에서 일하는 것과 웰빙의 느낌을 갖는 것 사이의 연관성은 어느 정도 분명해보이며, 주관적인 웰빙의 개념에는 삶의 만족도, 직업 만족도, 그리고 즐거운 감정과 기분을 경험하는 수준과 같은 다양한 요소들이 포함되어 있다(Diener).

구글의 직원들에 대한 대우는 잘 알려져 있다. 그들은 행복과 생산성 사이에 연관성이 있다는 생각에 대해 확신한다.《뉴욕 타임스》에서 구글 대변인은 이렇게 언급했다.

구글의 대변인 조던 뉴먼Jordan Newman에 따르면, 구글의 다양한 사무실과 캠퍼스는 회사의 가장 중요한 철학을 반영하고 있는데, 이것은 '세계에서 가장 행복하고 가장 생산적인 직장'을 만드는 데 있다(《뉴욕 타임스》 2013).

많은 경영철학 문헌에서 직장에서의 재미에 관한 담론은 고용주와 관리자 들이 직원들에게 권장하는 재미와는 다른 종류의 관계를 강조한다(Weinstein 1997, Newstrom 2002; Ford et al. 2003; Karl et al. 2005; Fluegge-Woolf 2014). 이것은 1980년대의 공격적인 '맥주 파티' 문화가 아니라, 일과 삶의 균형, 노동자들의 육체적·정신적 행복에 대한 관심으로 보이는 보다 더 기쁨을 주는 사람 중심의 접근이다. 이것은 어떤 경우에는 현실적일 수도 있지만, 그렇다고 직장에서의 재미를 더 폭넓게 경험하게 만드는 것은 아니다. 그 담론은 충성심을 불러일으키고 집중을 받을 수 있다는 점에서 유용하다. 이것이 바로 앙드레 고르가 복종이라 부르는 과정이다.

> 정체성에 대한 탐구와 사회적 통합을 향한 추구가 끊임없이 좌절되는 사회에서 회사가 주입한 '기업문화'와 '기업충성'은 젊은 노동자들에게 더 넓은 사회 구성원의 대체물. 불안감으로부터의 도피처를 제공한다 (Gorz 1999:36).

고르가 그린 그림은 많은 사람들이 인식하는 것보다 더 암울하지만, 우리의 충성심은 고용주들에게 있어 우리의 값어치일 것이라는 생각은 아마도 동의하기 더 쉬울 것이다. 디어러브의 말에 따르면 사람들은 리처드 브랜슨과 함께 일하기를 원하는데, 이유는 다른 고용주들은 주지 않는 것을 제공했기 때문이다. 좋은 급료와 조건을 제외하고서도(Dearlove, 2002:68), 회사를 고르는 사람들 사이에 전통적인 유대관계가 느슨해지면서 새로운 구성을 위한 공간이 생기면서, 이 공간에 계급에 대한 충성심이 채워지기 시작한다.

이 책에서 관심은 복종 앞에서의 개인의 경험이나 일에 대한 영향이다. 고르에 의하면, 근로자는 충성심을 입증하거나 일의 결과에 직면해야 하지만, 점점 충성심을 증명하는 것은 기업 정체성과 일치해야 하는 특정한 맥락과 연관이 있다. 언제 재미있어야 하는지, 어떻게 재미있어야 하는지를 아는 것은 재미의 적절성 여부를 아는 데에 중요하다. 구글의 근로자들에 명백하게 주어지는 '자유'는 영국에서 일하는 대부분의 근로자들이 재미를 경험하는 방식과는 다르다.

여기서 재미의 뉘앙스는 어린 시절에서 느끼는 것보다 성인에서 느끼는 것이 훨씬 약하다.

회사 이벤트가 있는 날, 옷을 차려입는 날, 팀 빌딩 행사일이나 실제 재미있는 일이 벌어지는 날, 빈둥거리거나, 쉬거나, 하도록 되어 있는 일을 하지 않는 날들이 있다. 이 경우, 규율에 대한 순종, 적절한 재미, 울펜슈타인이 말한 재미의 도덕성 사이의 관계는 분명해진다.

일터에서의 재미에는 암묵적인 감시관리가 존재하는데, 그것은 자유, 자율성, 위반, 부적절함과는 아무런 관계가 없으며 기업문화에 의해 결정된다. 때때로 그것은 마치 같은 것처럼 가장한다. BBC 방송의 다큐멘터리 '몰래 카메라'에서, 남부 웨일즈에 있는 콜센터의 한 매니저는 모든 신입사원들을 한방에 세워서 팝송을 부르게 했다. 이것이 콜센터에서 일하는 것과 무슨 관계가 있는지를 네브Nev는 다음과 같이 설명했다.

신입사원들은 노래를 불러야 한다. 그들이 관리직에 있든 말든 상관하지 않는다. 중요한 사실은 그들이 노래를 불러야 한다는 것이다. 신입사원들은 한 사람씩 노래를 부르고 나는 열정을 원한다. 열성적인 사람은 팔고, 행복한 사람은 팔고, 비참한 사람은 팔 수 없다. 만일 그들이 노래를 할 수 없고 그것을 즐길 수 없다면 떠나는 것이 나을 것이다(BBC 3-The call centre 2013).

그러고 나서 그는 자신이 노래를 부르지 않았다는 이유로 두 명의 여성을 어떻게 해고했는지를 설명했다. 젊은이들과의 대화에서 일자리를 얻으려고 시도한 경험에서 이러한 종류의 관행은 드문 일이 아니라는 것이 밝혀졌다. 주목할 만한 예로 음식점에서 임시직으로 일하기 위해 화장하고 랩을 해야 했던 젊은 여성과 체인바에 취직하기 위해 많은 매니저들을 웃겨야 했다고 말하는 남성이 있었다.

대부분의 사람들은 오락이나 재미를 위한 시설이 제공되는 곳에서 일하지 않는다. 구글, 야후, 이노센트나 레드불과 같이 말이다. 그러나 많은 고용주들은 재미나 최소한 즐거운 휴식이 중요한 것이라는 것을 알고 있다. 영국에서는 근로자들에게 사기를 높이거나, 자선의 목적으로 옷을 차려입거나 재미있는 일을 조직하는 것을 허용하는 고용주를 찾는 것은 드문 일이 아니다.

나의 자료에서의 경험들

재미에 대해 실시한 설문조사의 일환으로서 나는 사람들에게 일하면서 재미에 대해 물어보았다. 201개의 조사 표본은 다양한 직업 배경에서 나왔고 다양한 연령층을 망라했다. 사람들이 업무에서의 재미를 묘사한 방식은 6개의 항목으로 분류되었다. 농담, 파괴, 개별 활동, 놀이, 휴식 시간, 재미없는 것이었다. 내가 예상했던 것만큼 보고된 경험의 변화가 광범위하지 않았다는 것은 흥미로웠다. 그것은 질문의 방식과 연관이 있을지도 모르지만, 업무 관행의 영속성과 더불어 발다무스가 언급한 '지루함'에 모순되는 일관성과 관련이 있을지 모른다. 질적 분석의 경우 흔히 그렇듯이, 데이터를 설명하는 데 사용한 별개의 카테고리 사이에는 많은 중복이 있다. 여기서 설문조사에 참여한 사람들에 따라 재미의 정의는 유동적이었다.

대화/수다/말장난/농담

"당신이 일을 한다면, 어떻게 직장에서 재미있게 보내는가?"라는 질문에 높은 비율을 차지한 응답은 업무에서의 재미를 위해 언어적인 활동을 사용한다는 것이었다. 여기에 '대화', '수다', '말장난', '농담'이 포함되어 있다. 이러한 재미의 형태는 집단에서 가장 일반적이었다(47명/201명). 사람들이 한 손에 말장난을 들고 다른 한 손에는 수다나 대화를 들고서 이야기를 한다. 수다와 대화는 똑같은 것이라는 가정은 일리가 있는 것처럼 보일 수도 있지만, 이 두 용어의 전개 방향에는 분명한 중복이 있을 수 있다. 그러나 그 둘 사이에는 미묘한 차이가 있다. 처음에는 사람들이 다른 사람들과 이야기하는 것처럼, 그들이 다른 사람들과 대화를 하는 것을 마치 잡담의 본질로 언급했다. 이야기하기는 덜 재미있었다. 몇몇 인터뷰 참가자들은 고객이나 손님과의 이야기하기를 언급했다. '고객이나 동료들이 무엇을 구매할지, 무엇을 할지와 같은 얘기를 하는 것'(20세 여성, 학생이자 판매보조원)이다. 이것들은 오락적이지 않은 요소를 재미로 활용하는 전형적인 예이다. 그러나 다른 사람은 대화를 웃음과 농담과 구분지어 언급했다. '동료들과 대화를 나누고, 웃고, 농담하면서 가깝게 지내는 것이다. 지난 몇 년간 나는 너무 힘들어서 그런 순간들이 재미라기보다 오히려 응원이 되었고 생존이 되었던 것 같다.' 사람이 직장에서 어려움을 겪고 있었던 것을 고려할 때, 대화와 웃음과 농담은 공동의 지지 요소로서 중요하다.

사람들이 '대화'를 언급했을 때, 그들은 업무, 고객 또는 동료들을 언급했다. '대화'의 초점은 일과 관련된 업무에서 반드시 벗어날 필요는 없었다. 대화 이상으로 수다는 집중을 하거나, 일과 관련된 업무에서 벗어나 머리를 식히는 데 의미가 있었다. '근무 중에 어떻게 재미를 느끼나요?'라는 질문에 한 사람은 '동료들과 커피 마시기, 복도에서 잡담하기. 기본적으로 나는 사람들을 만나면 이야기 나누는 것을 좋아한다.'(30세 여성, 연구원)고 말했다. 또 다른 한 사람은 '때때로 일상적인 수다는 재미있으며, 가끔씩 직원 야유회에서, 혹은 무슨 일을 하는지에 따라.' (48세 여성, 관리자) 다르다고 말했다.

대부분의 응답자들은 수다를 오락이나 휴식 외의 다른 목적으로 돌리지 않았다. 그러나 어떤 사람은 재미의 이러한 형태를 다른 목적을 위한 것으로 말했다. 한 연구원은 '커피 휴식시간에 수다를 떨며 동료들과 경험을 나누는 것, 가지고 있는 문제들을 웃어넘기는 것'이라고 말했다. 이 경우, 수다는 업무에서 발생하는 문제의 관점을 파악하고 이를 편안하게 대화하는 데 중요한 역할을 한다. 어떤 사람은 단순한 기분전환의 기능을 넘어 네트워킹의 개념으로 수다의 효용성을 이야기했다.

> 직장동료와 수다를 떠는 것, 산책을 하며 함께 수다를 떨 사람들을 만나는 것, 친구들과 점심을 먹는 것. 다른 사람들은 이것들을 험담, 혹은 수다라 부르지만 나는 네트워킹이라 부른다(33세 여성, 시설 코디네이터).

응답자들이 정의한 재미의 다른 형태와 마찬가지로, 전통적으로 일과 재미가 서로 어울리지 않는다는 생각이 있지만, 일터에서도 재미의 감정이 일어났다.

> 요즘은 재미라는 게 거의 없다. 많은 시간 압박과 걱정을 가진 사람들. 험담을 하며 수다를 떠는 그 외의 사람들(43세 여성, 강사).

재미의 상호작용 요소는 많다. 거의 항상 다른 사람들을 필요로 한다. 대화와 수다가 언급된 횟수는 몇 가지 이유에서 흥미롭다.

첫 번째로, 사람들은 재미를 설명해달라는 요청을 받으면 재미를 설명하지 못한다. 일에 대해 생각해보라는 요청을 받으면 오히려 재미를 설명한다. 수다는 신체 활동을 요구하지 않으며, 매우 제한적인 환경에서 일어날 수 있다. 이것은 설문조사의 내용들 중에 매우 미세한 부분을 차지한다.

한 사람은 질적으로 다른 직장 내부와 외부 간의 경험에 따른 상황적 본질을 강조했다.

> 별로, 없다. 가끔은 웃거나 기분이 좋기는 하지만 이를 직장 외부에서 나누는 재미와 같은 방식으로 묶을 수는 없다(44세 남성, 강사).

수다나 대화에 대한 설명에 매우 긍정적인 무언가가 있긴 하지만 직장에서 재미의 의미를 농담으로 설명하는 사람들은 그들 세대에서 훨씬 더 활동적이며 재미를 추구하는 것으로 나타났다. 한 응답자는 '유쾌한 농담'으로 묘사했고 다른 이들은 농담을 하기 위해 만들어 내는 조건을 이야기했다.

> 동료들과 농담하기, 말다툼하는 척하기, 통화중인 상관 흉내내기, 상상 축구 경기, 웃기는 이메일 주고받기(49세 남성, 강사).

또 다른 사람은 농담의 웃기는 요소를 강조했다.

> 사람들과 농담하는 것, 온갖 것들에 대해 말하는 많은 사람들. 나는 그것이 가장 좋다고 말하겠다. 내 직업에는 '오, 이런 것은 정말 마음에

드는데!'라는 생각이 드는 부분들이 있다. 만족스러운 업무, 보람. 하지만 나는 그것을 '재미'라고 생각하지는 않는다. 재미는 더 많은 상호작용이다. -열성적이고, 천연덕스러운 유머, 동료들과의 농담(54세 남성, IT 엔지니어).

반면 또 한 사람은 재미와 농담을 위한 조건을 적극적으로 만들어낸다고 이야기했다.

나는 위반이 되는 행동들, 동료들과의 농담으로써 많은 압박 속에서 재미를 만든다(32세 남성, 학생).

농담은 단순한 잡담이기보다는 장난스럽고 파괴적인 의미를 담고 있는 반면, 그것은 업무 중의 재미의 표현을 돋보이게 하는 포장으로 가장 자주 사용되었다. 이는 설문조사에서 많은 응답자들에게 재미로 설명된 표현에 나타났다.

거의 없다. 드물게 내 일에서 흥미를 찾지만 그것을 재미라고 묘사하지는 않겠다. 가끔 동료들과 농담을 주고받을 때 재미있다. 비록 대화의 주제가 자주 업무와 관련된 것이기는 하지만(30세 남성, 경제학자).

덜 열정적인 보고서들 중 많은 부분에서 체념의 감정이 있다. 설문에서 보면, 별로 없다. 가끔씩 '농담'이 오가긴 하지만 그것으로 업무에서 실제 재미있다고 말할 수는 없다. 가끔씩의 사교행사 때에나 한시적으로 재미있다.

다음 답변은 직장에서의 재미에 대한 질문에 많은 수의 응답자들이 풀이 죽은 태도로 응답한 전형적인 짧은 응답이었다.

> 복도에서의 농담 같은 것 외에는, 별로 없다(46세 남성, 대학 강사).

이러한 반응에서 놀라운 점은 우선, 그들이 재미의 주된 장소로 말하는 것을 볼 때, 직장에서 재미의 경험에 관한 다양성이 부족하다는 데 있다. 대화, 수다, 농담에 대한 설명으로 일관된 획일성이 바로 그것이다.

두 번째로, 몇 사람들이 농담을 재미를 느끼는 방법으로 인정했을 때, 그것은 직장에서 재미를 느끼지 못했다는 생각과는 대조적이었다. 따라서 농담은 사람들이 직장에 있는 동안 재미있다고 생각하는 것만으로는 충분하지 않다. 이것이 묘사된 것처럼, 이것은 보편적인 사례는 아니었지만, 충분한 숫자의 사람들이 이 관점을 표명했다.

유머

유머는 사람들에게 재미의 중요한 방법으로 언급되곤 했으나, 보통 수다와 험담과 관계된 것이었다. 재미의 중심점이 되는 유머의 핵심 요소는 게임, 놀이 또는 세심한 소품을 요하는 활동과 달리 준

비가 그다지 필요하지 않다는 것이다. 많은 사람들은 '어떻게 업무에서 재미를 느끼나요?'라는 질문에 다른 사람들과 함께 '웃는 것'이라고 언급한 반면, 또 다른 사람들은 유머가 직장에서 재미의 역할을 설명했다. 한 공무원은 '유머 또는 동료'(43세 남성, 공무원)라고 말했다. 또 다른 사람은 '다른 동료들에게 장난을 치는 것'이라고 말했으며, 또 다른 사람은 '다른 직장 동료들에게 장난을 치거나 이메일로 농담을 주고받는다.'라고 말했다. 재미에 대한 다른 이야기들과 마찬가지로, 다른 사람들과의 관계도 중요하다. 고등 교육에서 일하는 한 근로자는 '음… 동료들과 함께 노는 것. 먼저 관계가 먼저 성립되어야 한다고 생각한다. 아직 거기에는 가지 않았다.'(35세 여성, 강사)고 말했다.

파괴/장난/과소평가 : 상사 혹은 규칙

일과 재미와 관련된 이야기의 가장 풍부한 원천은 재미의 보다 파괴적인 성격을 강조하는 것이었다. 이런 부분은 얼마나 재미있었는지를 전달하기 위한 사건이나 실제의 예들에 초점을 맞추는 경향이 있었다. 중요한 요소는 우선 권위자들을 대변하는 권위를 훼손하는 것이었다. 한 사람은 '동료들과의 뒷담화하며, 경영진들 놀리기 등. 술 마시러 나가기'(30세 여성, 학자) 대부분의 사람들은 일의 부정적인 면과 관련된 경험을 이야기했지만, 권력에 대항하는 동료들과의 동지애를 보상의 일부로 작용한다고 생각했다. '대부분의 사람들은 지루하고 형편없는 일을 하지만, 운이 좋게도, 그것을 잘하는 사람

들과, 단체로 상사를 험담하는 것은 언제나 재미있다.'(26세 판매 보조
원) 반면, 어떤 사람들은 감시당하지 않을 때 근로자들이 누릴 수 있
는 자유를 강조했다.

특별한 행동을 함으로써 업무에서 누리는 재미는 마치 작은 덩어리가
되어 현실을 몰래 빠져나가는 것 같다. 예를 들어 상관이 없을 때 우스
운 대화를 하거나, 웃기는 내용을 쓴 포스트잇을 벽에 붙이곤 한다. 모
두가 매우 가깝기 때문에 많은 농담과 장난들이 오간다(27세 여성, 학교 봉
사활동가).

어떤 사람은 재미는 경영진의 시선을 벗어나서 일어나며, 혹은
다른 주제를 언급하였는데, 그것은 고객 혹은 의뢰인과 종종 겪는
내용이었다.

'호랑이 없는 굴에는 토끼가 왕이다.' 손님이 없을 때면 우리는 가게의
음악에 맞춰 춤을 춘다, 골치 아프게 한 손님들에 대해 농담을 하고, 서
로에게 제품을 사용하기도 한다(20세의 네 여성, 판매 보조원).

또 어떤 사람은 사장이 자리에 있지 않았을 때의 분위기 변화
를 강조했다.

나는 많은 종류의 무보수 업무들을 하기 때문에, 내가 재미를 느낄 수

있는 유일한 것을 언급하겠다. 재미있지 않은 일이 많지만, 만일 사장이
자리에 없다면 비니스에서 일하는 것은 재미있을 수 있다. 우리는 옷을
입어보고, 고객들과 농담을 하고, 재미있는 시간을 보낸다(45세 여성, 71세
은퇴한 학교 교사).

고객과 서비스 제공자 사이의 관계에서 일상적인 뒷담화 또는
정상적인 스트리퍼 관계 외에 행동하는 능력은, 그러한 분야에서 일
하는 많은 사람들에게 중요한 것처럼 보인다. 여기에는 고객들을 조
롱하는 것을 암시하는 몇몇 사람들이 있었다. 어떤 사람들은 농담을
너무 진지하게 하지 않음에도 농담을 하고 있다고 말했다. 어떤 사
람은 웨이트리스들과 함께 웃는 것을 비웃었다. 어떤 사람들은 좀
더 노골적으로 말했다. '까다로운 고객들을 놀리며 함께 웃는 것, 동
료들과 같이 점심 혹은 커피를 하는 것.'(44세 여성, 건축가) 한 여자 종
업원은 게임 플레이도 언급했다.

나의 일은 대체로 꽤 재미있는 편이지만, 재미를 위해서 우리는 경쟁을
더하기 위해 작은 경연을 열기도 한다. 이것은 항상 효과가 있는 것이
아니라, 적당한 분위기가 돼야 하며, 그렇지 않으면 그리 재미있는 일이
아니다. 또한 내가 일하는 곳에서의 재미에는 위반의 요소들이 있는데
예를 들면, 해서는 안 되는 상황에 동료와 대화를 한다거나, 고객에게
부적절한 행동을 하는 경우 등이다(22세 여성, 학생이며 여종업원).

이 사람은 위반 행위가 상황에서 재미를 경험하는 데 중요한 부분이라는 것을 인정했다. 그녀가 그것을 알고 있다는 것이 흥미로운데, 여기서 재미는 우리가 기대하는 고객과의 관계에서 적절함부터 부적절함까지 경계를 넘나든다. 이것은 이 상황에서 권력의 문제이다. 건축가의 진술에서 보았듯이, 고객과 서비스 제공자 사이의 상황에서 늘 순종하는 역할을 하는 사람들은 갑을관계에 저항하려 하며, 비록 고객에 대한 지식이 없다 할지라도, 규범 위반의 재미를 통해 고객과의 관계에서 오는 경험의 긴장과 조절이 위안이 된다. 또 다른 응답자는 술집에서 그들의 일에 대해 이야기했다.

> 나는 수년 간 술집에서 일해 왔고, 가장 좋은 것은 동료들과 즐거운 시간을 보내는 것이다. 우리는 교대근무가 끝나면 함께 술을 마시고, 많은 친한 친구들과 퇴근 후에 자주 술을 마신다. 서비스 직종에 종사에 따르는 정서적 노동의 성격상 종종 대하게 되는 무례하거나 술에 취한 고객들을 비교할 때, 우리에게는 종종 재미의 많은 부분이 서로 팀과 같은 느낌에서 얻어진다. 누군가의 무례함을 이해하고 농담할 수 있는 사람들이 있다는 것은 아주 재미있는 일이다(24세 여성, 바 직원).

이러한 진술에서, 감정 노동에 대한 언급은 근로자들이 사용할 수 있는 일종의 파괴 유형에 대한 흥미를 불러일으킨다. 이러한 상황에서 노동의 사회적 측면은 특히 중요하다. 공감대가 형성되는 것은 팀워크가 발전하고 있음을 의미한다. 여기서 유머를 아는 것이나 파괴적인 활동이 일종의 대리전략으로 나타난다. 이것은 워커와 게스트의 관찰과 매우 유사해보인다. '만일 대화하거나 장난을 치지 않는다면 미쳐 버릴 것이다.' 재미는 그것이 어떤 형태로든 많은 사람들에게 '지루하고 형편없는 직장'(25세 판매 보조원)의 권태를 덜어주기 위한 플랫폼을 제공한다. 동료들 또한 재미를 만드는 과정의 대상이기도 했다. 다른 근로자들의 불유쾌함이 또 다른 사람들에게 재미의 원천이 되는 상황에는 잔인함의 요소가 있다. 한 슈퍼마켓 직원이 말하기를,

> 나는 세인즈베리의 계산대에서 일을 하면서 '달리기 선수'계산대에서 일을 하지는 않으며, 그 곁을 서성이다가 고객을 위해 물건을 교환해 오는 사람들라고 알려진 동료들을 보는 것이 매우 재미있다는 것을 알아냈다. 쓸데없는 심부름을 시키러 그들을 보내는 것은 재미있다(21세 여성, 학생이자 파트타임 슈퍼마켓 계산원).

어떤 사람은 '보통 우리는 누군가에게 장난을 치는데, 그 날의 차례가 되는 사람이 정해진다.'(41세 여성, 직업 상담 관리자)라고 말한다. 주방에서 파트타임으로 일하는 한 여성은 '함께 일하는 사람들과 수다를 떠는 것. 주방에서 짓궂은 장난을 치며 짓궂은 농담을 하는 것'(19세 여성, 학생)라도 말했다.

신발 가게의 보조원의 이야기는 주목할 만한 내용이다. 그녀는 일을 더 잘 견디기 위해서 일종의 파괴적인 행동과 경험을 이렇게

요약한다.

나는 신발 가게에서 파트타임으로 일한다. 나는 업무 중에 재미를 찾기 위해 하는 일들 중 일부를 열거하려 한다. 업무 중에 워키토키 사용할 때, 우리는 농담 같은 것들을 한다. 고객들은 듣지 못한다. 예를 들어, 어제 어느 동료가 괴상한 소리를 내기 시작했다. 아무도 그게 누군지 알아낼 수가 없었다. 그리고 일주일 동안, 모든 사람들은 신발과 관련된 유혹의 멘트를 말한다. 예를 들면 '이봐 밀리, 네 신발끈이 풀렸니? 다른 사람들 때문에 네가 넘어지면 안 되니 내가 널 위해 묶어줄게.' 워키토키를 가지고 있는 모든 사람들은 이런 소리를 들을 수 있고, 그들은 모두 웃기 시작한다. 우리가 재고실에 있을 때, 우리는 선반 뒤에 숨어서 서로를 깜짝 놀라게 하기도 하고, 서로의 머리 뒤에 있는 선반들에 상자들을 밀어 넣는다. 새로운 물건들이 거대한 박스에 담겨 도착하면 동료들은 때로 그 상자 안에 숨어 있다가 다른 직원들에게 점프해서 놀라게 하기도 한다. 손님들이 등을 돌리고 있을 때 좋은 노래가 나오면, 우리는 가끔 가게 바닥에서 춤을 춘다. 위층에서 일하는 사람들은 우리에게 신발 상자를 내려 보내면서 웃기는 메시지를 적어 보내고, 우리는 그들에게 메시지를 되돌려 보낸다(21세 여성, 학생이자 파트타임 판매 보조원).

나의 선입견에 비춰보면, 이 조사에 대한 답변으로 전복적이고 권위에 도전적인 내용이 보편적이거나, 사실상 거의 모든 이야기들이 무례하고 장난기 있는 내용으로 가득 차 있을 것이라고 생각했었다. 그러나 응답자의 약 4분의 1만이 이러한 종류의 능동적인 재미만들기를 이야기했다. 여기서 분명한 것은, 앞서 인용된 사람들에게 권력이나 권위에 도전하는 것은 중요하며, 이것이 일을 하면서 얻는 재미의 경험에서 중요한 부분을 차지한다는 점이다. 그것은 지난 20년간의 경영 문헌이 표방한 조직되거나 잘 짜인 재미와는 정반대이다.

놀이/게임

장난과 관련된 것은 게임과 놀이이다. 파괴적이지는 않지만, 게임과 놀이에는 생산적인 요소가 있다. 또한 재미를 즐기는 데 핵심이 되는 유치함의 감정을 요구한다. 물론 이것은 재미를 즐기거나 게임을 하는 것에 대한 정확한 설명이 아니다. 실제로 몇몇 응답자들은 아이를 돌보는 일을 하면서 아이들과 함께하는 게임이나 놀이와 관련된 것들을 업무상의 재미와 관련된 경험을 이야기했다. 아이들과 노는 것은 당연히 재미한 일이다. '업무 중에 아이들과 노는 것.'(34세 여성, 보육원 교사) 재미를 만들어내는 제반 구조를 설명하는 좀 더 긴 이야기가 있다.

보모인 내가 하는 거의 모든 일은 재미있다. 나는 새로 나온 멋진 장난감들에 돈을 지불하고 어린아이들에게 그것들을 어떻게 사용하는지 가르쳐 준다. 조금 더 자라서 읽으면 훨씬 더 재미있을 잠자리 이야기들을 읽어준다(20세 여성, 학생이자 보모).

대부분의 사람들은 게임을 하는 것이 업무의 일부가 되는 환경에서 일하지 않는다. 많은 사람들은 그들의 일상적인 업무를 활용하면서 게임을 만들어 낸다. 이러한 경향은 교육 업종에서 일하는 사람들이 주도하는 경향이 있는데, 이는 학교교육과 고등교육 둘 다에서 행해진다. 한 선생님은 단순히 일하면서 '바보 같이 굴기' 놀이가 재미있었다고 말했고, 한 학생과 파트타임 근로자는 '지루해 보이는 활동들을 게임으로 바꿔하기, 예를 들면 유행어 놀이, 빙고나 그 비슷한 놀이로 바꾸는 것'을 하며 시간을 보낸다고 말했다. 어떤 사람은 '언어를 가르치거나 배울 때, 혹은 언어로 단순히 게임을 하는 것'이라고 말했다. 사람들이 했던 게임은 언어놀이부터 더 정교하고 신체적인 게임까지 다양하다. 한 응답자는 '우리는 지난 주말에 '사무실 올림픽'이라는 게임을 했다. 나와 또 한 사람은 회전의자로 다이빙을 하거나 했다. 나는 카펫을 태우기도 했다.'(31세 여성, 교사이자 박사과정 학생)고 말했다.

　　또한 어떤 사람은 업무에서 사용하는 기계들을 활용하기도 했다.

　　나는 풀타임으로 일하고 있고 내 일을 사랑한다. 재미는 새로운 꽃이나 곤충을 보는 것과 같은 단순한 기쁨이 될 수 있다. 나는 내 카메라 없이는 아무 데도 가지 않으며, 나중에 사진들을 전시해 놓고 보는 사람들의 반응을 즐긴다. 재미는 고객과의 공감이 될 수도 있다. 또한 재미는 포크리프트를 운전하거나 우스꽝스러운 경주를 할 수 있고, 트롤들을 타고 다닐 수도 있다! 아니면 동료들과 함께 나누는 우스운 순간일수도 있다(59세 여성, 가든 센터의 지역 식물관리사).

여기서 게임과 놀이는 산업사회 노동자들이 노동력 착취 시대에 일하는 동안 끊임없이 만들어 내는 오락의 형태이며—기네스나 캐드버리와 같이—가부장적인 산업 노동자들이 겪게 되는 불만의 분출구였다. 하지만 비록 오락이 허용되더라도, 근로자들은 여전히 지루한 업무를 재미있게 만들거나, 고용주나 일 그 자체가 요구하는 업무들에서 벗어나기 위한 자신들만의 방식을 만들어낸다.

휴식/생산 활동에서 벗어나는 시간

자주 언급되었던 또 다른 영역은 업무 과제에서 벗어난 시간이었다. 근무 중 점심시간이나 그 외 허용된 휴식 시간 같은 것들이다. '어떻게 업무 중에 재미를 갖는가?'라는 질문에 몇몇 응답자들은 간단히 '점심시간'이나 '커피 타임'이라고 대답했다. 사회적인 상호작용도 언급되었다. '커피 타임. 맛좋은 커피, 비스킷과 온갖 소문들 듣기'(45세 여성, 고위 검찰연구관) 다른 사람들은 동료들에게서 떨어져 있는 시간을 언급했다. 한 관리자는 '나는 사무실에서 인터넷 서핑을 하고 시간이 있으면 공원 혹은 숲에서 산책을 한다.'(36세 여성, 행정 보좌관)고 말했다. 3명의 응답자가 퇴근 후에 사교적 음주를 언급한 것 외에, 3명의 응답자만이 허락된 휴식 동안에 짜인 활동에 대해서 이야기했다. '가끔 우리는 점심시간에 축구를 한다.'(41세 남성 IT 기술자)

허락된 휴식 시간에 대해 진술한 사람들과 그들의 재미 경험에서 중요한 것으로 가십이나 잡담의 역할을 강조하는 사람들 사이에 큰 교집합이 있었다. 이 분석에서 양자는 분명히 식별되지 않았다. 그러나 충분한 숫자의 응답자들(15)이 휴식 시간에 대해서만 진술을 하며, 그 시간에 무슨 일이 있었는지 밝히지 않았다. 휴식 시간과 잡담을 별개의 영역으로 엄밀히 구분하기 위해서였다.

개별 활동 또는 발생/목표 지향?

비교적 재미의 원천은 긍정적인 방향에서 일이나 업무로 이어졌다. 업무가 잘된 것에 대한 만족감이 많았고, 혹은 직업 자체가 재미있다고도 했다. 한 엔지니어는 '나는 주로 내가 즐기는 업무를 하는 직업을 택했기 때문에 늘상 재미있다.'(57세 남성, 엔지니어), 라고 말했다. 다른 예술가는 '내가 즐기는 것을 동료와 이야기하는 것, 내가 하고 있는 일을 즐기는 것'(28세 여성, 공예가)이라고 말했다.

많은 응답자들은 직장에서 회의 목표를 재미로 정했고, 일부에게는 이것이 자기주도의 레벨과 관련이 있었다. 어떤 사람은 스스로 세운 업무를 끝낼 때 재미있었다고 말했다. 또 한 작가는 '글 쓰는 것, 그것이 가장 재미있다. 그것이 술술 진행되면 아드레날린은 솟아나고, 시간은 순식간에 지나간다.'(66세 여성, 작가)라고 말했다. 한 정보통신 컨설턴트는 업무에서의 재미를 만드는 데 있어 조절의 중요성을 강조했다. 그는 '친구들과의 대화, 그리고 화제에 대한 계획, 고객과 함께하는 대화에서 흥미를 갖고, 중심을 지키는 것.'(55세 남성, 정보통신 컨설턴트)이라고 말했다.

모든 사람에게는 각자의 특정 업무 또는 직업에서 긍정적인 방향을 유도하는 조절 혹은 자율성이 있다. 이것은 일에 대한 만족의 원천에 대한 증거이다. 고르는 볼보 우데발라 공장에서의 실험 과정을 설명한다(Gorz 1999). 그것은 최근의 경영 연구에서 널리 인정받은 일에서의 경험 요소이기도 하다(Landeweerd and Bonmans 1994; Pearson and Moomaw 2005; Vidal 2013; Wu et al. 2015). 이러한 관심사와 관련해 이 문헌을 보면, 연구자들이 '어떻게 업무 중에 재미를 갖는가?'라는 질문에 대한 사람들의 응답에 그리 큰 비중을 두지 않았다는 것이 놀랍다. 하지만 사람들은 재미를 업무에서의 성취나 성공과 같은 형식들과 동일시했다. 한 경찰관은 '업무 중에는 가능한 최선을 다한다. 성취감을 느낀다.'고 말한 반면, 한 물리치료사는 다음과 같이 말했다.

> 업무에서 재미란 아마도 성공과 동일시된다. 개인적으로든, 혹은 환자와 그 외의 것들과 관련된 것이든. 어떤 환자가 목표를 이루었다! 그럼 나는 '재미있네요!'라고 말할 것이다. 학생들과 소통하고 목표를 이루기 위해 함께 노력할 때는 가르치는 것도 재미있게 된다. 업무에서의 재미란 시간이 빨리 흘러간다는 것을 뜻한다(48세 여성, 물리치료사).

한 작가는 재미를 '새로운 사람들을 만나고, 배우고, 도전하고, 싸움을 이겨 내는 것'이라고 말했다(46세 여성, 프리랜스 작가이자 간병인). 이런 의견들의 특징은 재미로 받아들여지는 업무 중의 문제해결과 성공은 다른 사람들과 관련이 있다는 점이다. 자신들의 문제에 집중하기보다, 오히려 다른 사람들의 문제해결이나 성공에 집중한다. 제2장의 재미의 도식에 따르면, 이는 개인적인 걱정에서 일시적으로 고통과 책임감을 덜어주는 것을 포함한다. 일을 하면서 재미있는 놀이로 노래를 언급한 두 사람이 있었다. 한 사람은 직장에서 조직된 합창단을 이끌어 가는 것에 대해 이야기했다.

> 나는 많은 사람들의 그룹 가운데에 서 있다. 그들을 웃게 하고 그들에게 아름다운 화음을 가르친다. 즉각적으로 받는 긍정적인 피드백과, 능동적인 참여가 내 일에서 재미의 한 부분이다(38세 여성, 지역 예술가).

이 인터뷰는 업무 중의 재미 경험에 있어 보람을 느끼는 것이 얼마나 중요한지를 알려준다. 재미는 순간적으로 경험한다. 그것은 작가가 글쓰기가 잘 흘러가거나, 교사는 문제를 잘 푼 학생을 볼 때 경험하는 당김의 순간인지도 모른다. 재미, 행복 그리고 기쁨 사이의 구별은 이러한 이야기들을 이해하는 데 중요하나, 응답자들 스스로가 그것들을 구별하는 데 어려움을 겪는다는 것도 무시할 수가 없다. 설문조사에서, 질문 순서는 응답자들이 재미의 정의와 차이점에 대한 질문을 받기 전에 답을 했다는 것을 알 수 있다. 그들에게 먼저 재미있고 행복하며 즐거운 경험을 끄집어 내달라고 요청했다면, 사람들은 좀 더 관련된 답변을 했을 수도 있었다.

여기서 가장 인상적인 두 가지 사항이 있다. 첫째, 전통적이고 보수적인 것들이 어떻게 보이는가이다. 사람들이 예전과 다르게 일하는 방식에 대한 패러다임의 변화는 전혀 없다. 둘째, 많은 이야기에서 사람들이 일에서 감흥을 못 느끼는 본성을 갖고 있다는 점이다. 전반적으로 직장생활은 그다지 재미있지 않아 보인다.

재미를 느끼지 마!

통일된 응답을 살펴 보면 '재미가 없다.'가 가장 많이 사용되었다. 이런 응답을 너무 많이 읽게 된 것은 자체적으로 완료된, 제약을 두지 않은 설문지였기 때문이었다. 그런 이유로 나는 이러한 답변들에 대해 조치를 취할 기회가 없었다. 예상컨대 만약 내가 밀어붙였다면, 대부분 사람들이 자신들의 직장생활에서 재미있는 요소들을 찾아낼 수 있었을 것이다. 발다무스와 같이, 나는 사람들이 고용주들이 정한 기업 목표에 상관없이 그들만의 만족감이나 즐거움의 감각을 만들어 낼 것이라 생각했다. 하지만 이 설문조사에 참여한 응답자들 중 상당수가 업무에서의 재미는 없다고 답했다질문에 20%에 해당하는 사람들이 이처럼 응답했다. 그 범위는 '나는 업무 중에 재미있는 시간을 보냈던 것을 기억할 수 없다. '직장 밖에서' 동료들과 교제하는 것은 재미있지만 말이다.'(49세 여성, 전문대학 학생 상담사)라고 말한 학생 상담사부터, '나는 업무 중에는 재미가 없다. 때때로 동료들과 함께 업무 후에 재미있는 시간을 갖곤 한다.'(40세 공무원) 라고 말한 공무원까지 이른다.

어떤 교정자에게도 재미는 일 밖에 위치해 있었다. '별로 재미라는 것은 없다. 가끔 업무 중에 약간의 농담이 오가긴 하지만, 그것을 실제 직장에서의 큰 재미라고 말하진 않겠다. 오직 사교적인 행사에만 제한되어 있다.'(26세, 교정사) 한 관리자는 동료들과의 재미있던 일을 강조했지만, 역시 업무 밖에서였다. '직장에서 재미는 별로 없다. 다만 동료들과 함께 있을 때 웃으려 노력하는 것은 좋은 것 같다.'(40세 여성, 관리자) 어떤 사람들에게는 시대가 지나면서 상황이 더 안 좋아지는 느낌이 들었다. 한 강사가 말했다. '요즘은 그리 재미있지 않다. 많은 시간 압박과 걱정이 많은 사람들. 험담을 하면서 수다를 떠는 그 나머지 사람들.'(43세 여성, 강사)

한 심리학자가 흥미로운 관점을 제시하는데, 그녀는 자신이 재미있어 보인다면 그녀의 직업적인 위치가 위태로워질 것이라고 느껴진다고 했다. 그녀는 '나는 직업적인 면에서 이상해보이는 행동일 수 있기 때문에 업무 중에는 재미를 갖지 않는다. 재미라는 것은 예상치 않는 무언가를 하는 것이고, 자유로운 것이며, 그것이 일어나는 방식이 어떻든 그 경험의 제약을 더는 것을 의미한다.'(41세 여성, 병원 심리학자)라고 생각했다.

꽤 직설적으로 말한다면, 일에서 재미의 부족을 표현하는 사람들이 여럿 있었다. 한 가게 보조원은 '어떻게 업무에서 재미를 갖는가?'라고 대답했다. '스스로에게 말하는 것: 나는 여기에 없다. 이것은 정말 일어나는 것이 아니다.' 다른 한 사람은 재미는 '퇴근하는 것으로'라고 말했다.

결론

예상했던 대로, 많은 주제들이 성인들의 재미에 관한 데이터와 일
치되어 나타났지만, 일의 제도적인 기대에 의해 중재되었다. 농담
과 수다는 쉬는 시간이나 일을 떠난 시간과 거의 떼려야 뗄 수 없
는 연관을 갖고 있었다. 재미있는 이야기는 업무 일정에서 허가되거
나, 혹은 방해나 파괴 행위로 나타났다. 아무도 자유로운 대화나 수
다가 업무시간에 할 수 있거나 권장될 수 있다는 사안이 아님을 인
정했다. 따라서 재미와 파괴 사이의 관계는 성인기의 재미보다 일
과 관련한 데이터에서 훨씬 더 확연히 뚜렷했다. 이것은 놀라운 일
이 아니다. 성인기의 재미가 그 세대가 다른 무언가에 의해 필연적
으로 억제되었다고 나타나지는 않았기 때문이다. 이것은 분명 업무
에서의 재미도 마찬가지로 적용되었다. 생산적이어야 한다는 요건
은 재미를 억제하거나 제한하는것을 지시한다. 파괴는 이 프로젝트
에서 수집된 자료에서 얻은 가장 강력한 주제이다. 나는 우리가 재
미를 찾을 수 있는 자율성을 반대하는 입장에 서 있다는 것이 슬프
기도 하다. 사람들이 일해야 하는 관계가 1950년대와 같다면, 경영
은 엄청나게 발전하지 않았을 것이다. 일의 형태는 급격히 변했을지
라도 말이다.

파괴와 관련된 것은 놀이와 게임이었다. 놀이와 게임은 기대하는 작업 규칙을 위반하며 행해지는 경우가 종종 있었다. 가구들을 엉망으로 만들며 놀거나 고객을 놀리는 것은 창의적인 동시에 파괴적이다. 명백한 오락 행위이기도 하다. 조사 데이터는 도널드 로이의 《단조로움이라는 야수Beast of Monotony》에 나오는 것과 대략 같았다. 질문에 대한 답변도 최소한 수집된 데이터 안에서 보자면, 대체로 획일적이었다. 재미의 다양성을 나타내는 데이터는 유아기에서 성인으로 갈수록 감소되었다.

이 자료의 상당 부분은 생산적인 업무에서 벗어난 시간과 관련이 있다. 요즘 컴퓨터 앞에서 일하는 많은 사람들이 그들의 업무와 아무런 상관없는 웹페이지를 탐색하는 놀라운 능력은 흥미롭다. 나는 BBC 뉴스 웹사이트가 충분히 빨리 업데이트되지 않는다고 불평하는 사람들과 대화를 나누었다. 그들은 매일 똑같은 것을 수없이 읽는 자신들을 발견하기 때문이다. 제2장의 '재미의 이론화'에 나타난 재미에 관한 모델을 되돌아볼 가치가 있다. 업무에서의 재미에 대한 자료에서의 방식과 이 모델이 들어맞는 것은 놀랍다.

상호적인 인간관계의 의미에서 보자면, 이를 명시적으로 언급한 조사대상자들이 많지 않았을 뿐, 이들이 열거한 활동과 그 순간들을 분석해보면, 거의 대부분 타인들과의 관계에 관한 것이었다. 응답자들이 휴식 시간에 하는 농담을 언급했을 때 그들이 혼자서 혹은 스스로에게 농담을 하는 것 같지는 않았다. 여기서 언급한 파괴나 장난은 거의 언제나 공동의 재미나 오락을 위한 것이었다. 시간은 이러한 자료에서 큰 요소로 작용한다. 상사의 눈길을 벗어나거나 허용된 짧은 휴식 시간이 재미를 위한 공간을 메웠다. 사실 자유로운 시간이 많이 허용되거나 상사의 감시가 없다면, 규정을 어기는 것은 그다지 매력적이지 않다. 자유시간의 상대적인 부족이 자유시간과 작업시간 양쪽을 모두 가치 있게 만든다. 사람들은 자유시간에는 허가된 재미를 누리고, 작업시간에는 특정한 형태의 전복이나 위반을 통해서 재미의 가치를 더욱 배가시킨다.

일은 직종에 크게 관계없이 반복적인 성격을 갖고 있기 때문에, 규범에서 일탈은 매우 중요하다. 표준편차도 매우 중요하지만 상당히 복잡하다. 많은 사람들에게 재미는 계속해서 반복되는 시간이다. 블라이드와 하센잘의 관찰과 같이 '농담에서In jokes'에서 재미가 반복적이고 진보적이지 않다는 것은 규범과의 관계를 이해하는 데 있어 중요하다. 따라서 무엇이든 사람들이 일반적 것에서 벗어나는 것이 일탈이 아니라, 당연히 따라야 하는 규범이나 가치로부터의 일탈이 바로 진짜 일탈이다. 규범은 당신의 일을 열심히 하는 것이며, 그것으로부터의 일탈은 당신과 동료들이 교대 근무를 할 때마다 갖는 재미이다.

생산적인 업무에 대한 헌신의 관점에서 보면, 재미는 그 헌신에서 벗어난 일시적인 자유와 관계된다. 이는 더 나은 업무를 위한 헌신을 잠시 유예시키는 행위이다. 헌신은 집중할 만한 다른 대상을 선택하거나 그렇게 해야만 할 때 비로소 끝이 난다. 헌신은 책임감에 대한 생각이며, 이것은 현재의 근심이나 걱정거리로 드러난다.

일과 관련하여, 이러한 걱정거리들은 클 수도 있고 사소할 수도 있다. 크기가 아니라, 이러한 걱정거리들을 일시적으로 완화하는 것이 중요하다. 이 재미는 생산적인 업무에서 벗어나면서 나타난다. 따라서 걱정이나 근심은 한편으로 지루함을 다스리는 방법이 될 수도 있고, 다른 한편으로 어려운 문제를 해결하는 방법일 수 있다. 어느 쪽이든, 재미는 이러한 우려들에서 벗어나는 수단으로 작용한다.

업무에서 재미에 대한 기대는 매우 형식적인 성질을 갖는 경향이 있다. 제도적인 조직 밖에서 재미를 느낄 때가 그 안에 속해 있을 때보다 그 상황이나 행동에서 일어날 가능성에 대한 기대가 훨씬 더 커지기 마련이다. 창의성이 능력인 것처럼 보이지만, 제도권 내에서 사실상 창의성을 발휘할 수 있는 기회는 고사하고 오히려 억눌리게 된다. 그런 면에서 예상은 더욱 분명한 기대감으로 이어진다. 휴식시간이 다가오고 있다는 것을 알게 되고, 친구들이 기다리고 있을 것이라는 것을 알고 있고, 함께 대화하고 웃을 것이라는 것을 알고 있기에 기대감도 따라서 커진다. 솔직히 응답자들은 그런 시간을 가지면 가질수록 더 기분이 좋아졌다.

어른들의 재미와는 달리, 혹은 어린 시절의 특별한 재미와는 달리, 업무에서의 재미는 선택의 여지가 많지 않고, 결과적으로 기회의 제한이 따를 수밖에 없다. '재미있는 사람'에 대한 우리의 인식은 다양한 방식으로 조정된다. 가령 일터에서 성별간 재미있는 사람을 보는 기준의 편차가 존재하는데, 이는 여전히 매우 중요하다. 따라서 한 사람이 재미나 재미의 경험을 갖기 위해 무엇을 하는지보다 그들이 재미있는 사람으로 여겨지는 방식이 더 의미가 있다.

이것은 재미의 스키마에서 드러나는 가장 명백한 특징이다. 재미는 많은 사람들이 재미없는 직장에서 낮 시간에도 일을 해낼 수 있는 기분전환을 준다. 재미있는 일터에서 재미에 대한 문헌적 이론과 실제적으로 사람이 느끼는 재미의 경험 사이에 차이가 있음을 알 수 있다. 고용주들이 장려하거나 도모하는 재미와 사람들이 실제 느끼는 재미는 서로 전혀 다르다. 경영서의 짜인 재미와 창조적이고 파괴적이며, 더 나아가 기분전환이 되는 재미는 그저 서로 단어만 같을 뿐이다. 각자의 목표, 세대, 경험은 다 다르다. 여기서 불행한 결론은 오늘날 사람들에게 일은 전혀 재미로 나타나지 않으며, 이는 우리보다 앞선 세대들과도 거의 마찬가지라는 데 있다.

6

현상학적 재미란 무엇인가?

재미의 사회적인 양상은 비교적 쉽게 설명되지만, 재미가 어떤 느낌인지 말하는 것은 그리 간단하지 않다. 우리는 재미있는 행동을 언급할 때 편안해 하며, 그런 행동을 할 때 우리는 말하는 사람이 재미있는 것과 관련된 일반적인 감정상태를 인식하리라 예상한다. 우리는 재미라는 감정을 분명하게 가지고 있고, 대부분이 그 감정은 다른 것을 경험할 때와는 뚜렷하게 구별된다는 것을 인정한다. 그러나 재미를 느낄 때 우리 기분이 어떤지를 말로 표현하기란 쉽지 않다. 설문조사에서 사람들에게 재미가 행복이나 즐거움과는 어떻게 다른지 물었다. 많은 사람들은 이 세 가지 현상을 구분하기 위해 감정의 언어에 의존했다. 하지만 그들이 어떻게 느끼는지 설명해달라는 요청을 받았을 때, 그들은 구체적으로 설명하는 데에 힘겨워했다. 결과적으로, 나는 이 질문에 흥미를 느끼게 되었다. 만약 우리가 무엇이 재미인지, 어떤 느낌인지를 밝히는 데 어려움을 겪는다면, 우리가 재미있다는 것을 어떻게 알 수 있을까?

이 장은 재미라는 감정적인 언어를 탐구하는 방향으로 갈 것이며, 우리가 지금 재미있다는 것을 알면서도 그것을 묘사하는 데 어려움을 겪는다는 것을 말할 것이다. 상황과 맥락의 상호 밀접성, 재미의 조건을 만들 때 개인적이거나 심리적인 요인 등은 재미가 어떤 현상인지 혹은 어떤 느낌인지를 명확하게 파악하는 것을 더욱 어렵게 만든다. 흔히 재미와 관련된 활동을 묘사하는 것이 더 쉬울 수도 있다. 흔히 자연적인 조건을 사회적인 상황에 따라 묘사하는 것이다. 이 프로젝트 초반에, 나의 파트너에게 재미를 설명해달라고 부탁했었다. 그녀의 대답은 마음에 쏙 들었다. 나는 그녀에게 반복해서 말해달라고 했고, 그것을 받아 적었다. 내가 마음에 들었던 것은 그녀의 말이 재미를 흥미로운 주제로 만드는 데 중요한 테마를 건드렸기 때문이다.

재미는 현재 충실함의 한 멋진 예이다. 바로 그 순간 그것이 그리고 아름다운 이유는 그 순간 우리는 자유롭고, 우리는 바보 같고, 우리는 억제에서 벗어나서 그것에 대해 그 순간에는 생각할 필요가 없게 된다. 끊임없이 자신을 판단하는 내면과의 대화해야 해. 해야 하나? 그렇지. 그런가?'와 같은 것들에서 자유로워진다. 우리는 그저 그 순간을 즐기는 것이다. 그것이 바로 재미의 가장 좋은 것 중 하나라고 생각한다(Bree Macdonald, June 2014).

이 인용문에서 브리Bree는 자유, 즉흥성, 오락, 주관성, 순간성,

그리고 사회성 모두를 담고 있다. 재미의 현재성은 확실히 중요하고, 순간성도 재미에 있어 중요한 특징이다. 그렇다면, 우리가 그 순간에 있을 때 우리 느낌이나 감정 또한 중요하다고 가정할 수 있다. 그러나 순간의 중요성은 종종 돌아보면 명백해진다. 얼마나 자주 순간에 있음을 느끼는지, 그 빈도는 재미의 감정에 얼마나 충실히 소통하고자 하는지. 어쩌면 그 의미보다는 덜 중요해진다. 특히 재미의 방식이 누구나 보편적으로 경험하는 것이 아니라면 말이다.

기차를 타는 것, 럭비나 쇼핑을 하는 것이 재미가 될 수 있지만, 이러한 것들을 재미로 느끼지 않는 누군가와 제대로 소통하기 위해서, 재미라는 감정을 대화의 초점에 맞게 바꿔서 일상적인 경험 언어로 표현해야만 한다. 우리는 때로 우리의 경험을 다른 사람들에게 그럴듯하게 설명할 수 있도록 실제 경험과 다른 방식으로 재구성하곤 한다. 나에겐 자전거 타기가 좋은 예다. 자전거 타는 것을 좋아하고 종종 사람들에게 그것이 얼마나 재미있는지 말하곤 하지만, 자전거를 타는 대부분의 시간이 나는 재미있다고 말할 수 없다.

재미는 만들어지기 어렵고, 재미가 어떤 느낌인지를 설명하기 위해 감정의 수준을 분석할 필요가 있다. 분석은 재미의 경험에 상반되는 것이다. 만일 재미를 어떻게 느끼는지 그 순간을 분석적으로 생각하기 시작한다면, 즉시 재미가 사라지고 말 것이다. 이러한 제약 조건들을 고려할 때, 재미의 느낌에 대한 글이 별로 없다는 것은 놀랄 일이 아니다. 이것은 일반적으로 감각적인 세계에 기인한다. 따라서 재미에 대한 현상학적이거나 구체적인 묘사는 언어의 제약 때문에 어렵게 여겨진다. 우리는 어떻게 재미를 느끼는지를 설명할 수 있을 만큼 충분한 어휘를 가지고 있지는 않다. 하지만 이것이 경이로운 감정을 인정하지 않는다는 것은 아니다.

자신을 감각적인 세계로 방향을 돌릴 수 있다면, 우리는 메를로 퐁티가 주장한 '세계 속에 존재함'에 접근할 수 있다. 재미가 어떤 것인지에 대한 감각을 얻기 위해 현상학자들은 감각의 통로를 만들기 위해 시선을 옮겨야 한다고 제안한다. 파기스Pagis의 명상에 대한 연구는 현상적인 분석이 가능한 마음 상태로 접근할 수 있다는 점을 제시한다.

> 몸은 거울이다. 몸에 있는 감각으로 시선을 돌림으로써 명상가들은 세계를 감지하는 자아를 감지하기 시작했다. 그들은 자신의 존재에 속하는 무한한 체내 순환 루프로 구성된 신체적 자아를 인식하게 된다. 그러한 인식은 내면의 대화를 시도하여 육체적 경험과 의미의 상징적 세계를 연결하는 담론의 영역에서 해석과 의미 만들기로 나아갈 수 있다. 그러나 만약 신체가 스스로 자기 점검을 하는 메인 주파수가 된다면, 다른 성찰의 반응이 나타날 것이다. 여기서 자기와의 관계는 신체적 이미지에 숨겨진 비언어적 의미의 점검을 통해 이루어진다. 특정한 형태의 응답을 완화하고, 새로운 반응을 습관화함으로써, 중재자는 감정적이고 정신적인 스스로의 감정을 점검할 수 있다(Pagis 2009: 279).

명상의 상태와 재미를 느끼는 상태는 분명히 다르지만, 중요한 것은 이것들이 신체를 통해 경험한다는 데 있다. 재미는 사회적 현상이고, 다른 사람들과 관련된 것으로 이해되지만, 꼭 상호작용으로만 경험되는 것은 아니다. 재미를 느끼는 그 시간에 우리가 어디에 있었고, 누구와 있었으며, 그 느낌이 어땠는지가 그 경험을 정의한다. 우리는 재미를 느끼는 순간의 감정과 감각을 분석하는 데 제한된 재료를 가지고 있다. 파기스에 의하면, 성찰의 다른 방식은 사람이 어떠한 내재된 반응을 완화하는 순간, 그는 분석적인 형태로 새로운 반응을 습관화하며, 다시 감각과 감정을 중심에 놓는 방향으로 나아가게 된다. 흥미롭게도, 질문을 받았을 때, 많은 사람들은 심지어 기억 속에서도 이러한 내재된 경험을 식별한다.

여기서 우리는 사회적 본질로 굳이 언급할 필요도 없는 재미에 대한 경험의 감각을 거론한다. 메를로 퐁티는 이렇게 설명했다.

> 모든 경험과 기억의 뿌리에서, 재미라는 것은 관찰을 통해서 혹은 주어진 사실로 얻어지는 것이 아니고, 어떤 관념에 의한 추론도 아니며, 바로 경험에 의해, 직접적인 접촉을 통해, 그저 그것을 인식하게 되는 것이다. 우리는 알게 되는 것이다(Merleau-Pointy 2002 [1945]:232).

재미는 직접적인 관찰로 인지되는 것이 아니다. 재미를 분석해 달라고 요청했을 때 많은 이들이 말하길, 재미에 대해 너무 많이 생각하면 그 순간 재미가 멈추어 버린다고 한다. 메를로 퐁티는 '경험을 통한 직접적인 접촉'을 '성찰하지 않는 과정'으로 인식한다.

재미의 감정을 묘사하는 것을 얼마나 어려운지에 대한 연구 자료에서 의외의 힌트를 찾을 수 있다. 재미라는 느낌이 과연 어떤 것인지에 대한 토론 사례를 살펴보자. 스토리파이Storify가 주최한 온라인 토론에서, 재미의 감각을 적절하게 설명하기 위한 다양한 논쟁이 있었다. 응답자들은 밝고 생동감 있는 태도로 재미의 다양한 형태를 표현했다. 한 토론자는 '시간 가는 것을 잊고, 영혼은 가볍고, 놀라기도 하고, 또 그런 내 모습에 놀라기도 한다.'(Storify 2013)라고 말했고 또 다른 사람은 '그것은 단순하다. 마치 빛과 같다. 사랑과 같다. 단순하다.'(Storify 2013)고 말했다. 여기서 가벼움과 흐름은 언어로 표현하기 힘든 경험들을 말한다. 이 사람들이 재미의 감정을 떠올릴 때, 그들은 메를로 퐁티가 말하는 직접적인 접촉을 시도한다.

야후가 주최한 포럼에서는 '당신에게 재미있는 느낌이란 어떤 건가요?'라는 질문을 제시했다. 대부분의 응답은 '재미는 아주 웃기는 원숭이 같다! 즐거움, 주로 마음에서 나온다. 재미는 보통 머리를 필요로 한다. 일반적으로 나에게 재미라는 것은 기분이 완전히 좋아지는 때이다.' 등이었다. 다른 사람은 '나에게 재미는 그 순간 완전히 살아 있는 것 느낌이다. 그 어떤 방해도 없는. 때때로 그것은 너무나 몰입이 되기에, 나는 그 사실이 끝난 후에야 재미라는 이름 붙일 수밖에 없다!'라고 답했다. 감정이 어떤지를 설명하는 데는 분명히 문제가 있다. 그래서 우리는 직접적으로 경험을 언급하는 것보다 종종 비유와 은유를 사용하게 된다. 마치 빛 같은, 사랑 같은, 붕 뜬 느낌과 같은 식으로 말이다.

행복에 집중하는 것이 재미의 느낌을 언어로 발전시키는 데 도움을 줄 수 있을까?

결론은 내가 기대했던 것보다 적었다. 재미에 관한 프로젝트가 진행되는 동안, 행복 연구는 함께 진행되었다. 이 연구들이 재미에 대한 연구에는 일부분 유용했으나 다른 분야들에서는 제한된 효용성만을 드러냈다. 이것은 느낌을 사회과학적인 방법으로 분석하는 데 있어서 어떤 방법이 최선인지를 이해하는 데 달렸다. 행복 연구가보다 정교한 공식을 갖고 있을 것이라고 생각했다. 실제로 사람들은 행복할 때 가지는 느낌을 글로 썼다. 그러나 이런 시도를 해보니, 대부분은 우리가 어떻게 행복을 느끼는지를 제대로 설명하지는 못했다. 나는 그 순간의 관심이나 이해를 관찰하는 것 대신에, 그 순간의 감정을 표현하는 방법에 대한 분석적이고 심지어 방법론적인 조언을 구했다. 그러나 18세기 초에는, 초현실적이고 무형적인 행복을 포착하기는 어려웠다. 칸트는 《도덕 형이상학을 위한 기초Groundwork to the Metaphysics of Morals》에서 다음과 같이 언급한다.

불행하게도, 행복이라는 개념은 너무나 불확실해서, 모든 인간이 그것을 얻고 싶어 하지만, 결코 자신이 진정으로 원하고 의지하는 것이 무엇인지를 분명하고 끊임없이 말할 수 없다(Kant [1785] 2005:78).

칸트의 관점에서 행복을 설명할 수 없는 것은 그 현상적인 본
질을 반영하기 때문이다. 우리는 스스로 제대로 밝힐 수 없는 무언
가를 갈망한다. 동시에 행복하다고 묘사할 수 있는 시간이나 행복을
경험하는 순간에 우리 모두가 그것이 무엇인지를 표현할 수 없음을
알고 있다. 확신의 부족은 지속되었다. 시몬느 드 보부아르는《제2
의 성The second Sex》에서 '행복이란 단어의 의미는 너무나 명확하지가
않으며, 그것이 가리고 있을지 모르는 진정한 가치도 그러하다.'라
고 말했다. 이전에 나는 보부아르를 언급하면서 웰빙이나 행복을 다
소 냉소적인 태도로 취했다.

이는 우리가 행복과 관련된 느낌을 경험하지 않는다고 말하
는 것이 아니라. 행복에 대한 격려나 정의에 의구심을 품어야 한다
는 점을 의미한다. 사라 아흐메드Sara Ahmed는 '행복은 소망을 정치
로, 희망하는 정치로, 소망에 따라 사는 다른 삶을 요구하는 정치로
바꾼다. 행복한 가정주부는 행복의 표시를 지우는 환상적인 인물이
다.'라고 관찰한다.(Ahmed 2010:2) 행복이나 재미에 대한 우리의 경험
이 동시에 업무에서의 구조에도 존재한다는 것이다. 우리가 가정하
는 것은 사회적인 구조나 조정된 정의 밖에 있는 것들이다. 우리는
그저 행복의 느낌을 갖고자 한다. 그저 재미있고자 한다. 그러나 직
접적으로 정의하거나 이해하는 방법을 가지고 있지는 않다.

이것은 올펜슈타인이 강조한 도덕적인 전가moral imputation와 관

련이 있다. 내재된 성질이 없는 경험을 좋거나 나쁜 것으로, 혹은 행복하거나 불행한 것으로, 재미있거나 재미없는 것으로 선별하는 것은 사회적인 규제의 잣대가 동원된다. 아흐메드는 행복을 의도적인 행복과 감정적인 행복 사이의 구별을 위한 열쇠로 설명한다. 그녀는 의도적인 행복은 목표를 향해 가며, '과거에 그랬기 때문에 그게 나를 행복하게 한다는 걸 알아.'라는 의미로 제시한다. 명확성과 구조 사이에는 분명한 상호성이 존재한다. 그리고 아흐메드의 제시는 행복은 관계 방식에 따라 경험되며, 재미도 마찬가지라는 점이다. 재미있는 느낌을 갖는 순간에 우리는 감정을 결정할 수 있는 경험으로 향하며 앞으로 벌어질 일에 대한 기대감을 가지고 움직인다. 재미있는 것과 그렇지 않은 것에 대한 이해는 사회적 요인들에 의해 조정된다.

깊고 본질적인 감정으로서 혹은 문화적·시간적 경계를 넘나드는 방식으로서 행복의 경험을 다룬 것들도 있다. 긍정 심리학자 미하이 칙센트미하이Mihaly Csikszentmihalyi는 사회를 초월하는 인간의 반응을 자극하는 내재된 심리 상태로 '몰입flow'에 주목했다. 그는 작곡이 잘 되어가는 때를 작곡가들은 '무아지경'에 이른다고 설명했다. 이것은 내가 재미에 관해 이야기했던 희열의 감각과 연결된다. 칙센트미하이는 작곡가가 어떻게 황홀한 순간에 완전히 몰입하는지를 설명했다.

작곡가는 자신의 몸을 어떻게 느끼며, 집에서 어떤 문제가 있는지를 관찰할 만큼의 관심을 남겨두지 않는다. 심지어 자신이 배가 고프거나 피곤하다는 것조차 느낄 수 없다. 몸은 사라지고 자신의 정체성은 의식에서 사라진다. 왜냐하면 극도의 집중을 요하는 무언가를 정말 잘하기 위해서, 그리고 동시에 자신의 존재감을 느끼기 위해서 그 외에 것에 주의를 뺏길 여지가 없기 때문이다. 그리하여 존재의식은 일시적으로 멈춘다. 그는 자신의 손이 마치 저절로 움직이는 것 같다고 말한다 (Csikszentmihalyi 2004).

칙센트미하이는 이것이 보편적으로 경험할 수 있는 현상이라고 설명한다.

자, 우리가 공부를 할 때 ─다른 동료들과 전 세계 8천 명 이상의 인터뷰를 했다도미니카의 수도사들부터 수녀들까지, 히말라야 등반가들부터 나바호족 목동들까지 자신의 일을 즐기는 사람들. 그리고 그들의 문화에 상관없이, 혹은 교육이나 그 외의 것에도 상관없이, 사람들이 몰입의 순간에 있을 때에는 조건이 있는 것처럼 보인다. 이 집중이 일단 강해지게 되면, 무아지경에 이르게 되고 명확한 감각을 갖는다. 자신이 무엇을 하고 싶은지 매순간 정확히 알게 된다. 즉각적인 피드백을 받게 된다. 자신이 해야 하는 일이 충분히 실현가능한 일이라는 것을 알게 되는데, 심지어 매우 어려운 일이라 해도 그러하다. 시간의 흐름도 잊게 되고, 스스로도 잊어버리고, 훨씬 더 커다란 무언가를 느끼게 된다. 비로소 우리가 하는 일은 그 일 자체로 가치가 갖게 된다(Csikszentmihalyi 2004).

이러한 문화적 관점은 행복이나 재미의 내재적 감각에 대한 언급은 제쳐두고 일반적으로 생각하는 것으로는 매우 유혹적이다. 그러나 내 생각은 칙센트미하이보다 사라 아흐메드, 스테비 잭슨Stevi Jackson, 수 스콧Sue Scott과 같은 사람들의 주장에 더 가깝다. 여성 유기체의 사회적 구조에 관한 논문에서, 잭슨과 스콧은 사회적인 상호작용을 거론한다.

성적 접촉은 사회적 상호작용보다 내재된 자아에 대한 감각을 불러일으키지만, 또한 그것은 분명히 '사회적'이라는 점을 기억해야 한다. 특히 욕망과 기쁨을 연관지어 논할 때, 많은 이론가들은 성욕을 근본적인 정신의 소유물로서 규정하고 사회적 상황에서 성적인 부분을 몰아낸다. 이와 대조적으로 우리는 사회적인 상호작용에서 내재된 자아를 제시했다. 성적 쾌락에 초점을 맞추어, 우리의 욕망과 기쁨이 매일 성행위하는 상황에서 우리 자신이 어떻게 이해될지를 생각해본다(Jackson and Scott 2007: 96).

잭슨과 스콧에게 있어 현상의 사회적인 맞물림을 인정하는 것은 현상의 물질적인 표상을 부인하는 것이다. 그것은 단순히 사회적 상황을 통해 이해하는 것이다. 나에게 이것은 재미와 비슷하다. 이 책의 주제는 재미는 사회적인 활동이지만, 그렇기 때문에 재미가 극도로 경이로운 경험이 되지는 않는다는 점도 주목해야 한다.

"재미있는 느낌이 어떤 것인지 설명해주세요."

'재미있는 느낌이 어떤 것인지 설명해주세요.'라는 질문의 응답들은 다채롭고 종종 아름답거나 희망적이었다. 데이터를 분석할 때, 가장 중요한 것은 질문을 받는 사람이 그 질문을 제대로 이해하는 데 있다. 주제를 분류할 수 있는 쉬운 방법이 없어서 많은 부분을 서로 교차해서 활용했다. 처음에 나는 데이터를 행동적, 내재적, 영적인 자의식 부족과 은유적인 카테고리와 교차하면서 주제를 잡았지만, 대부분의 사람들은 이 모든 주제에 걸쳐 이야기를 했다. 심지어 거의 몇 마디 안 되는 단어에서도 그러했다. 그 응답들 사이의 공통점을 알아가면서 데이터의 흥미로운 부분도 드러나기 시작했다.

행복

행복은 가장 되풀이되는 주제였지만 다른 것들과 관련되어 언급되었다. 휴식, 경험, 몰두, 그리고 재미있었던 상황을 만들어내기 위해 행복을 느끼며 '현재 순간에 충실하기' 등이 그것이다. 좀 덜 편향된 응답이 얻기까지 행복은 일종의 상투적인 표현으로 언급될 수 있었다. 분명한 것은 사람들이 재미를 세심하게 생각하지 않는 것에 전혀 익숙하지 않다는 점이다. 그러나 재미와 행복이 종종 연관되어 있는 경우가 있다. 하나가 다른 하나의 부속물과 같은 관계처럼 말이다.

행복 그리고…휴식

재미있게 보내는 시간 동안 일어나는 문제는 행복, 즐거움 혹은 또 다른 많은 긍정적인 감정들과의 무의식적인 충돌이었다. 그러나 재미가 어떤 느낌인지 물어보았을 때, 많은 사람들은 재미라고 단정 짓는 근거로 행복을 거론했다. 행복은 핵심적인 요소이다. 하지만 재미를 재미로 만드는 데는 행복뿐만이 아닌 다른 요소가 존재한다. 휴식이나 편안한 느낌이 중요한 요소였다. 어떤 사람은 재미의 느낌을 '영혼의 빛, 세상에 문을 여는 것, 편안함과 행복함의 감정'(29세 여성, 연구원)으로 설명했고, 다른 사람은 '행복하고 편안한 것, 그리고 내가 하는 것을 진정으로 즐기는 것.'(21세 여성, 학생)이라고 말했다. 어떤 학생은 '기쁨과 행복을 느끼게 된다. 대부분의 경우에 긴장을 풀고 경험에 마음의 문을 활짝 열고 있는 자신을 발견하는 것'(29세 남성, 학생)이라고 말했다.

행복과 경험

여러 사람이 행복과 경험 혹은 활동을 재미있다고 생각하는 메커니즘과 연관시켰다. 어떤 사람은 '우리를 지극히 행복하게 하는, 끝나지 않기를 바라는, 만족스런 느낌을 주는 행동'(21세 여성, 대학생)이라고 말했고, 다른 학생은 이렇게 말했다.

진정한 행복감/만족감. 많이 웃는 것. 활동에 참여하는 것. 혼자서도 행복할 수는 있다. 그러나 내가 재미있을 때는 사람들과 함께 있거나, 몸과 마음을 사로잡는 무언가를 하고 있는 때이다. 따라서 재미는 매우 사회적인 현상이라고 생각한다. 당신이야말로 지금 충분히 즐겁고 완전히 몰입하고 있는 것 같다(19세 여성, 학생).

이 말에는 많은 의미가 담겨 있다. 행복이나 만족감은 재미를 느끼는 감각의 근본이다. 하지만 이 긍정적인 감정의 조합은 적극적인 참여와 사회적으로 몰입할 수 있는 무언가와 결합함으로써 재미를 만들어 낸다. 여기에는 흥미로운 점이 있는데, 사람이 재미를 경험하는 방법에는 감각적인 요소가 있다는 것이다. 웃음, 만족감은 반드시 감각적인 요소들을 언급할 필요 없이 인식된다. 즐거움의 감정도 다른 것들과 마찬가지로 사회적으로 조율된다. 그런 점에서 사회는 중요한 경험을 만들어내는 데 중요한 요소다.

행복, 몰입, 그리고 '순간에 존재하기'

사람들은 몰입과 '순간에 존재하기'를 재미의 감각들 가운데 한 부분이라고 인정했다. 마음을 빼앗기는 것을 어떻게 아는지는 여전히 수수께끼이다. 사람은 주의를 빼앗기는 것을 깨닫지 못한다. 하지만 어떤 사람들은 재미의 느낌을 마음을 뺏기는 정도로 이해했다. '재미는 행복하고 걱정이 없는 느낌. 그 순간에 완전히 있는 것.'(48세 여성, 물리치료사), '재미있다는 것은 그저 그 순간 내가 행복하다는 것이며 심지어 부정적인 면이 보다 큰 상황에서도 그렇다.'(20세 여성, 학생)⋯. 순간에 충실한 감정이 재미의 순간성을 증폭시키는 것 같다. 같은 말을 반복하는 것처럼 들릴지 모르겠지만, 재미의 시간적인 제약은 그 시간에서 벗어남으로써 강조된다. '재미는 업무에 몰입하는 것. 다른 어떤 것에 대해서도 걱정하지 않는 것'(32세 여성, 전업 연구원)과 같은 느낌이다.

마음을 빼앗겼던 것에서 돌아올 때 우리는 재미가 멈추는 순간을 정확히 인식할 수 있다. 재미있지 않은 상황이나 경험의 요소를 깨닫게 되면 말이다. 이러한 요소들은 부정적이어야 할 필요는 없지만, 마음을 빼앗는 예측불가능의 상황으로 이어지기도 한다. 마음을 빼앗기는 관계는 자유의 느낌이다. 여러 사람이 자유를 규정하는 데 특히 행복과 관련 짓는데, 행복은 재미의 느낌을 가장 잘 표현하는 단어이다. 즉 '행복의 느낌 - 자유로움'(22세 여성, 학생).

자유와 연관 지어 재미의 느낌을 설명한 인터뷰가 있다.

시간이 흐름 밖에 있는 느낌, 한 과정의 일부. 자기를 위식하지 않음. 일상적인 하루하루의 생활과 일상의 걱정거리들을 뒤로 하는 것. 자유와 가능성, 그리고 세상이 좋은 곳이라는 느낌이 종종 든다. 항상 웃긴 것은 아니지만 보통은 우리를 웃게 만든다. 편안하고, 더 친절하고 더 관대한 느낌이 든다보통은 스포츠 경기 후에만 느껴지지만. 다른 사람들과 연관되며, 그들과 통하는 느낌이 든다(44세 남성, 텔레비전 프로듀서/디렉터).

사람은 시간성, 미소, 다른 사람과의 연결, 그리고 중요하게 자유를 인정한다. 나는 그들에게 재미의 일부가 세상의 가능성과 역동성에 마음을 여는 것이다, 라고 말한다. 특별히 엄격한 분석은 아닐 수 있지만, 확실히 자유는 재미에 대해 나 스스로가 갖고 있는 인식과 맥을 같이한다. 현재 경험하고 있는 재미의 결과로서, 혹은 또 다른 재미있는 것들이 가능하다는 것을 깨닫는 순간에 전율을 느끼게 된다.

억제에서 벗어난 근심 없는 재미

설문조사의 답변들이 겹치는 경우가 상당히 많아서 주제별로 나누기도 쉽지 않았다. 앞서 제시된 몇몇 답변들은 데이터 코딩 과정에서 탈억제나 근심 없는 태도로 분류되었을지 모른다. 그러나 모든 답변들의 공통점은 재미가 어떻게 느껴지는가에 대해 행복과 다른 무엇을 포함한다는 것이다. 앞 절에서와 유사하게도, 답변들을 보면 감각적이거나 구체적인 설명이 명백히 부족하다. 어째서 자신의 경험에 내재된 답변이나 감각적인 진술을 하지 않는지는 밝혀지지 않았다. 재미가 어떤 느낌인지 설명해달라는 질문에 충분한 수의 답변들이 구체적인 유형의 기분전환들을 언급했다. 가령, 기분전환은 일상적인 근심과 걱정의 반대다. 한 변호사는 일상적인 걱정에 신경 쓰지 않는 것이 바로 근심 없는 감정과 같은 의미라고 말하면서, 재미를 '행복하고, 편안하며, 근심 없고, 일상의 부담에서 벗어나며, 그 순간 스스로 즐겁고, 생각은 나중에 하고 당장 기분 좋은 느낌'(48세 여성, 변호사)이라고 제시했다. 이것이 재미의 느낌에 대해 '좋은 거예요' 수준을 넘는 묘사인지 잘 모르겠다. 그러나 확실한 것은, 근심과 걱정에 대한 본능적인 반응은 재미를 느낄 때 변하거나 느껴지지 않는다는 것이다. 어떤 사람들에게는 재미가 현재에 맞닥뜨린 염려에 대한 낙관주의로 나타나기도 한다. '재미있다는 것은 아무 걱정 없이 모든 것이 잘될 것이라는 느낌과 같다.'(34세 여성, 어린이집 교사)

어떤 사람은 근심 없음을 지루함 외에 다른 것들을 완화시키는 것이라 밝혔다. 어떤 박사 과정 학생은 '재미있는 것은 행복한 기분이며, 종종 웃음과 미소와 관련 있다. 마치 일상적인 걱정거리에서 벗어나는 느낌'이라고 말했다. 일상적 걱정에서 도피도 당연히 일시적인 것이다. 한 치료사는 재미있다는 것은 '그 순간을 즐기는 것, 끝나기를 바라지 않는 마음, 가벼운 마음, 편안함, 재미있는 것은 불편한 문제에서 벗어나는 것'(36세 여성, 직업치료사)라고 말했다. 가벼움은 인터뷰에서 일관성 있게 나타난다. 걱정이나 염려는 종종 사람들에게 무게를 가중시키는 것으로 묘사되는 점은 흥미롭다. 그러므로 무거운 문제에서 벗어나는 것은 사람들에게 가벼움을 유도한다는 점은 당연한 일이다. 이는 한 IT 엔지니어의 '재미있는 느낌을 설명해줄 수 있나요?'라는 질문에 대한 답변에 잘 요약되어 있다.

노력해보겠다. 재미는 생각의 자유다. 재미있는 순간 우리는 결과를 걱정하지 않고, 우리가 재미있게 하고 있는 활동 이외의 것을 걱정하지 않는다. 재미는 시간가는 것을 잊게 하고, 내일 상관과의 회의가 있다던 가, 바로 전에 여자 친구와 헤어진 사실 조차도 잊게 만든다(29세 남성, IT 엔지니어).

근심 없는 재미와 잊어버림

어떤 사람은 재미를 단기적인 망각의 과정으로 묘사했다. '평소에 걱정하는 모든 것들을 완전히 잊어버릴 수 있을 것 같다. 바로 그 순간에 있는 것이다'(21세 여성, 학생이며 파트타임 판매보조원) 다른 사람은 '재미있다는 것은 나를 신경 쓰이게 하는 것을 순간적으로 잊어버리고 내가 즐기고 있는 활동에 집중하는 것. 우리가 지금 재미있다는 것을 알게 되는 것은 그 활동에서 스릴을 느끼는 것이다.'(18세 여성, 학생), 라고 말한다. 대부분 사람들은 활동에는 동의했던 반면, 그 구성 요소에서 재미를 별개로 생각했다. 블라이드와 하센잘의 주장대로, 롤러코스터를 타는 것이 즐거울 수 있지만, 엄청난 양의 저녁 식사를 한 후에는 즐겁지 않을 수도 있기 때문이다(Blythe and Hassenzahl 2004: 94).

근심 없는 시간과 감각 사이의 관계는 재미의 유익한 효과와 연관되어 있다. 한 관리자는 재미있는 느낌이란 '모든 걱정을 잊는 것, 감정을 풀어놓는 것. 근신걱정 없는 느낌. 행복하고 인생이 좋은 것이라는 느낌.'(48세 여성, 관리자)이라 말한 반면, 어떤 법률 강사는 활동에서 느끼는 재미의 초월성을 지적했다.

> 만약 우리가 책임감을 느낀다면, 우리는 그 순간에 재미있다는 느낌을 갖지 못할 것이다. 우리는 그 순간을 살고 있다. 우리가 지금 하고 있는 일은 중요한 것이다(어떤 것들은 다른 것들보다 훨씬 재미있을 것 같다. 그러나 재미는 활동 그 자체를 초월하는 것이다(49세 남성, 법률 강사).

이것은 중요한 관찰이다. 순간의 충실함과 업무의 초월 사이에서 연관성을 찾는 것이다. 활동만으로는 충분하지 않다는 일반적인 의견이 있다. 활동이 본질적으로 재미있는 것이 아니기에, 참가자들은 활동이나 감각의 방향을 재미에 이르도록 이끌어야 한다. 일이나 활동에서의 초월이 긍정적인 방향으로 향한다는 생각은, 어떻게 사물이 재미가 되는지를 설명하는 데 도움이 될 수 있다. 비슷한 맥락에서 어떤 사람은 재미있다는 느낌을 '근심 없음, 제약으로부터의 자유와 쾌락'과 같다고 설명했다. 철학적인 의미에서 쾌락은 선의로서 기쁨을 추구하는 것을 의미한다. 또한 제약으로부터의 자유가 즐거움을 얻을 수 있는 공간을 만들어준다는 것은 타당하다. 엄밀히 초월성을 말하고 있지는 않지만, 긍정적인 효과를 억제하는 것에서 벗어나 긍정적인 효과를 극대화하는 경험으로 지향하는 것을 의미한다.

근심 없는 재미와 자의식의 포기

설문조사 대상자들 중 일부 사람들에게 자의식 포기는 중요한 요소로서, 근심 없는 감정 다음에 경험되는 것이었다. 이는 근심을 지우고자 하는 구체적인 지향성으로서, 주변 상황을 널리 두루 살피기보다 자신에게만 집중하는 것이다. 재미에 대한 답변으로 자의식을 버리는 것을 언급한 사람들은 다른 많은 일들 중에서 자신에게 집중하는 것을 중요하게 여겼다. 어떤 사람에게는 자발성과 경험은 자의식의 결여와 관련 있다.

> 재미는 내가 타인에게 어떻게 여겨지는지를 생각하지 않으며 자의식을 느끼지 않는 것, 자신감이 들고 자기가 하고 있는 일에 얼마나 잘하는지에 대한 생각이 들지 않는 것. 간단히 말해 자발적으로, 일종의 최상의 경험과 같은 것이다(26세 여성, 교정자).

사람들은 재미를 느끼는 조건을 표현하기보다 재미의 느낌에 대해 이야기하려는 경향이 있었다. 한 작가는 재미는 '자의식을 포기하는 것과 같은 느낌이며, 유대감의 느낌'이다, 라고 생각했다. 왜냐하면 그것은 '옳다'는 느낌이고 자의식이 없는 것이며 자연이나 다른 사람으로 변한 것이며, 어린 시절의 순수한 재미를 재발견하는 것'(66세 여성, 작가)이기 때문이다. 사우스 이스트의 한 학생은 '재미는 편안함의 느낌이어서 일상생활에서 우리를 괴롭히는 생각이 더 이상 생각과 행동, 그리고 감정을 억압하지 않게 된다. 그것은 자신을 놓아주고, 자기가 있는 곳에서 함께 있는 사람과 즐기는 순간이다.'(35세 남성, 학생) 자의식을 포기하고 다른 사람들과 연결되어 있을 때 재미를 경험한다는 것은 흥미롭다. 다른 사람들과 함께하는 편안함을 느끼는 것은 중요하다. 나는 이것이 탈억제의 결핍, 남들에게 평가받는다는 인식의 결여와 관련이 있다고 생각한다. 이는 또한 재미가 대부분의 사람에게 사회적 현상이라는 점을 강조하는 말이기도 하다. 물론 즐거움도 중요하다는 말이다. '재미는 자기 자신을 의식하지 않고 지금 하는 것을 즐기는 것이다.' (30세 남성, 강사)

근심걱정 없는 재미와 다른 사람들과의 유대

사람들과의 유대감은 재미있는 느낌이 어떤 것인지를 물었을 때 일어났다. 사람들은 이 경험을 꼭 정의하지는 않았지만, 특정한 방식으로 지향하는 것이 확실히 나타났다. 나는 브라이튼의 한 학생이 강조한 요소들의 조합이 정말 마음에 든다. '흥분, 공동체 의식, 소속감, 현재 상황을 넘어서 그 어떤 것도 생각하지 않는 것'(20세 여성, 학생). 흥분, 다른 사람과의 유대감과 시간성이나, 재미의 느낌을 이끌어 내기 위해 머리를 맞대는 순간은 비슷한 맥락을 갖는다. 다른 학생은 '놓아버림, 다른 사람과의 유대, 그리고 머리를 풀어 내리는 것'(23세 여성, 학생)을 거론했다. 어떤 사람에게는 관계의 친밀함이 중요하게 나타난다. 재미란 '근심이 없고, 스트레스가 없고, 친구나 가족들과 무언가 흥미로운 것을 하는 것'(58세 여성, 교수이자 학과장)이다.

두 명의 응답자들은 어린 시절의 근심걱정 없는 마음과 이와 연관된 감정을 드러냈다.

재미있고, 긴장과 근심을 없애기 위해서 버려야 하는 요소가 있다. 나에게 있어서 재미는 어리석음과 어린 시절로 되돌아가는 것과 관련 있기 때문에, 재미는 꽤 단순한 일들에 즐거움을 느끼는 경향이 있다. 스스로 좀 더 가볍고 덜 심각한 사람인 것처럼 느끼는 것이다(27세 여성, 봉사활동가).

어린 시절과 어리석음 혹은 시시함에는 무의식적인 연관성이 있다. 진지한 염려나 걱정의 일시적인 완화를 응답으로 제시한 사람들의 수는 그다지 놀랍지 않았다. 내가 놀라운 것은 재미의 느낌이 어떤 것인지 물었을 때, 마치 어린아이 같은 느낌을 언급한 사람이 거의 없었다는 데 있다. 실제 어린아이들의 응답을 제외하면, 4명의 사람들이 재미있는 느낌을 거론할 때 어린 시절을 제시했다. '다시 아이가 되는 것 같은 느낌. 아무런 걱정거리나 스트레스가 없는 느낌'(27세 여성, 교사)

내재된 감정

'재미있는 느낌을 말해줄 수 있나요?'라는 질문을 하면, 나는 대체로 사람들은 스스로 재미있다는 것을 알게 하는 신체적인 경험 감각을 언급할 것이라 예상했다. 하지만 대부분 응답자들은 그러지 않았다. 오히려 사람들은 재미있는 것으로 해석될 수 있는 감정을 유발하는 조건을 이야기하는 것에 더 편안함을 느꼈다. 대체로 우리는 재미있는 그 순간에 스스로가 재미있다는 것을 깨닫지 못하고 있다. 우리는 자신과 다른 사람들에게 경험을 설명하기 위해서 '재미'

를 붙이려는 경향이 있다. 특히 과거, 혹은 현재의 긍정적인 경험에 대해서 말이다. 하지만 그러한 긍정적인 경험들이 실제로 이루어졌는지는 명확하지 않다.

설문의 28%에 달하는 응답은 내가 내재된 응답이라고 해석하고 묘사한 감각과 관련이 있었다. 사람들은 재미있을 때 살아 있다는 기분이 들었다고 말한다. 더블린의 어떤 사람은 이 살아 있는 느낌을 활동과 만족감에 관계를 지으면서, '재미있다는 것은 행복감이며 활기참이다. 심지어 그것이 단지 책을 읽는 순간이라 해도 우리는 더 살아있거나 만족스런 느낌이 든다.'(31세 여성, 박사과정 학생), 라고 말했다. 어떤 사람은 오락의 역할을 강조하면서 살아 있다는 느낌을 받는다고 말했다. '아주 독특하다. 그것은 기본적으로 행복감이다. 에너지가 넘치고 활기찬 느낌이다. 관심이 집중되고, 하면서 귀찮거나 성가신 느낌이 들지 않는다.'(19세 남성, 학생)

이 두 사람에게는 순간과 몸에 집중함으로써 재미를 느끼는 흥미로운 효과가 있다. 다른 사람은 '재미있는 것은 기분을 행복하게 해주고, 진정한 편안함과 마음을 달래주는 효과가 있다'(47세 남성, 관리자이자 CFO)고 말했다. 이것이 완벽하게 형상화된 반응이 아니라는 것이 만족스러울 수도 있지만, 나는 마음을 달래준다는 용어의 사용이 마음을 진정시키는 것 이상의 무언가를 담고 있다고 생각한다. 이런 반응은 재미를 구체화하는 데 있어서 일반적인 것이다. 왜냐하면 사람들은 훨씬 구체적이기 때문이다.

웃음과 미소

재미와 관련된 가장 일반적인 육체적 감각이나 반응은 미소와 웃음이다. 미소와 웃음 그 자체로는 감각이 아니라고 주장할 수도 있겠지만, 나는 웃음에 감각적 경험으로서 보편화할 수 있는 무언가가 있다고 생각한다. '재미있는 느낌이 어떤 것인지 제게 설명해주세요.'라는 질문에 미소와 웃음을 언급한 응답은 미소와 웃음 그 자체가 어떤 느낌과 같은 것이라는 인식에서 나온 것이어서 흥미롭다. '금방이라도 웃을 것 같은 느낌, 그러나 농담 같은 것과는 다르다.'(49세 남성, 대학 강사) '나를 웃게 하고, 미소 짓고 싶게 한다.'(49세 여성, 강사) 13명은 재미있는 느낌의 주된 요소로 웃음을 언급했다. 그 가운데 다섯 명은 재미있는 느낌의 최고는 웃음과 휴식의 결합이라고 말했다. 또한 사람들은 '황홀감', '신바람'(50세 여성, 파트타임 강사), '웃음을 멈출 수 없음'(39세, 학자)을 언급했다. 재미있는 느낌의 요소로 억압 부재와 기쁨을 주는 자유와 관련하여 설명한 사람도 있었다. 어떤 사람은 '잠시 나를 활짝 미소 짓게 하거나 소리 내어 웃게 하는 짧은 순간'(59세 여성, 식물원의 원예 관리사)라고 말했다. 또 다른 사람들은 웃음은 언급하지 않았지만 얼굴에 나타나는 반응, 즉 미소를 언급했다. 한 학생은 미소와 재미는 사회적 상호작용으로 마음속에 같은 뜻을 갖는다고 말했다.

미소는 사회적이고 순간적인 것의 결합, 그리고 순간에 충실함과 몰입과 연결된다. 여기서 행복과 재미 사이의 구별을 이해하는 것이 중요하다. 누군가에게는 긍정적이고 행복하고, 몰입되고, 웃음을 주는 시간의 사회적인 측면이 재미이다. 그렇다고 이것이 행복을 위한 전제 조건은 아니지만, 사회적인 측면이 재미를 특징짓는 핵심이라는 점은 명확해졌다. 그리고 나에게는 이것이 상호작용과의 관계에서 재미의 스키마로 요약된다. 재미를 이해하고 소통하는 것은 다른 사람들과 관계를 이루는 상호작용이다. 공유되는 경험, 소통하는 경험, 혹은 그 경험을 재미로 이해하는 것 등이다. 이것은 단지 '긍정적인 감각은 하나의 느낌이다'라는 내 생각을 구성하고 확인하는 질문일 뿐일지 모르겠다. 그러나 상징적 상호주의자조차도 모든 사회적 상호작용이 사회적 구성을 만들게 된다는 말에 동의할 것이다. 또 다른 응답자는 재미의 느낌을 특징화하는 데 있어 연결의 역할을 강조했다.

그것은 많은 다양한 경험이 될 수 있다. 공통의 경험을 나눌 때에는 다른 사람들과 함께 웃는 것이 특히 중요하다. 무언가를 얻는다는 것, 종종 좀 두려운 때이고 그것이 자연이든, 아니면 다른 사람이든 단순히 아름다운 경험을 즐기는 것이다(66세 남성, 컨설턴트).

나는 이 인용문을 매우 좋아한다. 재미는 미적으로 아름답고, 감성적이며, 감각적이고, 명랑하며, 자연스럽고 행복할 수 있는 것이다. 좀 약한 말일지 모르지만, 나는 재미의 느낌을 생각하면 '아름다운beautiful'이란 단어를 끄집어낸다. 재미의 경험이 단지 인간에게 한정된 것이 아니라, 재미의 느낌을 만들어내기 위한 조건으로 자연과의 연결을 제시하며, 긴장감의 풀어줌이라는 개념을 강조한다. 재미란 '약간 퇴폐적이고 몇몇 사람에겐 즐김이며, 어리석고 웃기는 것이며, 육체적인 긴장의 해소'(33세 여성, 시설코디네이터)이기도 하다. 퇴폐, 부주의irreverence와 욕설은 다른 곳에서 거론되는 주제임에도 불구하고, 재미를 감정 혹은 감각, 퇴폐성과 연관 짓는 것은 흥미롭다.

가벼움

많은 사람들이 재미를 묘사하기 위해 현상적인 경험으로서 가벼움이나 무중력 상태를 언급한 것은 흥미롭다. 아마도 분명히 그렇겠지만, 실제 그런 경험이 자주 일어난다는 것을 나는 깨닫지 못했었다. 경쾌함과 기쁨은 종종 '마음의 가벼움'과 같은 말로 비유된다. 경쾌함, 기쁨 그리고 재미와 연관된 감정을 묘사하는 데 사용되는 것이 놀랄 일도 아니다. 런던의 한 IT 관리자는 가벼움과 함께 노력이 필요치 않는 것에 대해 언급했다. 그들에게 재미있다는 것은 '지적인 노력이 전혀 없는 고도의 두뇌 활동이며 가벼운 마음'(35세 남성, IT 관리자)의 느낌이다. '노력의 부재'는 재미를 얻기 위해 부단히 노력해야 한다고 생각하는 사람들에게 시사하는 바가 있다.

만약 재미가 일상의 스트레스를 일시적으로 완화시키는 것이라면, ─종종 노력에 의해서 가능하다고 정의되는─오히려 재미는 노력이 되어서는 안 된다. 재미있기 위해 정말 열심히 노력해서는 안 된다. 재미는 그렇게 만들어지는 것이 아니다. 브라이튼에 있는 한 젊은 여성이 재미의 느낌을 '일상적으로 걱정하는 것들에 대해 걱정하지 않는 것. 가볍다 못해 무중력 상태와 같은 기분'(20세 여성, 학생)이라고 말했다. 다른 학생은 '가벼움이 느껴진다. 그리고 웃음과 밝음의 경험이 감각적인 몸속에 확고하게 자리 잡는다'라고 말한다. 그들에게 있어 재미의 느낌은 '아무런 제약 없이 마음껏 웃는 웃음, 그리고 가슴 속의 가벼운 느낌'(44세 여성, 학생)이다.

이 가벼움은 일부 응답자들에게 특정한 방식으로 느껴진다. 나는 본능적인 경험에 대해 콸콸 솟아오르거나 보글보글 거품이 이는 느낌이라고 언급한다. 여기 두 개의 인터뷰가 마음에 든다. 한 사람은 재미란 '가벼움, 근심의 부재, 보글보글 거품이 이는 느낌, 편안한 느낌, 그리고 내 몸에 주위를 기울이는 것'(22세 양성애자, 학생)이라고 말했고, 또 한 사람은 재미는 '가슴 속의 가벼움, 혈관 속에 콸콸 솟아오르는 기분, 붕 떠있는 느낌'(43세 여성, 파트타임 연구원이자 풀타임 쌍둥이 유아의 엄마)이라고 말했다.

피식거리는, 보글보글 거품이 이는, 콸콸 솟아오르는

보통은 흥분과 관련된 용어들로 감정을 묘사한 사람들이 있었다. 파트타임 연구원이 묘사한 정맥 속의 콸콸 솟아오르는 느낌은 내재된 감각을 묘사하는 효과적인 방법이면서, 긍정적인 감정을 표현할 수 있는 어휘의 풍부함을 강조하기도 한다. 비슷한 언어를 사용한 다른 사람들은 재미는 '행복감과 보글보글 거품이 이는 느낌 사이', '내면에서부터 피식거리며 근심이 없어지는'(39세 여성, 교사)이라고 말했으며, '따뜻한 느낌이 들고, 콸콸 솟아오르는 기분!'(52세 여성)이라고도 말했다. 내 느낌에는 보글거리거나 콸콸 솟는 등의 이러한 종류의 묘사들은 희열 감각이나, 극도의 흥분과 관련이 있다.

따뜻함

주기적으로 나타난 놀라운 묘사 중 하나는 따뜻함이었다. 재미의 느낌으로 따뜻함이라고 말한 응답자에게는 재미가 가져다주는 느낌은 편안함과 기쁨의 감정이었다. 따뜻함과 함께 사용되는 다른 표현도 흥미롭다. 한 학생은 재미있는 느낌은 '내부의 행복감과 따뜻함, 그리고 삶에 대해 드는 말할 수 없이 긍정적인 관점, 미소도 함께 온다.'(19세 여성, 학생)라고 말했다. 이 사람은 재미를 가능하게 하는 조건을 설명하는 동시에, 구체화된 반응들을 그리기도 한다. 바로 미소와 따뜻함이다.

> 나는 재미는 보통 단기적인 경험이라 생각한다. 그리고 편안한 기분과 비슷하다. 그것은 우리가 즐거운 활동을 할 때 경험되며, 종종 웃음과 연관된다고 생각한다. 그것은 우리의 마음속을 따뜻하게 해줄 수 있는 즐거움의 솟구침과 같다(31세 여성, 강사).

그들은 재미의 일시성을 인식한다. 이 일시성은 시간에 기인하는 동시에 활동과 연결된다. 재미라는 것은 무언가 행해졌을 때 생기고, '즐거움의 솟구침'의 묘사는 재미로 바뀐 상황에 대한 일종의 탄도 반응ballistic response으로 드러난다. 일상의 근심에서 벗어남은 '마음속에서 피어오르는 따뜻함의 느낌을 주고 나의 문제들을 잊게 해준다.'(43세 여성, 관리자). '가장 좋은 것은, 그것이 따뜻하고, 가슴 속의 마냥 행복해지는 느낌과 아찔함. 보통은 웃음을 불러일으킨다.'(22세 남성, 학생) 많은 사람들은 재미를 다양한 측면을 통합하려고 애썼다. 따스함, 들뜸, 가벼움, 웃음, 그리고 마음속의 감각….

들뜸과 희열감

사람들이 들뜸이나 희열감을 언급하지 않았다는 것이 흥미롭다. 일부가 그렇기는 했지만. 나는 희열감에는 사람들이 공감하는 재미의 많은 특징들이 존재한다고 생각한다. 일상에서 머리를 식히는 것, 순간에 몰입하는 것, 종종 다른 사람들과 함께 경험하는 것. 그것은 신체 속에 위치한 감각으로 경험되는 것이다. 내가 후속 질문을 할 기회가 있었다면, 나는 아마 이것에 대해서도 물어보았을 것이다.

대부분의 사람들이 희열감이 재미 안에 존재하고 있다는 것에 동의하지만, 몇몇은 그것이 재미를 위한 전제 조건인지, 혹은 재미있다는 것을 알려줄 수 있는 다른 감각들이 있는지에 대해 의문을 갖고 있었다. 두세 명의 응답자는 간단하게 '들뜸'(56세 남성, 정유회사 이사), '희열감'(37세 남성, 연구자)이라고 적었던 반면, 어떤 사람들은 이를 길게 확장했다.

재미있는 것은 나를 킥킥거리게 만든다. 그리고 마치 흥분과잉상태에

빠진 것 같다. 나는 아찔함과 희열감을 느낄 수 있다. 그것은 아주 신나는 경험일 수 있어서, 우리가 진정이 된 이후에야 그 느낌을 인식하곤 한다(21세 여성, 호텔 보조원).

반면 어떤 강사는 다음과 같이 말했다.

가볍고, 아찔하고, 살아 있는 느낌이 든다. 그 느낌은 내 몸을 통해 바로 들어온다. 내 기분을 끌어올려주고, 그것은 진짜 황홀감이다. 그 황홀감은 '재미있는 그 일' 이후에 오랫동안 남아 있어 이야기할 수 있다. 그리고 나중에 미소와 함께 기억하게 된다. 아마 몇 년 동안이라도 그러기를 바라는 마음이다(47세 여성, 과로하는 강사).

이 두 대답은 흥분으로 온통 가득하다. 그들은 몸에 뿌리를 두고 있는 경험을 묘사하고 있다. 나는 아주 신나는 경험으로서의 재미를 언급한다. 황홀감, 윙윙거림, 서둘러 달려듦에 대한 언급 또한 재미가 갖는 느낌의 한 단면이다. 나는 이러한 표현이 본질적으로 생물학적인 신체와 연결된다는 것을 알았다. 즉 엔도르핀과 아드레날린으로 가득 찬 상태말이다. 그들의 몸 안에서 일어나는 화학 반응이지만, 사실 나에게는 그들이 만들어낸 감정이나 감각이 더 흥미롭다. 나는 호르몬을 혈류로 방출하는 문제보다 사회적·정서적 관점에서 이해되는 황홀감이나 윙윙거림과 같은 해석을 선호한다.

정맥류, 심장 및 아드레날린 분비

모든 사람이 실제 감각을 언급하지 않는다는 사실을 안타까워하는 것은 왜곡된 것처럼 보일 수도 있다. 재미의 감각을 느낄 수 있는 조건을 설명했지만, 그 조건으로 장기나 신체 부위를 언급한 사람들에 대해 비난한다. 재미를 '사회적·정서적' 맥락으로 이해하고자 하는 나의 제안이 일부 사람들이 제시한 구체적인 표현과 다르다는 의미가 아니다.

한 학생은 재미란 '단순히 미소로 표현할 수 있는 혈관을 꿰뚫는 기쁨을 만드는 심장 내부로부터의 행복'(14세 남성, 고등학교 학생)의 느낌이라고 말했다. 나는 이 표현이 너무 마음에 든다. 그것은 우리가 재미있을 때 우리의 몸에서 느끼는 기쁨과 흥분을 전달한다. 그것은 감지되고, 경험되고, 수많은 형태를 띠며, 감정적이고, 심리적이며, 사회적이고, 신체적이다. '행복과 아드레날린의 혼합이 내가보는 재미이다.'(20세 남성, 학생) 다시 한 번, 신체적인 것과 감정적인 것 사이의 관계를 말한다. 나는 심장이나 가슴에 대한 언급이 단지 은유라고 생각하지 않는다. 심장박동수가 높아지거나 가슴이 부풀어 오르는 느낌이 드는 경우도 있다. '나에게 재미는 마치 가슴 한복판에서 커지는 것을 느낄 수 있고 터질 듯이 부풀어 오른 풍선과 같다. 그것이 과연 얼마나 멀리 갈까! 라는 기대감마저 든다.'(41세 여성, 직업 교육 관리자) 기대감은 신체적으로 나타나는 흥분을 나타낸다.

상황이 얼마나 멀리 가느냐를 본다는 생각은 그 경험의 즉각성을 이야기하는 것이다. 또한 이 사람은 미래에 대한 기대감을 갖는 동시에, 현재에서 흥분을 느낀다. 심장은 많은 감정의 표현에 중요하다. 긍정적인 면이든 부정적인 면이든. 재미에 대한 표현에서도 별반 다르지 않다. 서식스의 한 사람은 재미의 느낌을 이렇게 표현했다. '그것은 우리 마음에 기쁨과 미소를 가져다준다. 우리의 걱정과 염려를 잠시 동안 잊게 해준다. 그것은 우리를 재충전시켜 일상의 단조로움을 버틸 수 있게 해준다.'(47세 여성, 무직) 여기서 재미는 내제된 감각을 외부의 현상과 연결된다. 미소 그리고 오락뿐만 아니라 경험의 현재성도 포함되어 있다.

언어와 신체

행복이나 재미도 마찬가지로, 내재된 경험을 표현하는 데 사용 가능한 언어에는 본질적인 문제가 있다. 그래서 사람들이 재미의 느낌을 표현하는 데 고심할 수밖에 없다. 대체적으로 사람들이 꽤 잘했다고 생각하지만, 재미에 대한 감각적인 경험을 느끼게 해주는, 혹은 재미의 실제적인 느낌이 어떤지에 대한 조건들을 표현하려는 경향이 있다. 이것은 우리가 그 순간의 내재된 감정들을 분석할 수 있는 입장에 거의 놓이지 못한다는 사실과 매우 관련이 있다. 그 느낌이 어떤지를 노력해서 표현하기 위해 재미있는 것을 멈추는 것은 마치 우리의 꼬리를 쫓는 것과 같다. 재미에 대해 그 느낌이 어떤 것인지의 분석이 이루어지지 않는다면, 우리의 느낌을 이해할 기회는 거의 없어질지도 모른다.

이처럼 설명이 힘든 것은 표현이 주로 은유와 미소에 의지하고 있기 때문이다. 우리는 우리가 느끼고 있는 것들을 언어적 장치로 추상화된 표현을 하더라도 다른 사람들이 우리의 느낌을 이해할 것이라 생각한다. 우리는 구체화된 감각을 다시 반복하는 것에 익숙하지 않기 때문에, 비유, 추론의 언어, 혹은 '내 말 무슨 말인지 알지?'와 같은 말에 의지하게 된다. 재미에 대해서는 이러한 표현이 거의 이해불가능을 불러오기도 한다.

　재미가 갖는 산만함의 본질은 집중이 지금 경험하는 것에 너무나 가까이 다가가는 순간, 산만함은 멈추게 된다는 데 있다. 결과적으로 재미 외에 다른 무언가가 돼버린다. 그러나 이것은 모든 경우에 항상 그런 것은 아니다. 친구와 대화하는 동안, 우리가 깨닫게 되는 순간들이 있는데, 그 순간들의 희열감은 명백히 사회적이라는 것이다. 클럽에서 친구들과 춤을 추며, 서로를 얼싸안고 서로에게 멋진 시간이 바로 그런 예다. 그 순간 서로 함께 보내는 시간이 재미라는 것을 깨닫는다. 이 재미의 순간에서의 느낌은 신체적인 것보다 사람들과의 연결에서 기인된 것이다.

결론

재미라는 것이 어떤 느낌일까에 대한 질문은 여러 가지로 흥미롭다.

그것이 어떤 느낌일지를 상상하는 것만으로도 경이로운 경험이 아닐 수 없다. 사실 우리가 재미를 인식할 수 있거나 재미를 느끼는 그 순간의 감정이 어떤지 생각해볼 기회는 많지 않다. 또한 보편화된 언어로 우리 자신만의 주관적인 경험을 해석해버리는 문제가 있다. 이 연구도 예외적인 것이 아니며, 차후에 나는 심리사회학적으로 이 부분을 분석하는 프로젝트를 시작하고자 한다. 그러나 순수한 의미에서, 행동 표현을 기반으로 한 은유적 서술과 여기 제시된 내재적 감정에 대한 표현 사이에는 명확한 구분이 있다. 또한 우리가 어떻게 현재의 본능적인 경험을 언어학적으로 보다 일반화하여 표현하는가에 대한 의문이 있다.

'재미가 어떤 느낌인지 이야기해주세요.'라는 질문에, 자신이 재미있어 하는 순간에 나타난 의심 없는 감정이 행복이었다. 재미와 행복 사이에 또 다른 것들과 결부 짓는 사람들도 많았다. 그래서 행복과 휴식, 행복과 몰입, 그리고 행복과 경험은 재미의 또 다른 표현이다. 사람들은 내가 질문하기 전까지는 재미가 과연 무엇인지, 어떤 느낌이었는지, 혹은 그 느낌이 얼마만큼의 깊이였는지에 대해 전혀 생각해보지 않았다. 재미와 행복 사이의 연관성은 반드시 경험에 의해서가 아니더라도 추정될 수 있다. 행복과는 대조적으로 재미가 갖는 사회성이 거론되었다. 혼자서도 행복할 수 있다는 생각은 가능하지만 재미는 거의 항상 다른 사람들과 함께 갖는다. 오락이라는 주제는 행복 안에서도 중요하게 인식되었다. 하지만 사람들은 재미의 실제적인 느낌보다는 재미있는 상황이나 맥락에 대해 이야기하는 경향이 있었다. 심지어 많은 사람들은 내재된 감정을 사회적 맥락과 상황에서 구체적으로 개념화하는 것을 어려워했다.

몇몇 사람들은 억제로부터 벗어남, 걱정이나 근심으로부터의 자유를 재미 경험의 중심에 두었다. 어떤 의미에서 근심의 결여는 내재된 감각으로 말할 수 있다. 하지만 이것은 감정의 존재라기보다는 어떤 감정의 결여에 대한 표현이다. 다시 말하면, 이것은 재미가 처한 상황에 관한 것이다. 사람들은 그들의 현재 걱정이나 근심거리에 집중하지 않을 때, 재미있는 것에 더 열린 마음을 갖는다.

웃음과 미소의 묘사에서 더 명확하며 구체화된 반응이 있었다. 이것은 상황에 대한 직접적인 신체적 반응이며, 또한 다른 사람들도 쉽게 알아볼 수 있다. 웃음에는 다른 사람들과의 상호관계가 있다. 이것은 또한 재미를 위해 포딜착의 조건 반영일 수도 있다. 즉, 그 재미를 갖는 사람들 사이에서 나타나는 힘의 불평등 정도인데, 그 순간 다른 사람들과 격렬하게 웃는 것에는 서로 간의 이해를 필요로 한다.

다른 사람들과 비교할 때, 고도의 수평적이고 큰 소음은 상호 이해가 필요하다. 그러나 실제 동등성에 투자되는 범위는 논쟁점이 있다. 몇몇 사람에게 웃음의 자유는 억제에서 벗어나는 정도와 관련이 있기 때문에, 이러한 내재된 반응은 삶의 상호관계가 명백한 사회구조적인 세계와 접해 있다. 억제를 벗어나는 느낌을 위해서, 억제의 규칙을 알아야 한다.

가벼움과 따뜻함에 관한 설명은 응답자들이 재미의 보다 감정적인 측면을 다루기 위해 시도한 것이다. 이런 순간들에 내재된 감각과 그 느낌이 어떤지를 적절히 요약할 수 있는 언어에는 상호 관련성이 존재한다. 사람들은 사실적인 표현과 비유 사이에서 애를 쓰고 있었다. 가벼움과 따뜻함에는 경험을 포착해내려는 시도가 들어 있었다. 경박함, 때로는 아찔함, 가벼운 마음상태, 그리고 애쓰지 않고 밝아지는 기분의 감각적인 현상이 그러하다. 감정적으로 따뜻하거나 빛이 난다는 생각은 만족감이나 행복감에 대한 공통적인 표현이다. 그것은 현상적인 경험이 아니라, 그 자체로 정확하게 표현된 이름을 가진 행복의 일부다. 그리고 그것은 경험을 의미한다. 이는 베버의 이상적 형태이다.

가벼움과 따뜻함과 관련해서 우리 대부분은 그것이 어떤 느낌인지, 그리고 그것들이 그러한 현상을 표현하기 위해서 가장 가까운 단어가 무엇인지를 알고 있다. 따뜻함과 가벼움에 관련된 것은 희열감이다. 따뜻함과 특히 가벼움에 대한 언급은 강렬하거나 고조된 감정상태의 표현과 함께한다. 나는 이것이 에너지와 아드레날린을 터뜨리는 특별한 종류의 재미라고 깨닫게 되었다. 이러한 재미있는 경험에 대한 표현의 강렬함은 기쁨과 벅차오름으로 가득 차 있다.

많은 사람들이 재미의 느낌을 표현하면서 나타난 문제는 왜 우리가 재미를 산만함으로 느끼는지, 또한 그것을 왜 사회적인 현상으로 경험해야 하는지에 대해 놀라지 않는다는 점이다. 우리가 이 순간 경험하는 것에 집중하는 것은 재미에 있어서 상반되는 일이다. 재미는 현상적인 경험에서 벗어나는 것을 수반한다. 한편 우리를 혼란스럽게 하는 두 번째 문제는 '재미있는 느낌이 어떤 것인가요?'이라는 질문이 다른 사람들의 재미에 대한 언급과 비교하는 데 집중하게 만든다는 점이다. 주관적으로 느끼지만, 본질적으로 무엇인가를 특징화하는 것은 솔직히 어렵다. 재미는 재미로서 경험하는 상황과 관계들로 결정되는 사회적 상호작용이다. 그것을 느끼는 방식은 꼭 상황에 의해서 영감을 받는 현상적인 감정들이 아니다. 이 책의 중요한 발견은 재미가 감정으로 이해되는 것보다 사회적 관계에 의해 지지되고 유지되는 지점에 있다는 데 있다.

재미와 회상

순간적인 재미의 경험이나 센세이션과 우리의 경험담이나 경험의 재구성은 서로 관계가 있다. 나는 종종 친구들과 자전거 타기에 버거운 사이클링을 하곤 한다. 서식스의 디츨링 비콘Ditchling Beacon 고지대를 오르려고 애를 쓸 때는 기절하거나 토할 것 같아서 세상 어디든 다른 곳에 있었으면 좋겠다고 느끼기도 했다. 그러나 이 힘들고 불행한 순간은 산 정상을 넘는 순간 희미해져 버리고, 사이클링은 점점 쉬워진다. 맥주집에서 우리들은 그날 사이클링이 굉장히 재미있었다고 평가했다. 산의 풍경도 너무 아름답고, 역시 자전거 타는 일은 멋진 일이다. 사실 나는 많은 이들에게 자전거 타기가 얼마나 재미있는지 얘기하고 다닌다. 특히 사이클링을 정말 좋아하지 않는 이들에게는 더 그렇다. 그러나 좀 찬찬히 생각을 해보자면, 나는 그 순간을 좋아하긴 하지만, 진짜 재미있다고 느낀 적은 거의 없다. 재미있다고 회자되는 많은 활동들이 그와 같다. 그렇다고 사람들이 그런 활동을 즐기지 않는다는 말은 아니다. 어떤 활동에서 재미의 상태를 긍정적인 표현하기 위해 이후에 끼워 맞추기를 한다는 의미다. 재미는 그 경험을 표현할 때 긍정적 일뿐만 아니라 가벼움도 포함한다. 이런 이야기 꾸미기는 재미의 경험 순간에 실제 느꼈던 것을 반드시 반영할 필요는 없다.

'재미'에 대해 이야기 꾸미기와 함께 시간이 지남에 따라 공명되는 느낌이나 감정은 서로 연관이 있다. 어린 시절의 경험과 재미가 강하게 연계되는 것과 같다. 이는 부정적·긍정적 의미를 모두 포함해서, 재미를 유치한 것으로 여기는 시각이기도 하다.

따라서 재미를 경험하는 특정한 순간이나 지점에 대해 의문을 제기할 수 있다. 최근의 과거 일을 재구성하는 데 기억과 회상이 그 역할을 한다. 재미있었다고 공언하거나 재미를 구성하는 데 있어서, 우리는 재미의 순간을 사건이나 경험이 일어난 이후의 정도와 관련 짓는 경향이 있다. 이는 다시 한 번 일시성 문제가 제기된다. 한편 재미에 대한 이야기 꾸미기의 정도에 대해 의문을 제기할 수도 있다. 경험한 것을 이래저래 이해하는 표본template은 사실 종종 경험이 끝나고 나서 이야기된 것들에 기인한다. 물론 나는 재미가 완전히 다시 상상된 과거라고 주장하지는 않을 것이다. 다만, 기억과 회상이 우리가 재미라고 여기는 것과 그것을 느끼는 것에 중요한 역할을 한다는 데에 주목한다.

기억과 현재의 긍정적인 경험

브라이언트, 스마트, 킹Bryant, Smart and King은 2005년 학술지 〈행복 연구 저널Journal of Happiness Studies〉에 '긍정적인 회상'가 현재의 긍정인 불빛에 영향을 미친다고 주장했다.(Bryand et al. 2005) 특히 그들은 노년의 경험에 초점을 맞추어 긍정적인 회상이 미치는 영향에 주목했다(Bryand et al. 2005: 228). 당시 학술 연구의 상당수가 기억이 노인 돌봄과 치료에 효과가 있다고 주장했다(Einstein et al. 1992; Mather and Carstensen 2005, Schlagman et al. 2006). 재미에서 흥미로운 것은 현재를 설명하기 위해 과거가 동반되어야 한다는 점이다. 그들은 회상이 정체성의 형성과 유지에 중요한 역할을 한다는 오랜 믿음을 갖고 있었다(Bryand et al. 2005: 228). 브라이언트, 스마트, 킹은 상대적으로 젊은 사람들을 대상으로 긍정적인 회상의 역할을 연구했다. 직접적인 치료 효과에서 벗어나 이러한 경향성이 조성할 수 있는 의미를 찾아보았다. 그들은 파수파디와 칼스텐슨Pasupathi and Carstensen을 인용해, 젊은층과 노인층 양측의 데이터를 분석한 결과, '사회적 회상이 긍정적인 정서를 추동하는 효과적인 정서 조절 전략'임을 발견했다(Bryand et al. 2005: 229).

연구 결과는 회상의 적응적 가치가 현재의 문제에서 도피하는 형식이라기보다, 현재에 대한 의식을 증가시키고 현실감각을 제공하는 생산적인 기제라는 것을 제안한다(Bryand et al. 2005: 236).

파수파디와 칼스텐슨, 브라이언트, 스마트, 킹 등의 학자들이 회상을 기억의 특정한 형태로 이해한 반면, 나는 회상을 과거에 대한 특정한 지향성으로 여기는 것이 유용할 것이라고 생각했다. 방금 전에 일어난 일이라 하더라도 말이다. 이는 우리가 현재를 어떻게 느끼는가 뿐만 아니라 우리가 과거에 느꼈던 것을 가정하는 방식까지도 결정한다. 과거를 재구성하여 어떤 의미 있는 것으로 만들어 받아들이거나, 남들에게 설명하려고 경험을 이야기로 꾸미는 데 대단히 중요하다. 이는 정체성에도 중요하다.

재미의 도덕성과 관련하여, 우리가 재미를 표현하는 방식이 타인이 우리를 어떻게 보느냐에도 영향을 미치며, 우리 자신의 긍정적인 경험을 이해하는 잣대를 형성하는 데도 영향을 미친다. 물론 이는 단순히 자아에 영향을 미친다는 것이 아니다. 우리가 어떻게 재미를 느끼는가는 누구와 재미를 추구하는가를 결정하는 요인이 된다. 서로 즐기는 사람들은 서로 어울리게 마련이다. 기억과 회상의 재구성으로 만들어진 개인들의 이야기 꾸미기와 함께, 개인적 이야기 꾸미기가 더 넓은 사회적 공간에 대한 이해를 도모하는 사회적 역할을 수행한다. 재미에 관한 우리의 경험은 상당히 좁게 정의된다. 재미가 대단히 주관적인 성격을 가졌음에도 불구하고, 사람들은 재미를 도드라질 만큼 유사한 방식으로 여기는 경향이 있다.

알박스와 과거의 재구성

기억과 회상에 대해 모리스 알박스Maurice Halbwachs는 성인기에 있어서 유년기가 현재를 해석하는 방법 가운데 하나라고 제시했다.

> 우리의 어린 시절 즐거움이었으나 그 후 줄곧 열어보지 않았던 책들 중
> 하나가 우리 손에 떨어졌다고 치자. 그것에 대해 어떤 호기심이 없지는
> 않을 것이다. 기억의 재소환과 기대 그리고 일종의 내적 회춘을 경험하
> 게 될 것이다. 우리는 그것을 읽기 시작한다. 단지 그것을 생각하는 것
> 만으로도 우리는 우리가 그 시절에 우리를 발견했던 바로 그 정신적 상
> 태를 소환할 수 있다고 믿는다(Halbachs 1992: 46).

알박스에게 기억과 과거에 대한 감정은 흥미로운 관계가 있다.
특히 우리가 어린 시절의 어떤 사건이나 인물에 대한 회상이 희미하
다고 해도, 우리는 어린 시절에 대해 선명한 인상을 가지고 있다. 우
리는 그것이 전반적으로 어떤 느낌이었는지, 어떤 상황이었는지에
대해 종합을 하게 된다. 그리고 종종 이는 상당히 강한 감정이 된다.

알박스는 '그러므로 우리는 책을 다시 읽음으로써 과거의 희미한 기억을 완성하고 우리의 어린 시절 기억을 완전히 복원할 것으로 희망하게 된다'(Halbachs 1992: 46). 라고 썼다.

우리 인생 전반에 공명하는 이러한 과거의 감각에 대해 알박스는 우리가 기억을 우리 인생의 한 부분으로 '보존'해서 지속적으로 재생산한다고 주장한다. 이런 프로세스를 통해서 '우리의 정체성에 대한 감이 유지 되는 것이다'(Halbachs 1992: 47). 나는 비단 정체성뿐만 아니라 우리의 현상에 대한 독특한 지향성 또한 유지된다고 생각한다. 따라서 알박스가 표현한 일종의 내적 회춘이란 우리가 이전에 사물에 어떻게 반응했는가에 근거한 반응도 포함한다. 재미에 대입해보자면, 지속적으로 향유와 재미의 내용이 갱신되지만, 우리가 전 인생을 통해 발전시켜 온 메카니즘을 통해서 정체성의 점착성의 감을 유지하는 것이다. 내가 독특한 지향성이라고 한 것은 우리 인생을 통틀어 무수한 영향력을 행사하기 때문이며, 그것은 많은 경우 우리가 재미를 어떻게 느끼고 경험하는지를 결정하기 때문이다. 이는 숫적으로 많기도 하고 다양하다. 유아기 양육부터 가족, 친지들, 학교교육부터, 문화적 감각에서 미시적인 상호작용의 관계에 이르기까지, 우리는 우리 자신만의 재미 버전을 발명하는 것이다. 이는 넓은 범위의 유사한 패턴이 뒤따르지만 대단히 유사한 환경에서조차 사람들 간에 차이가 있다. 가령, 과거 한 개인의 사회계급은 그 사람의 행복이나 즐거움을 이해하는 필터로 인식되었다(Phillips 1969; Collet-Sabe and Tort 2015).

사실 블라이드와 하센잘은 단어 '재미'가 어원학적으로 계급과 관련이 있다고 지적하기도 했으므로, 이는 우리가 우리 자신의 재미를 만드는 방식을 이해하는 하나의 요인이라고 가정하는 것이 합리적일 것이다. 그렇다고 사회계급을 한 개인이 재미를 느끼는 단순한 결정요인으로 치부해선 안 된다. 한 부분일 수는 있지만 너무나 많은 변수들이 영향을 미친다. 친구의 집에 놀러가서 어떤 게임이나 놀이를 하는 경험을 가정해보자. 그 집 식구들은 다들 즐거워하지만 나는 기껏해야 크게 재미있지 않거나, 나쁜 경우 맥이 빠져버리는 그런 경우가 충분히 있을 수 있다. 성장하면서 함께 자라난 아이들의 그룹들 간에도 특정한 타입의 재미가 차이를 만들게 된다는 것은 특기할 사항이다. 어떤 아이들은 주로 육체를 쓰는 경기가 재미있고, 다른 아이들은 죽치고 앉아서 하는 놀이를 재미있어 할 수 있다. 어떤 아이들은 독서가 너무 재미있고, 어떤 아이들은 전혀 그렇지 않다. 그림 그리기, 등산, 무례하게 굴기, 스케이트보드, 전쟁놀이, 음악, 이 모든 것들에서 보듯 아이들은 규범과 메시지 처럼 자신을 둘러싸고 있는 환경에 영향을 받아 다양한 방향으로 나누어지게 된다. 정말이지 '사회화'에 대한 표준적인 설명이라 하겠다. 그리고 여기에 잘못된 것은 하나도 없다.

　　여기서 말하고자 하는 것은 우리의 상황에 대한 지향성이라는 관념이 경험을 하는 개인적 사례에 의해 형성되는 것이 아니라, 그 상황에 반응할 것으로 기대되는 것들에 의해 형성된다는 점이다. 만약 그렇다면 재미에 대한 어린 시절에 대한 기억은 어디에 남겨지는 것일까? 나는 우리가 어린 시절에 재미를 경험했을 때를 안다고 일반적으로 가정하는데, 왜냐하면 우리가 그것을 기억할 수 있기 때문이다. 어떤 이들에게는 그럴 수 있다고 생각한다. 그러나 명백하게도 이 장이 지향하는 바와 같이, 나는 성인들이 그들 자신의 어린 시절에 대한 생각을 가지고 하는 일에 대한 알박스의 요약에 이끌린다. 우리는 기억을 보존하고 재생산해서 우리의 정체성과 자신에 대한 감을 영속시킨다. 이는 일상적 생활의 이완 때문에 정상으로 보인다. 따라서 정체성에 대해 알박스를 인용하자면 다음과 같다.

> 성인들이 일상생활의 걱정거리에 사로잡혀 집착하는 것은 완전히 당연한 듯 보인다. 이는 성인들이 어린 시절의 기억을 현재의 틀에다 집어넣어 왜곡시켰기 때문 아닐까?(Halbwachs 1992: 47).

알박스는 우리가 기억을 가지고 있지 않다고 말하는 게 아니다. 오히려 개인의 역사와 정체성을 지지하기 위해 이 기억들이 현재 상황에 맞게 배치된다는 점을 강조한다. 사회적 환경 속에 배치된 기억들은 무언가 작업을 한다. '예전에는 늘 재미있었는데, 요즘은 영 그렇지가 않아'하는 식으로 실제 삶과 거리를 두게 된다. '그 재미를 난 늘 찾아내어 왔지' 하는 식으로 삶의 무대에서 느끼는 자아에 대한 감정을 강조한다. 이는 유치한 놀이일 수도 있다. 성인으로서 우리는 유치한 놀이를 양가적인 관계로 간주한다. 그 시절이 지나가버린 것에 대한 후회로 성인 버전의 놀이를 만들어 보려고 한다. 그러나 알박스는 나이가 많아지기 전까지 우리는 어린 시절과 연계하기 때문에, 어색하거나 남의 시선을 의식하지 않고 그것을 단순하게 즐길 수 있는 경우는 드물다, 라고 주장한다. 나이가 들면 우리는 유치한 놀이를 할 때 주위를 그리 의식하지 않게 된다. 그 이유는 놀이를 할 때 진지함이나 책임감이 행동에 영향을 미치지 않기 때문이다.

또한 알박스는 우리가 현재 살아가는 사회와 우리가 기억을 통해 몰입하는 상상의 사회 간에 차이가 있다고 주장한다. 그는 '우리는 우리 자신을 몰입하기 원하는 과거의 어느 시기를 선택한다.'고 말한다. 이런 경우 재미있었던 기억은 상상된 과거에 자리하며, 우리는 분위기나 심지어 우리 기억 속의 배경을 창조하는 중요한 역할을 한다. 이미 지나가버린 시간을 재구성하기 위해 우리는 참조할 만한 포인트를 사용한다. 나의 경우, 아홉 살 때 쯤 침실에서 창가의 햇살을 받으며 가지고 놀던 테이블Subbuteo[1] 축구 게임에 대한 강렬한 기억이 그것이다.

회상을 통해 나는 당시의 뜨거운 햇살을 느낄 수 있었고, 내 방 냄새를 맡을 수 있었으며, 그때 가졌었던 만족감과 재미의 또렷한 감각을 느낄 수 있었다. 그러나 누가 나에게 그게 언제였으며 어떤 축구팀을 플레이했고, 그 다음에는 무얼 했으며, 어떤 재미가 나를 사로잡았는가와 같은 질문을 한다면, 나는 대답할 수 없을 것이다.

...

1 손가락으로 튕겨서 노는 프로축구게임.

부모님은 어린 시절 형과 내 사진을 가지고 있다. 이 소도구는 내 기억을 선명하고 정교하게 만드는 데 유용하다. 또 한편 이런 의심도 있다. 아버지의 카메라에 포착된 많은 상황들에 대해 정작 나의 진정한 기억은 없다. 다만 기록된 증거들과 함께, 그때 그 장소에서 무슨 일이 벌어졌고 어떤 느낌이었는지에 대해 가족들이 윤색한 이야기들만이 그 과거를 증명해줄 뿐이다.

알박스는 기억은 우리에게 속박하거나 강압적이지 않은 집단에 속해서 살아가고 있다는 환상을 준다고 말한다. 기억 속에서 우리는 상황의 실제성에 의해 자유로워진다. 기억은 우리가 실제로 경험할 수 있는 것보다 더 좋거나 더 나쁘거나 다르다고 느끼게 만든다. 이는 기억에서조차 개인들마다 고유한 관점들이 나타나기 때문에 가능하다. 또 현재에 적합한 형태로 기억을 끼워 맞출 필요가 있기 때문에 그러하다. 현재라는 것은 온전히 우리 자신으로만 구성되어 있는 것이 아니라 기대치를 만드는 사회적 맥락에 포함된다. 보부아르에 따르자면, 기억은 궁극적으로는 실재를 만들기 때문이다(de Beauvoir 1948: 156).

알박스에게 우리의 기억은 사회공동체의 압력 아래 재구성된 것으로, 어떤 사회적 환경에서도 기억의 배치를 필요로 하는 제약을 확인한다. 재미도 다양하다. 기억은 한 개인이 인생의 어느 한 지점에서 다른 곳으로 이동한 거리를 알려준다. 기억은 지식이나 적합성의 요구가 될 수도 있다. 중년은 젊은이들을 잘 이해하고 있음을 나타내고 싶어 할 수 있다. '나는 90년대 공짜 파티에서 마약을 꽤나 했었지. 한번은 하도 많이 해서 내 친구와 나는 결국 기차를 타고서야 멈췄어. 우리는 하도 웃어서 우리가 기차를 탈 필요가 없었다는 것도 까먹었지. 결국 요빌시까지 가고 말았지 뭐야.' 사실 이 진술은 기억의 소유자가 원하는 바대로 조작된 것일 수 있다.

> 사회는 때때로 사람들을 강제해서 그들의 삶에서 이전에 있었던 사건을 생각 속에서 재생산하도록 한다. 그뿐만 아니라 그것을 고양하거나 축소하거나 완성해서 우리가 제 아무리 우리의 기억이 정확하다고 확신하더라도 우리가 그 기억에 실제로 진행된 것이 아니라는 명성을 준다(Halbwachs [1950] 1992: 51).

개인이 자신만의 고유한 기억을 가지고 있음은 확실하지만, 흥미롭게도 상대적으로 사람들 간의 유사성이 보이기도 한다. 내가 재미있었거나 경솔했었던 기억을 떠올린다고 치자. 보통 이런 경우 다른 사람들은 그 기억을 알고서 비슷한 감정을 불러 유사한 사건을 상기할 수 있다. 내 기억 속에 남아 있는 재미의 경우, 다른 이들에 의해 재미있는 것으로 이해되는 것이 필요하다. 이것이 사회공동체나 집단의 기대에 부응하는 방향으로 기억을 조건화하는 과정이다. 그러한 기대에 저항하는 경우라 하더라도, 남들이 그리 재미있었던 것으로 생각하지 않았던 것을 재미있었던 경험담으로 이야기하는 방식은 공공연하게 우리에게 나타난다.

최근의 기억들이 잘 들어맞는 것은 시간적 인접성 때문이 아니다. 기억이라는 것이 하루이건 며칠이건 관계를 지속해 온 집단의 사람들에게 공통적인 사고의 한 부분이기 때문이다. 그러므로 그 기억을 소환하는 것은 우리가 이 집단의 관점에 맞게 우리 스스로를 위치시키고, 집단의 이해관계를 채택하고, 기억에 반영된 편향된 시각을 따르기에 충분하다(Halbwachs [1950] 1992: 52).

이해능력에 중요한 이 공통점은 막스 베버의 이념형 개념 (Weber [1904] 1971: 63-7)과 그리 동떨어져 보이지 않는다. 하지만 좀 더 미묘하다. 공통의 이해능력을 위해 내포적 의미를 떠나서 정체성을 위해 기억의 경험담을 늘어놓는 것은 필요하지 않다. 재미의 관점에서, 사람들이 무슨 재미를 찾았고, 지금은 어떤 것을 재미있어 하는지를 아는 것이 매우 중요하다. '현상적 재미'에서 제시된 것처럼, 사회적으로 엄청나게 많은 재미에 대한 이야기가 스토리텔링을 통해 이미 퍼졌다. 재미 만들기에 대한 소통은 무엇이 재미있는 것으로, 혹은 재미없는 것으로 고려되는가를 결정하는 데 중요하다. '유아기와 재미'에서 설명되었던 일종의 집단적인 기억현상은 재미있는 시간의 커뮤니케이션이나 재미있는 활동들이다.

영국에서 성장한 응답자들이 어린 시절 재미와 관련하여 답변한 테마는 너무 반복되어서 놀랍기까지 했다. 최근 성인 응답자들이 말한 재미있었던 장소에 대한 데이터에서 그 다양성은 훨씬 줄어들어 있었다. 알박스에 따르면, 이 관측점은 우리가 서로 다른 형태로 가지고 있지만 우리를 유대의 끈으로 묶어주는 모든 기억, 즉 집단 기억은 사회적으로 만들어진다는 데 있다. 어린 시절 재미있었던 시간으로 보고되었던 것들은 다른 이들에 의해 '좋은' 것이거나 혹은 영국인들에게는 '영국적인' 어린 시절로 구성되어 이해된 것이다.

작은 집단이 집단기억을 가지는 일은 큰 집단보다 더 쉽다. 가족, 회사, 노동조합, 친목 네트워크, 심지어 같은 사회계층까지도 집단기억을 가지고 있다. 전체 사회도 마찬가지이며, 이는 민족 담론을 통해 심오하게 표현된다. 크건 작건, 이들 집단들을 통해 개인은 집단적인 구성물을 그리고 자신의 과거를 재상상하게 된다. 그렇다고 우리의 과거가 완전히 발명된 것이라는 의미는 아니다. 오히려 집단기억에 잘 들어맞는 요소들은 재조명되거나 증폭되며, 반면 잘 들어맞지 않거나 중요하지 않은 요소들은 희석되거나 배재된다는 의미다. 이는 의식적인 전략 프로세스는 아니며, 요란하지 않게 일어난다. 기억은 현재의 관점에 맞게 과거를 납득하기 위해 우리 자신에 의해 조직되는 것이며, 그 현재는 사회적 압력에 민감하다.

따라서 개인적 기억은 집단기억의 영향을 받게 되며 이 기억은 사회적으로 구성된다. 개인적 기억은 우리 자신에 의해 조직되는 것이지만, 이러한 내외부적 간섭의 결과로서 개별적으로 그다지 의미심장하지 않다. 이는 기억이 우리를 위해 작업하기 위해 배치되기 때문에 가능하다. 개인적으로 경험한 사건의 기억은 어떤 집단이라 하더라도 참여자들 간 유대를 강화한다. 친구들과의 재미있었던 시간에 대한 기억들은 시간이 지날수록 많은 형태의 우정을 유지시키는 데 중요하다. 집단의 구성원들이 나이가 들면서 상황은 변하며, 경우에 따라 사람도 변한다. 이는 대학을 갈만큼 운이 좋은 사람들에게 공통적인 경험이다. 세월이 지나면 친구들 간의 사이는 소원해지게 되지만, 모임이 있어 함께하게 되면 우정으로 그들을 묶어주는 접착제가 된다. 이것이 바로 그들 모두가 공통적으로 가지고 있는 학창시절의 추억이다. 이처럼 기억은 다시 재생되는 한편, 시간의 흐름을 거슬러 올라가 개인의 환경에 맞게 조절되고 바뀌게 된다.

재미있었던 일들의 추억담을 통해 우리는 다른 이들에게 우리의 경험이 실제 재미있었다고 여겨주길 기대한다. 이는 우리 집단, 우리와 함께한 사람들이 재미를 공유하는 방식이 이러하다는 것을 증명한다. 추억담을 이야기하면서 그들이 되고자 하는 모습은 과거의 사건을 되살리는 데 역시 중요하다. 루이스 코저Lewis Coser는 '수시로 과거의 경험을 공유하는 사람과의 교류를 통해 되새겨지지 않는다면, 자서전적 기억이 시간이 지남에 따라 희미해지는 것은 당연한 이치다.'(Coser 1992: 24)라고 주장했다. 기억이 실제 사건들과 연계되어 있는 반면, 당시의 감각과 유사한 과거사는 사회적 구성물로서 현재를 유추하는 단초가 된다. 개인적 기억과 그것에 영향을 행사하는 사회적 메커니즘의 관계는 코서가 말끔하게 요약한 것처럼, '기억은 집단적 재료로 지속적으로 보충되는 것이며, 사회적이고 도덕적인 소도구들에 의해 유지된다.'(Coser 1992: 34)

재미, 그리고 회상

알박스가 말한 집단이라는 것은 그 구성이 모호하다. 그가 의미한 집단적 기억 과정의 규모나 범위를 아는 것은 힘든 경우가 있다. 그러나 집단적 재미에 관해서라면 규모와 범위는 그것이 작고 분산된 만큼의 크기와 넓이를 가진다. 각각의 사회는 적법하게 재미있는 것과 그렇지 않은 것에 대한 저마다의 선명한 생각을 가지고 있는 듯하다. 흥미롭게도 이는 종종 사회의 여타 구성원들이 눈살을 찌푸릴 만한 일종의 위반과 관련이 있다. 아마도 이런 전복적인 천성은 재미의 중요한 성질 중 하나인 것 같다. 이는 특정적인 집단기억에서는 칭송받고 이해될 수도 있는 것이나, 또 다른 배경의 집단적인 이상형을 화나게 하거나 위험하게 만들기도 한다. 직장에서의 재미 규제제5장 참조가 그것이다. 노동자들에 의해 만들어진 재미는 다른 이상적인 노동자의 바람직한 행위나 고용자들의 회사와는 대비된다. 사람들이 재미가 개인 단위로 세분화될 수 있다고 생각하는 경향이 있는 것은 분명해보인다. 월 셀프Will Self 소설 〈재미에 대한 나의 생각 My Idea of Fun〉 속 주인공이 설명하듯, '어떤 인구에서도 대단히 적은 수의 사람들이 경험하는 재미로 행위나 느낌과 같은 것이 있으리라 가정하는 것은 완전히 합당하다.'

재미의 문화적 매개

재미란 무엇이고 재미가 아닌 것은 무엇인가에 대한 특정한 서사의 배태성, 즉 어떻게 하면, 또 언제 재미가 있는지와 같은 것은 모두 문화적 산물이다. 유사한 방식으로 아리에스는 어린 시절이 세대들 간 다른 방식으로 이해된다고 주장한다. 재미에 관해서도 마찬가지다. 어린 시절과 달리, 무엇이 재미를 만드는지를 가르는 구분선은 단순히 상호 세대적이지 않다. 이는 어떤 사회에서든 사회 계층, 젠더, 지리 등 우리의 경험을 만드는 모든 종류의 변수에 의해 매개된다. 문화적 매개는 복잡한 관계를 조명한다. 우리가 재미를 통해 사회적 영향력, 정체성, 전기, 상황과 세계에 대한 주관적이며 현상적인 경험 등이 멀든 가깝든 우리의 과거에 대한 해석과 만난다. 또한 현재와 미래 재미의 경험에 대한 지향성을 만든다. 재미 경험에 대한 문화적 매개는 유머의 몇몇 특징들을 공유한다. 이런 관점에서 설명 수단으로 유머를 사용하는 것은 적절하다. 게리 앨런 파인Gary Alan Fine은 다음과 같이 주장한다.

대부분의 유머와 웃음은 사회적 관계, 자아와 타자의 연계를 함의하고 있다. 혼자서 간지럼을 태울 수 없는 것과 같이, 자기 혼자 농담을 던지고 혼자 만담 놀이를 할 수는 없다. 농담과 같은 사건은 최소한 두 사람이 있어서 성공이나 실패를 판가름할 수 있다. 나는 관찰할 사람이 거기에 없다면 어떤 일이 재미있었는지 아닌지를 주장할 수 없다. 유머의 역동성의 어떠한 적절한 이해도 사회적 분석을 포함해야 한다(Fine 1983: 159).

유머가 사회적 활동이라는 생각을 더 파고들어 보면, 유머가 사회적 집단이 무엇인가를 재미있다고 결정할 때 유머로서 이해된다. 메리 더글라스Mary Douglas는 다음과 같이 주장한다.

모든 농담은 그것이 던져진 곳의 사회적 상황에 대한 표현이다. 농담을 즐기는 데 필요한 하나의 사회적 조건은 그 농담을 받아들이는 사회집단이 '말로 하는' 농담의 공식적 성격을 발전시켜야 한다는 것이다. 다시 말해, 관계의 지배적인 패턴은 다른 이들에 의해 도전받게 되는 것이다(Douglas 1968: 366).

사실은 그렇지 않은데 유머는 '재미있는', 혹은 '재미'의 동의어로 너무 자주 회자되거나 서로를 포함하는 것으로 여겨진다. 그래서 나는 유머를 더 깊이 파고들 생각은 없다. 다만, 흥미로운 점은 유머와 재미 양쪽의 사회적이거나 문화적인 배태성은 이 개념들이 어떻게 반복되는 감정 속에서 어떻게 작용하도록 되어 있는지에 상당히 의존한다는 것이다. 유머와 재미의 소통은 적절한 태도, 반응, 소통

방식에 대한 집단적 기억이 무엇인지에 대한 이해에 달려 있다. 이는 학습된 과정이다. 재미가 어떤 특징을 구성하도록 이해되는 그러한 방식으로 문화 속에 몰입되고, 무엇이 재미있고 그렇지 않은지에 대한 경험은 다시 재미로 환원되어 재연되는 것이다.

이는 사람들이 재미를 경험하지 않는다는 것이 아니라, 회상과 재고를 통해서 재미가 다른 이들과 소통할 수 있는 방식으로 재구성된다는 것이다. 이런 방식을 통해서 사회계급, 인종, 지역성, 연령, 패션의 문화는 재미에 관한 이야기를 통해서 문화적 반복을 띠게 된다. 그 때문에 재미 속에서 차이를 만들 수 있다. 이것이 우리와 같은 사람들이 재미있는 것을 찾아내는 방식이다. 따라서 재미의 형식에 대한 경험담을 다시 이야기하는 것은 정체성을 위해서뿐만 아니라 집단 내부 관계의 지속성을 위해서 중요하다. 이 집단들은 작을 수도 있고 나와 내 친구들이 그렇듯, 대단히 클 수도 있다영국인들이 재미를 찾는 방식.

재미의 보편화, 회상과 정체성

대부분의 주관적인 경험에 있어, 그것을 측정하는 것은 불가피하게 환원주의적 효과를 수반한다. 웰빙에 긍정적으로 기여하는 삶의 요소들이 정량화되거나 일반화될 수 있다고 상상하는 경향은 오도된 것이다. 응집 과정에서, 어느 시점에 문화가 여전히 있는 것으로 보이는 재미나 행복의 특징에서 소실된다. 일터나 교육 장소에서의 조직화된 재미에 대한 구체적인 형식의 생산 시도는 운명적으로 실패할 것이다. 특히 직장이나 학교에서의 재미에 대해 물었을 때, 응답자들이 나에게 했던 이야기의 관점에서 알 수 있다.

우리는 재미라는 것을 지금 현재 일어나고 있는 역동적인 상황에 대한 긍정적인 정서 반응으로 이해하고 있다. 그러나 이는 사람들이 그것을 논하는 적합한 기술방식이 아니다. 재미의 상태는 종종 이미 일어난 일에 회고적으로 적용되는 것으로, 반드시 그 순간에 재미로 이해되는 것은 아니다. 그 이유는, 여러 가지 재미의 핵심 요소가 주인공이 경험 자체에 정신이 팔려서 다른 무엇에도 집중하지 못하기 때문이다. 어떤 사건에 재미있었다고 이름 붙이는 많은 경우는 그 사건 이후에 일어난 것이 대부분이다. 사건 직후가 되었건, 한참 뒤가 되었건 다른 이에게 재미 경험담을 늘어놓는 시점은 그 후다.

재미를 향한 감성은 오랜 시간에 걸쳐 발전되었다. 우리 자신의 정체성에 미묘한 차이를 이해하는 것과도 관련이 있다. 우리가 우리 자신을 어떤 종류의 사람이라고 생각하는지가 표시되는 측면이다. 최소한 사회학에서 잘 알려져 있듯, 이는 대단히 커질 수 있으며, 국민 정체성과 같은 단일 구성에서 친구 집단과 같은 매우 작은 연계 하위문화도 될 수 있다. 정체성의 점진적 심화과정에서 지향성과 현상에 대한 정서적인 반응은 발달하며, 지속적으로 발전을 거듭하여 한 개인을 보존해주는 재미에 대한 주관적인 지향성을 형성한다. 이것이 정체성에 대한 대규모 영향의 결과이며, 이런 공모를 통해 개인이 만들어진다.

어린 시절의 재미에서 흥미로운 발견은, 과거에서 기억나는 재미를 묻는 질문에 대한 그들의 답변이 상대적으로 판에 박혔다는 점이다. 이는 표면적으로는 내가 재미의 일반화에 대해 설명한 내용과 모순되는 것처럼 보인다. 그러나 여기서 핵심은 그 순간에 재미를 경험하는 것이 아니라, 과거의 재미를 현재에 소통한다는 데 있다. 모험, 자유, 휴일, 가족, 야외 활동에 관한 이야기들은 우리에게 재미의 수많은 레벨을 말해준다. 우리는 일어난 일에 대해 재미있다고 이해할 수 있도록 수많은 배경을 만든다. 이는 이상형 메커니즘으로 사용되어 남들과의 소통으로 연계된다. 이때 우리가 즐겼던 그 재미만 알리고자 하는 것이 아니다. 우리가 소망했던 어린 시절의 모습, 우리가 어떤 종류의 가족 출신이고, 우리가 어떤 종류의 사람들인지, 우리가 어떤 활동을 재미있다고 느끼는지 등을 통해 남들과 소통하고자 하는 것이다. 다수의 응답자는 영국 출신이었기에, 어린 시절부터 재미에 대해 영국적 지향성적인 형태로 말해주었다. 그렇다고 영국 출신이 아닌 사람들이 이야기를 재미있다고 느끼려 분투했다는 말은 아니다. 다만 그들은 자신이 속한 문화에 기인해서 말할 수밖에 없음을 인정한다는 의미다.

8

에필로그

재미는 복합적인 것이다. 순간에 경험되지만 또한 담론이기도 해서, 사후 회고적으로 적용되는 것이다. 사회집단을 하나로 결속하는 접착제이기도 하고, 개인에게 자신의 정체성을 알려주기도 한다. 규칙도 없고 동시다발적인 어떤 것이지만, 최근에는 조직화된 형태로 향하는 운동의 일부가 되었다. 학교와 일터는 학생이나 노동자 들이 통제와 생산력에 대한 욕망에 대적하면서 자율성과 근심을 드는 의지의 전쟁터다. 중요하기도 하고 하찮기도 하다. 우리의 재미 경험은 온전히 우리 것이지만, 재미로서 인식되기 위해 타인과 공명되어야 한다. 즐거움과 행복과 관련이 있지만, 그 둘과 거리가 있다. 이책은 이런 복잡성을 단순화시키려 하지 않았다. 오히려 그 복잡성을 알리고 어느 정도까지는 칭송하기까지 했다.

재미의 모델을 제시하기도 했지만제2장 참조, 이는 단지 여타의 정서적인 영역들에서 재미를 식별하기 위한 제안일 뿐이다. 나는 재미를 기술하거나 설명하기 위해 온전히 환원주의자가 되려고 의도

하지 않았다. 블라이드와 하센잘처럼, 나는 재미를 구성 요소와의 관계 안의 연속체로 본다. 재미의 경험이 예컨대 헌신과 같은 요소와 관계를 맺고 있는 곳의 특징을 묘사하기 위해, 재미를 절대적인 것으로 설명하기보다 그 정도 선에서 논의하는 것이 합당하다. 이 책의 또 다른 목적은 재미에 대한 일상적 논의들을 제시하는 것이다. 이 책의 데이터는 사람들이 그리 많지 않은 시간을 할애하여 그들의 재미가 무엇으로 이루어졌는지를 생각하는 것에 초점이 맞춰져 있다. 많은 이에게 그것은 흥미롭고 깜짝 놀랄 실험이었다. 나는 많은 메시지를 받거나 이야기를 나누었는데, 설문조사의 질문에 대해 오랜 시간에 걸쳐 많은 생각을 하게 되었다. 언제 어떻게 재미를 느끼는지도 숙고하게 되었다. 이는 사람들 사이에 엄청난 대화를 촉발했으며, 나에게 재미의 사회학이라는 특정 분과를 출범하게 만드는 계기가 되었다.

재미, 행복과 즐거움

재미, 행복, 즐거움과 연관된 현상의 차이는 경험 혹은 '흥분되는 일이 벌어지는 것'(Blythe and Hassenzahl 2004: 92)이 제2장에 제시된 모델과 연계해서 고려될 때 선명해진다. 내가 지난 몇 년간 재미에 대해 얘기해본 사람 그 누구도 그 모델을 보지 못했겠지만, 내가 조사했던 사람들은 모델의 핵심 요소들 중 상당수를 선택했다. 대화를 하면서 확실해진 것은, 많은 이들이 재미를 가령 웰빙이나 즐거움, 행복과 변별해서 고려해본 적이 없다는 데 있다. 질문을 받았을 때, 사람들은 그 차이를 설명하려고 애쓰면서 또 한편으론 상호 관련성을 이야기하려 했다. 정확하게 그들이 의미하는 바를 설명하려고 애를 썼음에도 불구하고도 말이다. 대부분의 사람들은 재미가 즐거움이나 행복보다 더 역동적이라는 아이디어를 채택했다. 사람들은 '나에게 재미는 흔히 내가 즐기는 어떤 것을 하는 것을 말하고, 행복과 즐거움은 재미있는 와중에 느끼게 되는 감정을 말하지'라는 식으로 얘기했다 (F 19, 학생). 이들에게 '어떤 것을 하는' 곳은 재미, 즐거움, 행복의 경험들을 변별할 수 있는 장소였다. 또 다른 이들은 다음과 같이 말했다.

> 재미는 나에게 놀이에 관한 것이죠. 긱정이나 책임 같은 것을 벗어버리는 거요. 행복은 어떤 상태를 말하는데, 군이 재미처럼 행위와 연계될 필요는 없어요.앉아 있거나 생각하는 것을 행위라고 말하지 않는다면요. 즐거움과 재미는, 저로서는 서로 분리하기가 힘드네요. 하지만 즐거움이 좀 더 요구나 결핍을 만족시켜주는 개념 같아요. 놀이보다는요(T22, 학생).

행복이나 즐거움과 관련하여 본질적 의미를 규정하는 특징으로서 활동은 물론 근심 없는 시간이나 자유분방이 거론되었다. 어떤 사람은 '재미는 거의 행동처럼 보이고, 행복은 감정으로 여겨져

요'(F20, 학생)라고 요약했다. 설문조사 응답자들에게 일시성은 즐거움이나 행복과 상반되는 재미의 또 다른 핵심이었다. 프랑스에서 온 한 학생은 '행복은 좀 더 긴 시기동안 연장되는 것이고, 또 좀 더 깊기도 하죠. 근심걱정 없이 가벼운 마음과 연계시킬 필요는 없을 것 같아요.'(F26, 학생)라고 말했다. 한편 어떤 교사는 '재미는 지나가는 것이죠. 행복은 지속하는 것이에요. 즐거움은 두 가지를 혼합한 거죠'(F57, 교사)라고 깔끔하게 정리했다. 어떤 이들은 정서적 상태의 일시성을 언급했다.

> 재미는 좀 더 경험 기반적인 것으로, 행복이나 즐거움보다 훨씬 더 '그 순간'의 것 같아요. 일시적인 것이고, 재미의 '사례들'은 다른 것들과 쉽게 연계될 수 있는 것 같아요. 반면 행복은 마음의 상태를 정의하는 경향이 있는 것 같고, 즐거움이란 상품화를 함의하며, 구입한 경험과 같은 거죠(M32, 학생).

이 사람에게 행복에서 시간의 공명은 마음의 상태와 더 관련이 있었으나, 즉각적인 경험에 의해 묶일 필요는 없다. 어떤 슈퍼마켓 점원은 활동적인 것과 시간적인 것을 함께 그렸다.

> 행복은 장기적이고 즐거움은 육체적인 경험으로 보여요. 재미는 단기적인 경험으로, 즐거움의 육체성과 행복의 장기적 기억을 합친 거죠(F21, 가게 점원).

재미, 즐거움, 행복의 차이에 관한 질문은 즐거움이나 행복과는 다른 재미의 사회적 요소였다. 한 사람은 '나에게, 재미는 즐겁거나 행복한 것들을 남들과 함께 하는 거예요. 혼자서도 행복할 수는 있지만, 혼자서 재미있을 수는 없어요'(F45, 선임연구원)라며 정리했다. 몇몇 사람들은 재미의 동시성을 예측불가성과 연결지어서 언급했다. 어떤 이는 '행복/즐거움'은 따뜻한 담요에 싸여 있는 느낌 같은 거죠. 그 감정 아시죠. 왜 이런 느낌이 드는지 알 수 있죠. 반면 재미에 대해서라면, 언제 끝날지, 도대체 어디까지 갈지 알 수가 없죠'(F41, P16 직업교육 매니저)라고 말했다.

나와 대화를 나눈 모든 사람에게 재미가 즐거움이나 행복과 다른 것이라고 말했다. 이는 의미론적 차이로 이해되는 것은 아니며, 용어는 특정한 맥락에 배치되어 특정한 것을 묘사한다. 상대적으로 적은 수의 사람들이 이들 현상들의 차이가 무엇인지 사전 답변을 가지고 있었던 것은 흥미롭다. 우리가 재미가 무엇으로 이루어져 있는지에 대해 너무 깊이 생각하는데 익숙지 않다는 사실은, 심각하게 고려될 만한 한계적 지위를 만드는 데 일조한다. 그뿐만 아니라, 별다른 생각 없이 손쉽게 재미를 접어버림으로써 더 중요한 것으로 여겼던 개념들행복, 웰빙 등로 만들거나, 이미 더 중요한 것으로 알려진 것들에 유리하도록 재미를 주변부로 위치시키기도 한다.

여전히 나를 곤혹스럽게 하는 것은 재미가 웰빙과 관련된 어떤 설문조사 연구에도 포함되지 않는다는 점이다. 정량화하기 어렵지만, 인간이 자신의 인생에 대해 좋은 기분을 가지게 만드는 중요한 요인으로서 재미는 중요한 의미를 지닌다. 재미의 주변화에 기여한 또 다른 결정 요인은 일시성과의 관계다. 재미에 시간적인 여운이 결핍되어 있다는 생각, 즉 재미는 '찰라'라는 인식이 재미를 더욱 하찮은 것으로 보게 만든다. 재미와 관련된 거대한 이분법은 부분적으로 진지함이 결여된 채 재미를 정의한다. 진지함의 결여, 자유분방한 시각, 당장의 근심걱정을 덜어내는 것은 우리의 행복에 매우 중요하다. 나는 재미가 우리 인생을 충만하게 하는 데 본질적인 요소라고 제안한다. 하찮고 지엽적인 어떤 것이라는 이분법은 이런 노력에 너무 중요한 것이며, 부분적으로 이런 모순이 재미를 사회학의 대상 바깥에 버려두게 만든다.

재미의 주변화는 학창시절과 직업인생에서 느끼는 속임수와 괴롭힘 때문에 흩어진 시간과 공간이 될 수 있다. 이러한 환경 속에서 우리는 재미를 지엽적이고 시시한 것으로 이해하도록 훈련받으며 통제하기 쉬운 것으로 여긴다. 재미의 핵심적인 측면은 규범으로부터의 편차다. 베커가 말한 '동의된 규칙 위반'(Becker 1963: 8)은 위반적인 재미의 토대를 만들며, 이런 재미를 직장과 교육기관은 가능한 열정적으로 억제하려고 든다. 결국 재미는 제도적으로 단속 규정의 대상이 된다. 그러나 일리치의 학창시절과 고르의 직업에 대한 설명처럼, 재미가 시간과 공간에 의해 통제되는 방식에는 훨씬 자유로운 태도를 옹호하고자 한다.

일과 재미를 관련 짓는다면, 많은 사람이 빡빡하고 일상적인 근무 시간에 재미를 규제하는 환경 속에서 보낸다는 것이 명확하다.

사람들은 생산 시간에서 대화가 통제되는 환경에서 잡담을 재미있는 것으로 묘사했다. 결국 이 데이터는 일이 그리 재미없는 것이라는 결론을 내린다. 여기서 중요한 포인트는 재미나 재미의 부재를 묘사하는 방식에서, 오늘날의 일이 1940년대나 1950년대 직업에 대한 묘사와 유사하다는 점이다. 지난 70년간 직업의 형태가 엄청나게 변했음에도, 재미와 관련하여 직무에 대한 우리의 반응은 상대적으로 바뀌지 않았다.

사회 활동으로서의 재미

재미의 본질을 규정하는 특징은 그것은 사회적이라는 데 있다. 이는 자연주의적이라는 용어와 상반된다(Vanderschuren 2010). 재미있기 위해서는 신경학적 과정의 지원도 있을 것이다. 그러나 재미의 경험과 활동, 순간은 사회적 요소들이 만든다. 이는 다른 사람들과 함께 무언가를 하거나, 다른 이들과 함께하는 것을 기대하거나, 때론 다른 이들이 부재하다는 관계 속에서 이루어진다. 반복적으로 사람들은 재미를 누군가와 함께하거나, 다른 이들과의 관계 속에서 설명하려고 했다. 두 가지 목적이 함께하는데, 사람들 간의 결속을 지속하는 한편, 자기 정체성을 알게 해주기도 한다. 무엇을 재미있어 하고 누구와 재미를 함께하는지는 그가 누구인가에 대해 많은 것을 알게 해 준다.

재미에 있어서 사회적 상호작용과 정체성의 중요성은 조직되고 구성된 재미에 문제를 제시한다. 재미있도록 기획된 사건이나 해프닝을 사람들이 비슷한 방식으로 경험한다는 발상은 사회적 상호작용에 있어서 개인화된 방식들을 설명하지 못한다. 더욱이 사회적 환경에 대한 우리의 반응은 맥락적이다. 볼링 자체를 얼마나 좋아하는가는 중요한 문제가 아니다. 직장 동료를 좋아하지 않거나 팀 만들기 이벤트가 벌어져 억지로 동네 볼링장에 가야만 하는 상황이라면, 그것은 결코 재미있지 않을 것이다.

재미가 사회적 현상임을 인정하는 것은 활동 그 자체가 재미있다는 발상과는 거리가 있다. 어린 학생들의 재미있는 스포츠 활동 만들기를 통해 얻는 혜택과 관련된 논의를 들 수 있다(Portman 1995; O'Reilly 2001; Macphail 2008; Vis. 2015). 많은 논문들이 어린 학생들을 신체활동에 참여시키는 일의 어려움을 논하고 있으며, 그 해결을 위한 가장 기본적인 응답은 활동을 재미있게 만들라는 것이었다. 어린 학생들의 놀이 감각에 어필하도록 노력하는 것에는 적잖은 한계가 있었다. 그러나 이런 접근은 단지 이 사안의 일부분에 지나지 않는다. 재미에서 사회적 관계의 중요성을 언급하기까지, 스포츠가 그 자체로 재미있다는 가정은 통하지 않을 것이다. 재미는 특정한 사회적 관계가 발생시키는 맥락 때문에 생겨난다. 바로 그 이유 때문에 '조직되고', 장려되고 강제된 재미는 영원히 참여자들의 두려움에 직면하게 될 것이다. 특히 사회적 관계가 그 활동에 동반되지 않는 상태에서는 더욱 그러하다. 재미있는 이벤트를 조직하는 사람들조차, 그 이벤트가 자발적이고 위반적이기 때문에 재미있는 유형이라면, 사람들을 재미있게 만드는 데 상당한 어려움을 겪게 될 것이다. 복종에 관한 고르의 주장을 보자면, 제작된 재미는 규칙과 통제의 고수가 특권적으로 사회적 상호작용을 통제하겠다는 시도에서 나온 것이다. 학교와 일터로 옮겨, 재미의 통제와 생산성의 관계는 선명하다. 구성원들에게 재미는 중요하지만 적절한 시간과 장소에서만 그러하다는 관념을 심어주는 것의 필요성은 명확하다. 피고용인들의 시간을 통제하는 방법은 고용주들의 관심사다. 생산시간에 재미있는 일이 벌어지는 것은 비생산적이라는 관념은 자본주의 고용논리의 안티테제다. 학교는 반복되는 일상 속에서 재미의 범위를 정하고 나중에 직장까지 반영되어 이어진다.

재미의 어원을 규칙 위반하기와 연계해보면, 재미는 개인들이 창조하는 것이고, 학교나 일터의 의도나 방향과 조화를 이루지 못한다. 우리가 왜 정형화된 규칙과 자주 부딪히는지가 설명된다. 창의적이고 자율적인 재미는 오직 시간과 태도를 제도적으로 통제하고자 하는 의도의 반대편에서만 일어날 수 있다. 어린 시절 긍정적인 경험들이 타인들과의 관계 속에서 나타나는 것은 분명하다. 특히 가족은 재미의 경험이 주로 발생하는 곳이긴 하지만, 친구들도 중요하다. 야외활동, 휴가, 게임은 재미가 발생하는 지점이다. 재미 경험에 있어, 유년기에는 가족에게 전적으로 기대다가, 그 뒤 약화되면서 친구들이 점점 도드라진다. 이는 아이들이 좀 더 클 때까지 지속되며, 가족들을 통해 매개된 재미 꾸미기로 연결된다.

일시성

재미를 이해하는 데 중요한 일시성의 특정한 국면이 있다. 경험적으로 우리는 언제 재미가 시작되고 멈추는지, 그것을 변별할 수 있다고 생각하는 경향이 있다. 그런데 이 관념은 즐거움이 그러하듯, 과거와 미래와 같이 시간의 흐름에 따른 반향이 없다. 행복만이 이런 속성을 가진다. 별도의 순간들이 보존되는 것으로 재미를 이해하는 이 과정은 어린 시절에 시작된다. 글렌 등이 제안했듯, 자신들이 연구한 어린아이들은 재미와 놀이와 관련된 시간의 경계를 상당히 뚜렷하게 제시했다. 사실, 재미가 끝나면 놀이도 끝나는 것으로 분명히 제시했다(Glenn et al. 2012: 190). 이 해석은 활동과 연계되어 너무나 선명해서, 재미있는 시간들을 쉽게 변별할 수 있다. 사람들은 그 자신들이 재미를 시간과 특별하고 명시적으로 이해했다. 물론 이는 사람들이 행복이나 즐거움의 기간들을 변별하지 못한다는 말은 아니다. 그러나 이 시간의 지속성과 선명함은 행복이나 즐거움의 본질적 핵심으로 이해되지는 않는다. 재미와 관련해서만 꼭 그러한 것이다.

이것이 상대적으로 직접적인 것으로 보이기는 하지만, 또한 일시성에 관여하는 재구성과 기억, 정체성과 흥미로운 교차점이 있기도 하다. 재미는 대부분의 경우 그 자체에 몰두하는 것으로, 이 때문에 결과적으로 다른 일들에서 멀어져 기분전환을 이루어낸다. 어떤 시간을 보냈는지, 라는 질문을 분석할 때. 우리는 '이것은 재미있군'이라거나, 우리 자신에게 '이거 재미있나?'라는 의문을 가지지 않는다. 그 일이 벌어진 다음 그 시간에 재미의 상태를 적용한다. 그 경험이 재미있지 않았다는 의미가 아니라, 단지 재미가 만들어지는 그 과정의 순간을 구별할 수는 없다는 뜻이다. 많은 경우 재미 경험담을 다시 이야기하는 것이 변별되고 기술되는 지점이 있다. 이것은 여러 가지 기능을 한다. 첫 번째, 경험을 이해하는 공통의 지평을 형성한다. 자연주의적 경향, 즉 우리가 인간이기 때문에 모두 비슷한 경험을 한다는 상상은 담론의 확립에 의해 조합된 것으로, 유사하게 이해되는 현상을 설명하기 위한 것으로 보인다. 특히 재미에 있어서 이것은 사실이다. 내가 이야기를 나눈 사람들은 일반적으로 재미란 무엇인지를 묘사하기 위해 노력했다. 또 동시에 문제제기 없이 그것들을 묘사하는 데 별 어려움이 없었다. 마치 우리가 재미에 대해 이야기를 나눌 때 같은 의미의 재미를 논하고 있다고 가정하는 것과 마찬가지다.

또한 어린 시절의 재미에 대한 묘사를 분석해보면, 상대적으로 작은 분산을 보였다. 성인기에는 마치 우리가 재미를 구성하는 것이 무엇이고 우리가 모두 비슷한 방식으로 재미를 경험한다고 생각한다. 이는 어느 정도까지 사실일 수 있다. 그러나 이는 재미 담론의 문화적 배태성 때문이다. 우리는 다른 사람들이 납득할 수 있는 방식으로 재미를 반복한다. 재미는 상호작용적이며 필요한 사회적 조건을 충족시키기 위해서는 타인들의 확정을 요구한다. 나는 재미있었던 시간을 누군가에게 이야기하는 그때가 재미있는 것으로 여긴다. 긍정적인 시간들을 재구성함에 있어서 부차적인 재미가 회고적으로 나타난다. 내 설문조사에서 어린 시절에 재미있었던 이야기가 다양하지 않은 것은 우리가 실제로 느끼는 재미의 종류에 대한 것뿐만 아니라, 어린 시절에 대한 이상적인 이념형, 그리고 타인과의 관계가 어떻게 이해되고 재생되는가를 말해준다. 과거에 대한 우리의 감각은 주디스 버틀러Judith Butler가 주장한 바와 같이 성정체성을 가질 무렵 자신의 몸에 대한 반응과 같다. 반복적인 꾸미기의 대상인 몸보다, 이는 더 과거인 것이다. 알박스는 우리의 관심을 어떻게 이 과정이 정체성을 유지하는가, 로 옮겨놓는다(Halbwachs 1992: 47). 과거의 지속적인 반복을 통해 우리는 우리가 누구라고 생각하며, 어디서 왔는지에 대한 감각을 유지한다.

헌신, 책임과 예측

재미를 위해서 헌신과 책임은 일시적으로 유예되어야 한다. 헌신은 '몰두하거나 활동에 완전히 헌신적인' 것이며 '행위를 둘러싼 가정과 규칙의 수용을 포함'한다. 이렇게 가정하는 것이 합리적이다. 우리는 재미있는 경험을 위해 어떤 활동에 더욱 헌신할 수 있다.

그러나 이 문제에 관해서 나를 비롯하여 블라이드와 하센잘에게 헌신이라는 개념은 우리가 이완하는 것부터 근심이나 '재미없는 시간'까지도 포함한다. 헌신은 우리가 재미를 느끼는 시간 동안 일시적으로 유예되는 과제나 경험에 대한 지향성을 포함한다. 재미로 인해 우리는 일시적으로 현재의 근심이나 걱정을 덜게 된다. 재미있는 동안, 짧을 수는 있겠으나, 우리의 주의는 무거운 책임감에서 유유자적한 태도로 전환된다.

그렇다고 재미가 무책임한 것으로 정의될 필요는 없다. 재미있는 동안 책임감이 주된 관심사가 아니라는 것뿐이다. 예측은 헌신이나 책임감보다 더욱 복잡하다. 재미있는 순간, 다음에 어떤 일이 벌어질 것인가 혹은 벌어져야 하나에 대한 예측은 유예된다. 몇몇 사람들은 재미의 예측불가능성이 주는 쾌감을 설명하기도 했다. 동시에, 재미로 경험되었던 상황이 반복되면 다시 재미있을 것이라는 가정도 있다. 우리는 그 상황이나 심지어 감정까지도 인지할 수 있으며, 재미있을 것이라고 예측하게 된다. 벌어질 일에 대한 기대가 아니라 이미 일어났던 어떤 것, 즉 과거의 재미 경험을 변별하기 때문이다. 이런 방식으로 회고는 예측과 함께 작용하여 재미있는 상황에 대한 개방성을 창조한다.

그래서 어쩌자는 것인가?

이 책에서 다루지 못한 대단히 많은 것들이 있다. 가령 젠더, 사회 계층, 인종, 교차문화 비교에 대한 의문 등 여기서 언급하지 못한 것들이다. 재미와 관련하여 분명하게도 그 정의의 유동성, 경험의 맥락 의존성과 같은 것들은 더 논의해야 할 과제다. 그러나 이 책의 프롤로그에서 밝혔듯, 이 책은 재미의 천성과 중요성에 관한 후속 논의를 위한 시작점이다. 재미의 어떤 측면들을 다른 이에게 흔쾌히 양도하고, 재미의 위반적인 요소를 함양하거나 억제하는 정도는 어떻게 되는가. 이 책에서 나는 재미로서 경험되는 것들의 이해를 위한 모델을 제시했다. 그러나 이는 도식에 깔끔하게 들어맞지 않는 것은 재미가 아니라는 것을 제시하려고 한 것이 아니다. 나는 대부분의 사람들이 재미로 이해하는 것에 대한 가이드로서, 강한 담론이 존재한다고 생각하지만, 또 재미의 모델이 현상들 간의 차이를 이해하는 데 유용하다고 본다. 그럼에도 항상 일탈적인 것이나 상호작용하는 사람들만 가질 수 있는 자율적인 재미는 존재하게 마련이고, 이러한 것들이 모델에 깔끔하게 들어맞아야 할 필요는 없는 것같다. 내가 블라이드와 하셴잘을 건축 벽돌로 비유한 것과 마찬가지로, 나는 후속 연구자들이 더 많은 재미 연구를 위해 이 책을 활용하기를 바란다.

재미는 매우 중요하다. 지루하거나 슬픈 얼굴에 무게를 덜어 가볍게 할 수 있다. 재미는 기분이 좋기 위해 필수적인 것이다. 가족과 친구들에게 정체성과 행복을 가져다 줄 수 있다. 재미는 육성되고 소중히 여기고 강화되고 고양되고 인지되고 칭송될 수 있다. 우리는 우리의 방식대로 재미를 경험할 것이며 언제나 다른 이들과 함께할 것이다. 규칙이 있는 한, 언제나 그 규칙을 놀이로 깨뜨리고 재미를 느끼는 사람들이 항상 존재할 것이다.

옮긴이의 말

2018년, 영국 내각은 '외로움' 담당 장관Minister for Loneliness을 임명했다. 외로움과 우울증에 따른 자살률이 급증하자 이를 질병이나 보건 위생과 같은 사회적 문제로 간주하고 정부가 그 해결을 위해 발 벗고 나선 것이라 한다. 하루 열다섯 개비씩 담배를 피우는 것만큼 건강에 해롭다는 주장도 곁들여졌다. 피식 웃고 넘어갈 수 없는 일이다. 한국의 자살율은 영국보다 훨씬 높다. 특히 TV에서 자주 보던 유명인의 갑작스러운 비보를 접하면서 충격과 함께 많은 생각을 하게 된다. 이는 생활고에 몰린 서민들의 아픈 죽음과는 또 다른 결의 충격이다. 모두 슬프고 불행한 일이다.

왜 우리는 행복하지 않은가?

'재미'를 학문적으로 진지하게 연구한다. 그 사실만으로도 이 책에 관심과 열정을 갖기 충분했다. 영국 서식스 대학교 사회학과 교수인 저자 벤 핀참은 '죽음', '자살' '정신 건강', '웰빙'과 같은 현대인의 내적인 영역의 연구를 오랫동안 수행해 온 사회학자이다. 궁극적으로 그는 현대인들이 더 행복해질 방법을 꾸준히 모색해온 연구자라 할 수 있다.

그런 그가 주목한 테마가 바로 'Fun', 즉 '재미'이다. 서양 문화에서 'Fun'이라는 단어는 대화에서 습관적이다시피 사용되는 일상어다. 저자는 '재미'가 늘 사용하는 단어이지만, 그 정확한 정의에 대해 우리는 진지하게 생각해보지 않았다고 말한다. 한국 사회에서 '재미'는 이와 조금 다르다. 지난 세기, 초고속 경제성장의 과정에서 개인의 재미는 사회적 가치를 획득하기 힘들었다. 가난을 벗어나는 게 중요해서 '재미보다'는 말은 정사의 속어 아니면 장사에서 돈을 버는 것을 의미했다. 문화의 시대가 된 지금, 재미는 시대의 화두이자 전 사회적인 숙제가 되었다. 재미가 없으면 아무런 가치가 없다. 재미없는 일을 억지로 하는 것은 위선이요 기만이다. 재미없는 일을 억지로 시키는 것은 죄악이다. 재미있게 사는 것이 인생의 목표다. 남을 재미있게 만드는 것만큼 가치 있는 선행도 드물다. 집요하게 재미를 추구하는 사회적 분위기는 그만큼 이 시대에 재미가 드물다는 것을 방증한다.

이 책의 저자는 서론에서부터 분명한 목소리로 재미가 우리 삶의 행복에 핵심 역할을 한다고 단언한다. 따라서 지금처럼 재미를 삶의 의미와 가치 목록에서 제외하거나 변두리에 놔둬서는 안 된다고 말한다. 재미있는 삶을 살아보고자 한다면 먼저, '재미'가 무엇이며 정확히 어떤 감정인지를 알아야 한다. 타인에게 배울 수 없고, 익숙하지만 동시에 명확히 설명할 수 없는 감정이다. 저자는 다양한 접근을 통해 '재미'가 무엇인지에 대해 고찰하고 개념을 세워가도록 우리를 도와준다. 저자와 연구팀은 6개월에 걸쳐 다양한 연령대와 직업군을 대상으로 재미에 대한 설문조사를 실시하고 데이터를 분석하였다. 지리적·문화적·사회적 차이가 존재하므로 영국인과 우리의 '재미'에 대한 가치는 분명 차이가 있을 것이다. 그러나 결과를 살펴보며 느꼈던 것은 감성 구조가 달라도 인간의 즐거움, 재미의 감정은 보편적인 정서라는 사실이다.

이 책을 접하는 독자 중에는 사는 데 치여 재미를 사치처럼 느끼는 분도 계실 것이다. '힘들어 죽겠는데 무슨 재미'라고 여기는 그 순간이 바로 적극적으로 재미를 추구해야 할 최적의 시기다. 재미라는 화두를 다시 꺼내어 삶의 중앙에 올려놓아야 할 때가 바로 지금이다. 이 책은 재미가 현대인의 삶에서 개인과 사회에 어떤 의미와 가치가 있는지 진지하게 탐구하며, 궁극적으로 '함께 어우러져 재미있게 살아야 한다'는, 단순해서 진리 함량이 상당히 높은 명제를 재미있는 팝업북 선물처럼 전해주고 있다. 이 책을 통해 '재미와 내 인생', '재미와 우리 사회'에 대해 진지하게 생각하고 가치를 발견해 보시길 권한다.

낙산과 주문진에서 역자 김기홍, 심선향

참고문헌

1.

Becker, H. (1963) Outsiders New York: Free Press.

Bengoechea, E., Strean, W., & Williams, D. (2004). Understanding and promoting fun in youth sport: Coaches' perspectives'. Physical Education and Sport Pedagogy, 9(2), 197-214.

Billig, M. (2005), Laughter and ridicule: Towards a social critique of humour. London: Sage.

Blythe, M., & Hassenzahl, M. (2004). The semantics of fun: Differentiating enjoyable experiences. In M. Blythe, K. Overbeeke, A. Monk, & P Wright (Eds.), Funology: From usability to enjoyment. London: Kluwer.

Bok, D. (2010). The politics of happiness: What government can learn from the new research on wellbeing. Princeton: Princeton University Press.

Brülde, B. (2015). Well-being, happiness and sustainability. In J. Sgraker, J.-W. Van der Rijt, J. de Boer, P-H. Wong, & P. Brey (Eds.), Well-being in contemporary society. New York: Springer.

Butsch, R. (1990). Introduction: Leisure and hegemony in America. In R. Butsch (Ed.), For fun and profit: The transformation of leisure into consumption. Philadelphia: Temple University Press.

Cameron, P. (1972). Stereotypes about generational fun and happinessvs. self appraised fun and happiness. The Gerontologist, 12(2 part 1), 120-123.

Canadian Index of Wellbeing. (2015). Canadian Index of Wellbeing. http:// uwaterloo. ca/canadian-index-wellbeing/. Accessed 01 Nov 2015.

Churchill, S., Plano Clark, V., Prochaska-Cue, K., & Cresswell, J. (2007). How rural low-income families have fun: A grounded study. Journal of Leisure Research, 39(2), 271-294.

Diener, E., & Biswas-Diener, R. (2008). Happiness: Unlocking the mysteries of psychological wealth. Oxford: Blackwell.

Directgov. (2010). Happiness in the UK, and how to measure it. Available at http://www.direct.gov.uk/en/NI1/Newsroom/DG_192744. Accessed 15 Aug 2011.

Fine, G. A. (1989). Mobilizing fun: Provisioning Sociology of Sport Journal, 6(4), 319-334.

Goffman, E. (1961). Encounters. Harmondsworth: Penguin.

Graham, C. (2012). The pursuit of happiness: An economy of well-being. Washington: Brookings Focus. g resources in leisure worlds.

Jackson,S. (2000). Joy, fun, and flow state in sport. In Y. Hann (Ed.), Emotions in sport. Champaign: Human Kinetics.

Kelty, S., Gilles-Cortes, B., & Zubrick, S. (2008). Physical activity and young people: The impact of the built environment in encouraging play, fun and being active. In N. Beaulieu (Ed.), Physical activity and children: New research. New York: Nova Science Publishers.

Keppens, G., & Spruyt, B. (2015). Short term fun or long term gain: A mixed methods empirical investigation into perceptions of truancy among non truants in Flanders. Educational Studies, 41(3), 326-340.

MacPhail, A., Gorely, T., Kirk, D., & Kinchin, G. (2008). Exploring the meaning of fun in physical education the sport education. Research Quarterly for Exercise and Sport, 793), 344-356. OECD. (2015).

OECD Better life index. http://www.oecdbetterlifeindex.org/#/11111111111. Accessed 31 Oct 2015.

Office for National Statistics. (2011). Measuring national wellbeing—guidance and method.

http://www.ons.gov.uk/ons/guide-method/user-guidance/wellbeing/about-the-programme/index.html. Accessed on 30 Oct 2015.

Office for National Statistics. (2015). Measuring what matters. http://www.ons. gov.uk/ons/guide-method/user-guidance/well-being/index.html. Accessed on 30 Oct 2015. _

Oxford English Dictionary Online. (2011). http://www.oed.com.ezproxy.sus sex.ac.uk/view/Entry/75467?rskey=T9KbqO&result=l#eid. Accessed 19 July 2011. _

Podilchak, W. (1991). Distinctions between fun, leisure and enjoyment. Leisure _

Studies, 10(2), 133-148.

Redmon, D. (2003). Playful deviance as an urban leisure activity: Secret selves, self validation, and entertaining performances. Deviant Behaviour, 27.

Riemer, J. (1981). Deviance as fun. Adolescence, 16(61), 39-43.

Rodriguez, P.,, Kessene, S., & Humphreys, B. (2011). The economics ofsport, health and happiness. Cheltenham: Edward Elgar.

Roy, D. (1959). "Banana time": Job satisfaction and informal interaction. Human Organization, 18, 158-168.

Scanlan, T., 8 Simons, J. (1992). The construct of sport enjoyment. In G. Roberts (Ed.), Motivation in sport and exercise. Champaign: Human Kinetics.

Scanlan, T.K., Carpenter, P.J., Schmidt, G.W., Simons, J.P, & Keeler, B. (1993). An introduction to the sport commitment model. Journal of Sport &Exercise Psychology, 15, 1-15.

Seefeldt, V., Ewing, M., & Walk, S. (1993). An overview of youth sports programs in the US. Washington, DC: Carnegie Council on Adolescent Development.

Siegenthalter, K., & Gonzalez, G. (1997). Youth sports as serious leisure: A critique. Journal of Sport and Social Issues, 21(3); 298-314.

Stratton, A. (2010). Happiness index to gauge Britain's national mood. The Guardian. http://www.guardian.co.uk/lifeandstyle/2010/nov/14/happinessindex-britain-national-mood. Accessed 15 Aug 2011.

Strean, W., & Holt, N. (2000). Coaches', athletes', and parents' perceptions of fun in youth sports: Assumptions about learning and implications for practice. Avante, 6(3), 83-98.

Sumnall, H., Bellis, M., Hughes, K., Calafat, A., Juan, M., & Mendes, F. (2010). A choice between fun and health? Relationships between nightlife substance use, happiness, and mental well-being. Journal of Substance Use, 15(2), 89-104. The State of the USA. (2015).

The state of the USA. http://www.stateoftheusa. org. Accessed 01 Nov 2015.

Thomas, A. (2007). Youth online: Identity and literacy in the digital age. New York: 4 Peter Lang.

Veenhoven, R. (1991). Questions on happiness: Classical topics, modern answers blind spots. In F. Stack, M. Argyle, & N. Schwarz (Eds.), Subjective wellbeing: An interdisciplinary approach. Oxford: Pergamon.

Veenhoven, R. (2009). World Database of Happiness: Tool for dealing with the 'data deluge'. Psychological Topics, 18, 229-246.

Waite, L., Luo, Y., & Lewin, A. (2009). Marital happiness and marital stability: Consequences for psychological wellbeing. Social Science Research, 38(1), 201-212.

Walker, C., & Fincham,B. (2011). Work and the mental health crisis in Britain. Oxford: Wiley Blackwell.

Wolfenstein, M. (1951). The emergence offun morality. Journal o fSocial Issues, 7(4), 15-25.

Yee, N. (2006). The labor of fun: How video games blur the boundaries of work and play. Games and Culture, 1(1), 68-71.

Young, K. (2013). Managing online identity and diverse social networks on Facebook. Webology, 10(2), 1-18.

2.

Becker, H. (1963) Outsiders New York: Free Press.

Blythe, M., & Hassenzahl, M. (2004). The semantics of fun: Differentiating enjoyable experiences. In M.

Blythe, K. Overbeeke, A. Monk, & P. Wright (Eds.), Funology: From usability to enjoyment. London: Kluwer. Blythe, M., Overbeeke, K., Monk, A., & Wright, P. (Eds.). (2004). Funology: From usability to enjoyment. London: Kluwer.

Cameron,P. (1972). Stereotypes about generational fun and happiness vs. self appraised fun and happiness. The Gerontologist, 12(2 part 1), 120-123.

De Grazia, S. (1962). Time, work and leisure. New York: The Twentieth Century Fund.

Fellows, E. (1956). A study of factors related to a feeling of happiness. The Journal of Educational Research, 50(3), 231-234.

Goldings, H. (1954). On the avowal and projection of happiness. Journal of Personality, 23(1), 30-47.

Jackson, S. (2000). Joy, fun, and flow state in sport. In Y. Hann (Ed.), Emotions in sport.

Champaign: Human Kinetics.

Keppens, G., & Spruyt, B. (2015). Short term fun or long term gain: A mixed methods empirical investigation into perceptions of truancy among non truants in Flanders. Educational Studies, 41(3), 326-340.

Podilchak, W. (1991). Distinctions between fun, leisure and enjoyment. Leisure Studies, 10(2), 133-148.

Redmon, D.(2003). Playful deviance as an urban leisure activity: Secret selves, self validation, and entertaining performances. Deviant Behaviour, 27.

Riemer, J. (1981). Deviance as fun. Adolescence, 16(61), 39-43.

Roy, D. (1959). "Banana time": Job satisfaction and informal interaction. Human Organization, 18, 158-168.

Strachan, M. (2015).A study of happiness and the self on Instagram : Representations and the impacts on consumers. Unpublished undergraduate thesis. Sociology dissertation module. University of Sussex.

Sumnall, H., Bellis, M., Hughes, K., Calafat, A., Juan, M., & Mendes, E (2010). A choice between fun and health? Relationships between nightlife use, happiness, and mental well-being. Journal of Substance

Weber, M. ([1904] 1971). The ideal type. In Thompson, K. & Tunstall, J. (1971) Sociological perspectives. Harmondsworth: Pelican,

Wolfenstein, M. (1951). The emergence of fun morality.JournalofSociallssues 7(4), 15-25.

3.

Aries, P. (1962). Centuries of childhood: A social history of family life. New York. Random House.

Bengoechea, E., Strean, W., & Williams, D. (2004). Understanding and Promoting fun in youth sport: Coaches' perspectives'. Physical Education and Sport Pedagogy,2), 197-214.

Blythe, M., 8& Hassenzahl, M. (2004). The semantics of fun: Differentiating enjoyable experiences. In M. Blythe, K. Overbeeke, A. Monk, & P Wright (Eds.),

Funology: From usability to enjoyment. London: Kluwer.

Broner, M., & Tarone, E. (2001). Is it fun? Language play in a fifth-grade Spanish immersion classroom. The Modern Language Journal, 85(3), 363-379.

Brussoni,; M., Gibbons, R., Gray, C., Ishikawa, T., Hansen Sandseter, E.B., Bienenstock, A., et al. (2015). What is the relationship between risky outdoor play and health in children? A systematic review. [International Journal of Environmental Research and Public Health, 12(6), 6423-6454,

Cunningham, H. (2005). Children and childhood in Western society since 1500 (2nd ed.). Harlow: Pearson Longman.

de Mause, L. (1974). The history of childhood. History and Theory, XII.

Forsyth, I. (1976). Children in the early medieval art: Ninth through twelfth centuries. Journal of Psycho history, 4, 31—70.

Glenn, N., Knight, C., Holt, N., 8& Spence,J. (2012). Meanings of play among children. Childhood, 20(2), 185-199,

Gray, P. (2013). Free to learn. New York: Basic Books,

Illich, I. (1971). Deschooling society. Harmondsworth: Penguin.

Jackson, S. (2000). Joy, fun, and flow state in sport. In Y. Hann (Ed.), Emotions in sport. Champaign: Human Kinetics.

Kerbs,J., & Jolley, J. (2007). The joy of violence: What about violence is fun in middle school? AmericanJournalofCriminalJustice, 32, 12-29.

MacPhail, A., Gorely, T., Kirk, D., & Kinchin, G. (2008). Exploring the meaning of fun in physical education the sport education. Research Quarterly for Exercise and Sport, 73), 344-356.

O'Reilly, E., Tompkins, J., & Gallant, M. (2001). "They ought to enjoy physical activity you know?' Struggling with fun in physical education. Sport Education and Society, 6(2), 211-221.

Piaget, J. (1962). Play, dreams and imitation. New York: Norton.

Pollock, L. (1983). Forgotten children: Parent—child relations from 1500 to 1900. Cambridge: Cambridge University Press.

Read, J., MacFarlane, S., & Casey, C. (2002). Endurability, engagement and expectations: Measuring children's fun. Jnteraction, Design and Children. Available at hetp://chici.org/references/endurability_engagement. pdf. Accessed 03 Nov 2015.

Scanlan, T., & Simons, J. (1992). The construct of sport enjoyment. In G. Roberts (Ed.), Motivation in sport and exercise. Champaign: Human Kinetics.

Seefeldt, V., Ewing, M., & Walk, S. (1993). An overview of youth sports programs in the US. Washington, DC: Carnegie Council on Adolescent Development.

Shorter, E. (1976). The making of the modern family. Michigan: Basic Books.

Siegenthalter, K., 8&¢ Gonzalez, G.(1 997). Youth sports as serious leisure: A critique. Journal of Sport and Social Issues, 21(3), 298-314.

Sim, G., MacFarlane, S., & Read, J. (2006). All work and no play: Measuring fun, usability and learning in software for children. Computers and Education, 46(3), 235-248.

Smith, P., & Cowie, H. (1991), Understanding children' development (2nded.). Oxford: Blackwell.

Steinberg, L. (1983). The sexuality of Christ in Renaissance art and in modern oblivion. Chicago: University of Chicago Press.

Sutton-Smith, B. (1997). The ambiguity of play. Cambridge: Harvard University Press.

Vygotsky, L. (1966). Play andits role in the mental development of the child. Voprosy Psikhologii, 12(6), 62-76. |

Wolfenstein, M. (1951). The emergence offun morality. Journal of Social Issues, 7(4), 15-25.

Vygotsky, L. (1966). Play andits role in the mental development of the child. Voprosy Psikhologii, 12(6), 62-76.

Wolfenstein, M. (1951). The emergence of fun morality. Journal of Social Issues, 7(4), 15-25.

Wrightson,K. (1982). English society 1580-1680. London: Routledge.

4.

Aries, P. (1962). Centuries of child hood: A social history of family life. Random House.

Becker, H. (1964). Personal change n adult life. Sociometry, 27(1) 40-53

Bengtson, V., Elder, G., & Putney, N. (2012). The life course perspective of aging: Linked lives, timing and history. In J. Katz, S. Peace, & S. Spur(Eds), Adult lives: A life course perspective. Bristol: Policy Press.

Broner, M., &Tarone, E. (2001).Is it fun? Language play in a fifth-grade Spanish immersion classroom. The Modern Language Journal, 85(3), 363-379.

Elder, G. (1994). Time, human agency and social change: Perspectives on the life course. Social Psychology Quarterly, 57(1), 4-15.

Fincham,B., Langer, S., Scourfield, J., & Shiner, M. (2011). Understanding suicide. Basingstoke: Palgrave.

Johnson, M., Crosnoe, R., & Elder, G. (2011). Insights on adolescence from a life course perspective. Journal of Research on Adolescence, 21(1), 273-280,

Merleau-Ponty, M. (2002 [1945]). Phenomenology of perception. London: Routledge.

Neugarten, B., Moore, J, & Lowe, J. (1965). Age norms, age constraints, and adult socialization. American Journal of Sociology, 70(6), 710-717.

Office for National Statistics. (2013, July 30). Personal wellbeing in the UK, 2012-13. ONS Statistical Bulletin. hetp://www.ons.gov.uk/ons/dcep171778319478.pdf. Accessed 12 Nov 2015.

Oesterle, S., Johnson, M, 8& Mortimer, J. (2004). Volunteerism during the transition to adulthood:A life course perspective. Social Forces, 82(3), 1123-1149

Wellard, I. (2013). Sport, fun and enjoyment: An embodied approach. London Routledge.

5.

Baldamus, W. (1961). Efficiency and effort: An analysis of industrial administration. London: Tavistock Publications.

BBC3.(2013). 'The Call Centre' on Youtube Happy People Sell—The Cal] Centre Episode One BBC 3, hetps://www.youtube.com/watch?v=6giqmal.255p (uploaded 4th June 2013) Accessed 9 Feb 2015.

Becker, H. (1963). Outsiders. New York: Free Press.

Bolton,S., & Houlihan, M. (2009). Are we having fun yet? A consideration of workplace fun and engagement. Employee Relations, 31(6), 556-568,

Cadbury.co.uk. (2015). Cadbury: The story. Available at https://www.cadbury co.uk/thestory. Accessed 12 Jan 2015.

Dale, S. (2014). Gamification: Making fun work or making fun of work? Business Information Review, 3](2), 82-90.

Dearlove, D. (2002). Business the Richard Branson way. Chichester: Capstone. Erickson, M. (2010). Efficiency and effort revisited. In M.

Erickson & C. Turner (Eds.), The sociology of Wilhelm Baldamus. Farnham: Ashgate.

Fluegge-Woolf, E. (2014). Play hard, work hard: Fun at work and job performance. Management Research Review, 37(8), 683-705.

Ford, R., Mclaughlin, FE, 8& New strom, J. (2003). Questions and answers about fun at work. Human Resource Management. Available at http://homepages. -se.edu/ cvonbergen/files/2012/12/Questions-and Answers-about-Fun-at Work1.pdf. Accessed 02 Nov 2015.

Fun at Work Company. (2015). Are you getting enough? http://www.funatwork.co.uk. Accessed 21 Jan 2015.

Gorz, A. (1999). Reclaiming work: Beyond the wage based society. Cambridge: Polity Press.

Illich, I. (1971). Deschooling society. Harmondsworth: Penguin.

Illich, I. (1975). Jools for Conviviality. London: Fontana.

Landeweerd, J., & Boumans, N. (1994). The effect of work dimensions and need for autonomy on nurses' work satisfaction and health. Journal of Organizational and Occupational Psychology, 67, 207-217.

Karl, K., Peluchette, J., Hall, L., & Harland, L. (2005). Attitudes towards workplace fun: A three sector comparison.JournalofLeadership and Organizational Studies, 12(2), 1-17.

New York Times. (2013). Looking for a lesson in Google's perks. New York Times Online http://www.nytimes.com/2013/03/16/business/at-google-a-place-towork-and-play. html?_r=0. Accessed 01 Nov 2015.

Newstrom,J. (2002). Making work fun: An important role for managers. The Society for the Advancement of Management Journal, 67(1), 4-8.

Owler, K. (2008, April). Fun at work. New Zealand Management(p. 40=2).

Pearson, L. C., & Moomaw, W. (2005). The relationship between teacher autonomy and stress, work satisfaction, empowerment and professionalism. Educational

Research Quarterly, 29(1), 37-53.

Plester, B. (2009). Crossing the line: Boundaries of work place humour and fun. Employee Relations, 31(6), 584-599.

Roy, D. (1959). "Banana time": Job satisfaction and informal interaction. Human Organization, 18, 158-168.

Strangleman, T., & Warren, T. (2008). Work and society: Sociological approaches, themes and methods. London: Routledge.

Stromberg, S., & Karlsson, J. C. (2009). Rituals of fun and mischief: the case of the Swedish meat packers. Employee Relations, 31, 632-647.

Vidal, M. (2013). Low-autonomy work and bad jobs in postfordist capitalism. Human Relations, 66(4), 587-612.

Walker, C., & Fincham, B. (2011). Work and the mental health crisis in Britain. Oxford: Wiley Blackwell.

Walker, C. R., & Guest, R. H. (1952). The man on the assembly line. Cambridge: Harvard University Press,

Weinstein, M. (1997). Managing to have fun. New York: Fireside.

Wu, C.-H., Griffin, M., & Parker, S. (2015). Developing agency through good work: Longitudinal effects of job autonomy and skill utilization on locus of control. Journal of Vocational Behaviour, 89, 102-108.

6.

Ahmed, S. (2007). Multiculturalism and th ; Formations, 63, 121-137, na the promise of happiness. New

Ahmed,S. (2010). The promise of happiness. Durham: Duke

Blythe, M., & Hassenzahl, M. (2004). University Press, The semantics of fun: Differentiating enjoyable experiences. In M. Blythe, K. Overbeeke, A. Monk, & P. Wright (Eds.), Funology: From usability to enjoyment. London: Kluwer.

Carr, A. (2011). Positivep sychology: The science of happiness and human strengths. London: Routledge.

Catalino, L., Algoe, S., & Fredrickson, B. (2014). Prioritizing positivity: An effective approach to pursuing happiness. Emotions, 14(6), 1155-1161.

Csikszentmihalyi, M. (2004, February). Flow: The secret to happiness. TEDtalk. http://www.ted.com/talks/mihaly_csikszentmihalyi_on_flow. Accessed 24 Oct 2015.

Csikszentmihalyi, M. (2013). Flow: The psychology of happiness. London: Rider.

de Beauvoir, S. (1974[1949]). The second sex. New York: Vintage.

Jackson, S., & Scott, S. (2007). Faking it like a woman? Towards an interpretative theorisation of sexual pleasure. Body and Society, 13(2), 95-116.

Kant, I. ([1785] 2005). Groundwork for the metaphysics of morals. Toronto: Broadview Publishing. ;

MerleaPonty, M. (2002 (19451). Phenomenology of perception. London: Routledge.

Pagis, M. (2009) Embodied self-reflexivity. Social Psychology Quarterly 72(3), 265-283.

7.

Bryant, EB, Smart, C., & King, S. (2005). Using the Past to enhance the present Boosting happiness through Positive reminiscence. Journal of Happiness Studies, 6, 227-260.

Collet-Sabe, J., & Tort, A. (2015), What do families of the Professional and managerial' class educate their children for? The links between happiness and autonomy. British Journal of Sociology of Education, 36(2), 234-249,

Coser, L. (1992). Introduction. In > Halbwachs (Ed.), On collective memory. Chicago: University of Chicago Press.

de Beauvoir, S.(1948) Ethics of ambiguity New Jersey: Citadel Press

Douglas, M. (1968). The social control of cognition: Some factor in joke perception. Man, 3(3), 361-376.

Einstein, G., Holland, L., McDaniel, M., & Guynn, M. (1992), Age-related deficits in prospective memory: The influence of task complexity. Psychology and Aging, 7(3), 471-478. 8

Fine, G. A. (1983). Sociological approaches to the study of humor. In P McGhee & J. Goldstein (Eds.), The handbook of humor research. New York: Springer

Halbwachs, M.([1950] 1992). On collective memory. Chicago: University of Chicago

Press.

Mather, M., 8 Carstensen, L. (2005). Aging and motivated cognition: The positivity effect in attention and memory. Trends in Cognitive Sciences, (10) 496-502.

Phillips, D. (1969). Social class, social participation, and happiness: A consideration of interaction opportunities and investment. The Sociological Quarterly 10(1), 3-21.

Schlagman, S., Schulz, J., & Kvavilashvili, L. (2006). A content analysis of involuntary autobiographical memories: Examining the positivity effect in old age. Memory, 14(2), 161-175.

Weber, M. ([1904] 1971). The ideal type. In Thompson, K. & Tunstall, J. (1971) Sociological perspectives. Harmondsworth: Pelican.

8.

Becker, H. (1963). Outsiders. New York: Free Press. |

Blythe, M., & Hassenzahl, M. (2004). The semantics of fun: Differentiating enjoyable experiences. In M. Blythe, K. Overbeeke, A. Monk, & P Wright (Eds.), Funology: From usability to enjoyment. London: Kluwer.

Butler, J. (1990). Gender trouble. London: Routledge.

Glenn, N., Knight, C., Holt, N., & Spence, J. (2012). Meanings ofplay among children. Childhood, 20(2), 185-199.

Halbwachs, M. ([1950] 1992). On collective memory. Chicago: University of Chicago Press.

MacPhail, A., Gorely, T., Kirk, D., & Kinchin, G. (2008). Exploring the meaning of fun in physical education the sport education. Research Quarterly for Exercise and Sport, 79(3), 344-356.

O'Reilly, E., Tompkins,J., & Gallant, M. (2001). "They ought to enjoy physical activity you know?' Struggling with fun in physical education. Sport Education and Society, 6(2), 211—221.

Portman, P. (1995). Whois having fun in physical education classes? Experiences of sixth grade students in elementary and middle schools. Journal of Teaching in

Physical Education, 14, 445-453.

Vanderschuren, L. (2010). How the brain makes play fun. American Journalof Play Winter, 2010, 315-337.

Visek, A., Achrati, S., Manning, H., McDonnell, K., Harris, B., 8 di Pietro, L. (2015). The fun integration theory: Towards sustaining youth and adolescents sports participation. Journal of Physical Activity and Health, 12(3), 424-433.

Austen, J. (1992). Pride and prejudice. London: Penguin.

Baldry, C., & Hallier, J. (2009). Welcome to the house of fun: Work space and social identity. Economic and Industrial Democracy, 31(1), 150-172.

Ballas, D. (2010). Geographical modelling of happiness and wellbeing. In J. Stillwell, P. Norman, C. Thomas, & P Surridge (Eds.), Spatial and social disparities: Understanding population trends and processes (Vol. 2). London/ New York: Springer.

Butsch, R. (1990a). Introduction: Leisure and hegemony in America. In R. Butsch (Ed.), For fun and profit: The transformation of leisure into consumption. Philadelphia: Temple University Press.

Butsch, R. (1990b). For fun and profit: The transformation of leisure into consumption. Philadelphia: Temple University Press.

Chan, C. (2010). Does workplace fun matter? Developing a useable typology of workplace fun in qualitative study. International Journal of Hospitality Management, 29, 720-728.

Cox, R. (1996). Shaping childhood: Themes of uncertainty in the history of adult child relationships. London/New York Routledge

de Beauvoir, S.(1974[1949]). The second sex. New York: Vintage

Erickson, M.(2010) Efficieney and effort revisited. In M. Erickson & C. Turner (Eds.), The sociology of Wilhelm Baldamus. Farnham: Ashgate.

재미란 무엇인가?

초판 1쇄 인쇄 2020년 2월 21일
초판 1쇄 발행 2020년 2월 28일

글쓴이 벤 핀첨
옮긴이 김기홍 심선향

펴낸이 박세현
펴낸곳 팬덤북스

기획 위원 김정대 김종선 김옥림
기획 편집 윤수진 오진환
디자인 이새봄
마케팅 전창열

주소 (우)14557 경기도 부천시 부천로 198번길 18, 202동 1104호
전화 070-8821-4312 │ **팩스** 02-6008-4318
이메일 fandombooks@naver.com
블로그 http://blog.naver.com/fandombooks

출판등록 2009년 7월 9일(제2018-000046호)

ISBN 979-11-6169-108-4-93330